歴史としての社会主義

●東ドイツの経験

川越 修・河合信晴 編
Osamu Kawagoe & Nobuharu Kawai

Sozialismus als Geschichte

ナカニシヤ出版

歴史としての社会主義——東ドイツの経験　＊　目次

目　次

第Ⅰ部　いまなぜ東ドイツか

第一章　歴史としての東ドイツ――川越　修　5

1　本書の狙い　5
2　東ドイツ社会主義社会への関心　7
3　社会史の視点　9

第二章　東ドイツ研究の現在――河合信晴　12

1　東ドイツ研究を始めるにあたって　12
2　冷戦と東ドイツ研究　14
3　東ドイツの過去の解釈をめぐって　18
4　東ドイツ研究の可能性　27

目次

第Ⅱ部　東ドイツ社会を生きる

第三章　農村の社会主義経験
土地改革から農業集団化へ（一九四五～一九六〇）――足立芳宏　31
1　東ドイツ社会主義農業の史的起源――戦時から戦後へ　31
2　土地改革の時代――「農民入植政策」として　35
3　農業集団化の村落史――「主体的受容」のあり方をめぐって　42
4　グローバル視点の二〇世紀比較農業史の地平へ――まとめにかえて　58

第四章　職場における「つながり」
工業企業現場の実態――石井　聡　66
1　はじめに――「社会主義」経済研究の意義とは？　66
2　職場における「つながり」の前提条件――計画経済の実態　68
3　職場における「つながり」――作業班の意義　71
4　日本との比較から見えてくるもの　78
5　おわりに――「つながり」を生む条件とは？　88

第五章　東ドイツでの余暇活動
休暇旅行の実態から――河合信晴　92
1　余暇の大衆化と休暇旅行機会の拡大　92
2　余暇認識の成立　95
3　「不足の社会」下における余暇　97
4　休暇旅行の実態　102
5　東ドイツの日常生活に潜む政治　111

第六章　高齢者と社会――川越　修　114
1　二〇世紀後半の東西ドイツ社会と高齢化　114
2　東ドイツにおける高齢者　118
3　東ドイツの社会組織　129
4　東ドイツ社会における高齢者の歴史からみえるもの　135

第七章　東ドイツのポピュラー音楽の系譜――高岡智子　138
1　東ドイツのポピュラー音楽再評価　138

2　国民音楽を求めて　140
3　赤いポピュラー音楽の誕生　145
4　新しい世代、アンダーグラウンド音楽　155
5　ドイツ音楽になった赤いポピュラー音楽　162

第八章　東ドイツ「平和革命」と教会
建設兵士の活動を中心に――市川ひろみ　166

1　静かに準備されていた「平和革命」　166
2　「社会主義のなかの教会」による「自由な空間」　168
3　建設兵士らによる平和を求める活動　173
4　「平和革命」　181
5　非暴力の「種」となった建設兵士の活動　189

第Ⅲ部　歴史としての社会主義

第九章　思想としての社会主義／現に存在した社会主義――植村邦彦　195

1　思想としての社会主義　195
2　現に存在した社会主義　197
3　理念と現実のはざまで――農業生産協同組合と作業班　199
4　西側との同時代的共通性――個人化、ロック、兵役拒否、高齢化　203
5　東ドイツの「市民社会」をめぐる言説　207
6　「社会主義」に未来はあるか　211

第一〇章　東ドイツの「中間グループ」の役割――上ノ山賢一　214

1　市場と政府の間　214
2　政府の役割と市場の効率性　215
3　東ドイツにおける中間グループ　222
4　「中間グループ」から見る現在社会と経済　226
5　「中間グループ」の分析の意義　228

第一一章　社会主義経済再考
東ドイツ計画経済の現実――清水耕一　230
1　はじめに　230
2　社会主義政治体制の問題　233
3　社会主義計画経済の問題――シュムペーターから考える　235
4　社会主義計画経済における「不足の経済」と安定化装置　239
5　東ドイツにおける企業を中心としたレギュラシオン様式　243
6　おわりに――現存した社会主義の教訓　252

あとがき　256
参考文献　274
東ドイツ史略年表　280
索引〔事項／人名〕　286

歴史としての社会主義——東ドイツの経験

第Ⅰ部　いまなぜ東ドイツか

第一章　歴史としての東ドイツ

川越　修

1　本書の狙い

過去の遺物として忘れさられた感のあった社会主義への関心が、近年再び蘇ってきたかに見える。その背景には、社会主義に勝ったはずの資本主義社会で、ピケティ（T. Piketty）の指摘を待つまでもなく、グローバルにもローカルにも貧困と格差の問題が大きくクローズアップされてきたことがあることは言うまでもない。だが同時に、ベルリンの壁やソ連の崩壊から二〇余年経った現在、ようやく二〇世紀の社会主義社会に同時代的経験としてではなく、歴史として向き合うことができるようになってきたことも、その一因であろう。

本書は二一世紀の現時点で、二〇世紀社会とは何であったかを考える一つの手がかりとして、第二次世界大戦後のソ連占領地区で一九四九年に「建国」され、一九九〇年にドイツ連邦共和国（ＢＲＤ：以下、一九九〇年以前については西ドイツと記述）に「吸収」されることにより「消滅」した、ドイツ民主共和国（ＤＤＲ：以下、東ドイツと記述）に生きた人々の歴史的経験を掘り起こすことを共通課題として編まれたものである。本書の狙いは、東ドイツの四〇年を超える歴史について、事実上の独裁政党であったドイツ社会主義統一党（以下、ＳＥＤ）を軸に政治史的に概観（そのためには巻末の略年表を参照）したり、経済学・社会学・政治学などの概念や方法を用いて東ドイツ、ひいては社会主義の失敗の原因を論じることにあるのではない。農村や工場で働き（第三・四章）、余暇や音楽などの文化活動を享受し（第五・七章）、老いてゆく人々（第六章）、さらには数こそ少なかったものの教会に集い既存の体制に抵抗した人々（第八章）の経験から、社会主義とは何だったのか、その歴史は二一世紀を生きる私たちに何を示唆しているのかを読み取ることにある。

本書はこうした思いを共有する東ドイツ史の中堅・若手研究者たち（彼らの多くはすでにドイツ統一後公開された東ドイツ関連の一次史料をもとにすぐれた研究を発表していた）に筆者が呼びかけ、二〇一二年一月から定期的に開催してきたワークショップでの議論から生まれたものである。ワークショップにはさらに近代経済学を専攻する若手研究者や、筆者と同年代の（ということは東ドイツを同時代経験として知っている）社会思想史研究者（研究の射程はマルクスから現代市民社会にまで及ぶ）、マルクス経済学から出発して広く制度の政治経済学を模索してきた社会科学者が加わり、多彩な議論を積み重ねてきた。本書にはこうした議論に触発されて自らのこれまでの研究を新たな視点から見直した論考（第Ⅱ部）や、それに対する様々な立場の社会科学研究者からの応答が収録（第Ⅲ部）され、三年間にわたるワークショップが再現された形となっている。

本書の序章にあたる本章では以下、私が社会主義そして東ドイツに〈なぜ〉、そして〈どんな〉関心を持っているのかを明らかにするとともに、私たちは本書で東ドイツ社会をどう歴史化しようとしたのかについて、編者の一人としての問題提起をしておくことにしよう。

2　東ドイツ社会主義社会への関心

私自身はこれまで、一八四八年革命期のベルリン社会、一九世紀から二〇世紀への転換期のドイツ社会、ヴァイマル期からナチ期へと展開するドイツ社会を、いわゆる「ドイツの特殊な道」論（簡単に言うとドイツの近現代社会は、経済的には近代化したものの、市民革命たるべき一八四八年革命の挫折によって政治的な近代化が遅れ、その歪みが原因となって、民主主義の確立された英米仏の「正常」な近代化の道とは異なる、ナチズムへと至る「特殊な」道を歩んだという見方）への批判にたって研究してきた。それらを踏まえ、二一世紀初頭の時点で第二次世界大戦後のドイツ社会を研究対象とすることによって、ドイツの歴史的経験から二〇世紀とは、二〇世紀社会とは何だったのかを考えようとした私が直面した問題は、大戦後の「二つ」のドイツ社会（東ドイツと西ドイツ）を一九世紀以来のドイツ近現代史とのつながり（連続性と非連続性）でどのように捉え、どのような問題に即して両社会のあり方を比較検証するかという問題であった。そうした問題意識の背景には、一九八九／九〇年の出来事を西ドイツないし資本主義的な市場経済の一方的な勝ちゲームとして捉え、四〇年という歳月を東ドイツで暮らした人々の歴史をなかったかのごとく扱うことへの違和感があった。彼・彼女らの日々の経験も二〇世紀社会の構成要素だったのである。

こうした疑問を解きほぐし、私に戦後ドイツ社会の研究への手がかりを与えてくれたのは、ミュンヘン大学のホケルツ（H. G. Hockerts）教授の「ドイツ社会国家性の三つの道」という問題提起であった〔以下、Hockerts, Hrsg. 1998 : 7〕。そこで示された教授の基本テーゼは、「ヴァイマル・ドイツは緊張に満ちた混淆状態のなかでさまざまな選択肢と秩序理念を用意していたが、「第三帝国」、連邦共和国、そして民主共和国は、そのなかからそれぞれ独自の選択をおこない、特有の軌道にのせて継承した」というものであった。そして彼は、「第三帝国」を「国民社会主義の刻印を受けた「民族至上主義的福祉国家」」、西ドイツを「民主主義と資本主義のバランスをもたらしたボン社会国家」と特徴づけたうえで、東ドイツについては「ドイツ社会主義統一党の独裁による計画経済的な生活保障国家（Versorgungsstaat）」と性格づけている。「ドイツはその現代史において近代的な社会国家性の諸要素を用いて、極めて異なった、というよりはむしろ相対立する実験を行ってきた」というのである。

このドイツは近現代社会の実験場だとする問題提起は、たしかにドイツ現代社会史の「三つの道」を共通の土台に載せて比較する方向への後押しをしてくれるものではあったが、東ドイツ社会自体への強い関心を内包したものとは言いがたい面がある。私は幸いにも、科学研究費助成事業（平成二一年度〜二三年度）のサポートを受けて、ミュンヘンのマックス・プランク研究所（Max-Planck-Institut für Sozialrecht und Sozialpolitik in München）において日本の中堅・若手ドイツ近現代史研究者とともに、ホケルッツ教授を中心に組織された公開ワークショップ（Workshop: Japanische Perspektiven auf den deutschen Sozialstaat im 'langen' 20. Jahrhundert, 2011.9.8.）に参加し、本書第六章で論じた東ドイツにおける高齢者政策や人民連帯の活動について報告する機会を得たが、その折りの印象も多くのドイツ現代史研究者にとって東ドイツは「他者」に過ぎないのではないかというものであった。

ただ第二章において明らかにされるように、東ドイツ研究はここ二〇余年の間にそれ自体が研究対象となるほど多様な展開を見せており、ここでは重複を避けるために、先に挙げた印象を払拭してくれた二冊の論文集を紹介するにとどめておこう。

一冊はホケルッツ教授の問題提起の流れをくむ『ＤＤＲにおける社会国家性——独裁と社会の緊張関係のなかでの社会政策の展開　一九四五／四九—一九八九』である。この論集の序論において編者たちは冒頭、次のように述べている［以下、Hoffmann/Schwartz, Hrsg. 2005 : 1］。「近年のＤＤＲ史との取り組みにおいては、まずもって一九五〇年代半ばまでのＳＥＤ国家の成立期と一九八九／九〇年におけるその崩壊が正面に据えられた。そのさい四〇年にわたり実在したDDRはしばしば、「分割払いの破綻」として単純化され、あるいはもっぱら巨大な抑圧機構の存在によって説明されてきた。最近ではそれが当たり前になってきたが、DDRの「相対的安定」や「長期の生き残り」といった現象にたいするよりきめ細かな説明を模索する場合には、これまで研究から継子扱いを受けてきた六〇年代や七〇年代を視野に入れる必要があるだけではない。東ドイツの政治・社会を展開させている「ソフトなファクター」――DDRの存在全体に関わる――もまた付け加えられる必要がある」。ここで彼らが「ソフトなファクター」として考えているのは、「DDRの発展を支えるアイデンティティおよび合意形成を促した要素としての社会政策」であり、論集では労働政策、女性政策、消費政策などがさまざまな角度から検討されている。その意味では、ここではたしかに東ドイツ社会を生きた人々の経験により近づいた研究がなされているとはいえ、制度や政策の分析が主軸になる限り、その経験は党や国家との関係のなかでどちらかというと上から照射されることになる。ではどのような視点を持つことによって彼・彼女らの日常により接近できるのか？

3　社会史の視点

こうした私の、そして私たちの疑問に応えてくれるのが、いま一冊の論集『社会主義的モダン――東ドイツの日常文化と政治』[Pence/Betts, eds. 2008] である。英米でドイツ近現代史を研究する歴史家とドイツの歴史家が共同して編纂したこの論集は、「一般的に転換点と理解される一九八九年のドイツの再統一は、東ドイツにおける共産主義の実験に終止符をうったと言えるかもしれないが、その歴史的評価は終わったと言うにはほど遠い」[*ibid.* 1] という一文から書きおこされている。本論集における東ドイツの「歴史的評価」のキーワードは「モダン」という概念である。国家と社会の関係を国家の側からではなく、社会、すなわち東ドイツを生きた人々の日常生活の側から再考することにより、東ドイツを「特有の近代国家」［*ibid*: 3］として理解しようというのが、この論集の狙いである。

「ドイツ民主共和国の研究は、国家と党によるトップダウン式の変革努力に押し込められるべきではなく、日常生活や大衆文化における「近代的なもの」の経験も検証されてしかるべきである」［*ibid*: 9-10］とする視点は、「近代性に焦点をあてることによって、ドイツ民主共和国の意味を理解するための歴史文脈的な枠組みを制約する可能性のある、第三帝国ないしスターリニズムとの安易な比較を避けたい」［*ibid*: 10］という思いから生まれたものであり、そこには近代化を一連の近代化指標（国民国家化、急速な都市化、工業化、合理化、世俗化等々）の定方向的な動きとして捉える「近代」理解への批判が込められている。「ここに集められた多様な事例研究は、ドイツ民主共和国が根本的に近代的であったことを示しており、そう捉えることによってドイツ民主共和国をドイツ史のより長い軌道と、近代とは何かを再考するグローバルな動きにリンクさせるのに役立つ」［*ibid*: 10］という編者の思いは、私たちの思いとも重なるものである。

この意味で本論文集の近代理解を最もよく表しているのは、「もう一つの近代性としての社会主義的近代」［*ibid*: 11］という概念であるが、それはヨーロッパ中心的な近代理解を批判し、「インドやラテンアメリカの視点から見ると、ヨーロッパの社会主義と資本主義は近代化という一つのコインの両面として見えてくる」［*ibid*: 13］という問題提起につながるものである。そう考えると、近代というのは、リュトケ（A. Lüdtke）の表現を借りれば、そもそも「古いものと新しいものの「特有のアマルガム」」であり、こうした視点に立てば東ドイツの社会政策もあらためて「温室での伝統と近代の衝突」として日常生活の側から問題化できるとされているのである［*ibid*: 14］。

こうした社会史、とりわけ「近代」への視点は、本書に収録された各論文の著者たちによってそのまま共有されているとは言えないが、私たち一人ひとりもまた、まず東ドイツ社会を生きた人々の日常生活の一面を掘り起こし、日常生活の側から政治との関わりを探ることによって、社会主義社会の歴史的経験とは何であったのかを検証し、二〇世紀社会とは何であったかという、二一世紀社会の行方を考えるうえで鍵となる問いに取り組もうとした。本書はその一つの成果であるが、本書を編纂する過程で浮上してきた論点の一つは、第二次世界大戦後の東ドイツの人々の日常的な経験が戦後日本社会を生きた人々の経験と無縁ではないということであった。急激な農地改革とそれにともなう農村社会の変化、コンビナート化され巨大化する工場の内外における稠密な人間関係、家族関係の変動と急速な高齢化、大衆化する休暇旅行をめぐる労働者と企業・政府間の葛藤、伝統的な大衆音楽と外から流入する新しい音楽のぶつかりあいと融合、マイナーな集団による社会的な抵抗が独裁的政治というダムを決壊させせうる可能性等々、東ドイツの人々の日常は、もちろんまったく同じだったわけではないが、私たちの日常でもあったのではないか？　こうした「発見」を共有しつつ、読者の方々とともに「ボトムアップ」で二〇世紀社会を歴史化し、これからの社会について共に考えてゆく作業に取り組む契機になることが、本書の目的にほかならない。

第二章　東ドイツ研究の現在

河合信晴

1　東ドイツ研究を始めるにあたって

日本のドイツ現代史においては、これまでナチス研究に隠れる形で、東ドイツ研究の成果は十分には注目されてこなかった。しかし、現在ではこの研究は、ドイツ本国だけでなく世界的に見ても活況を呈している分野の一つとなっている。このことは、ドイツ本国ではここ数年間にわたって、一ヵ月に一冊は必ず新しい研究が出版されている状況によって確認できる。さらには、英米圏をはじめとして諸外国においても、東ドイツに対して関心が向けられており、近年活発な議論が展開されている。

研究のこの急速な進展は、大量の公文書館史料が公開されたことによるところが大きい。現代史研究が可能となるには公文書の一次史料公開を待たねばならないが、ドイツではそのための期間として三〇年間が必要とされている。それゆえ、旧西ドイツについて見れば現在、二〇一六年段階で、八六年までの史料が公開対象となる。しかしながら、東ドイツの史料については九〇年の統一直後から文書館の移管・整備が進むなかで、この「三〇年原則」が適用除外とされて、連邦政府が所管する史料のみならず、州や町のレベルのものまでも幅広く研究のために利用可能となっている。なお、利用に制限が課されているのは、シュタージ（秘密警察）として知られている国家保安省と外務省関連のものである。

ここ二五年間にわたって研究成果が大量に蓄積されるなかで、もはやどのような研究が進行中なのか、すべての東ドイツ研究の動向を把握することは困難になっている。しかしながら、ドイツ並びに日本も含めた諸外国におけるこれまでの東ドイツ研究に関するおおよその研究動向をおさえることは、本書の研究史上における位置を考えるうえで必要であるばかりか、今後この分野に興味を抱いて調査を行っていく際の指針ともなりえる。

この東ドイツ研究の動向を振り返るにあたっては、東西ドイツが第二次世界大戦後に置かれていた状況を考慮する必要がある。ナチス体制崩壊後にあって、この二つの国は連合国による直接の分割占領と米ソ対立の結果生まれた国家であり、人為的に作られた人工物であった。そのため、この国に対する人々の認識や見方は、戦後世界における東西冷戦の影響を受けざるをえなかった。東ドイツ研究は、現実政治の影響を色濃く反映する研究領域であったことが理解でき、また、冷戦を反映するいくつかのテーマについて、突出して議論が盛んになっている。

本章は、本書が取り上げているテーマと関わるものについては特に注意を払いつつ、これまでの東ドイツ研究ではいかなる問題意識から研究が進められてきたのかを検討し、現在、研究内容が多方面に拡散しているなかにあっても、共通の議論の土台がどこに見出せるのかについて明らかにする。その際、一九八九／九〇年の東ドイツの崩壊を境にして史料公開が進んで以降、この研究分野にどのような進展が見られるのか、いかなる点で変化が見られるのかについて注意を払いたい(1)。

2　冷戦と東ドイツ研究

冷戦の結果生まれた東ドイツにおいても、四〇年間の歴史のなかで、自国史を振り返る試みがなかったわけではない。ただし、それは社会主義体制の正統性を強調するものであった。一九六〇年代半ばになって、東ドイツの政権党であったSEDは、一九世紀以降の労働運動の伝統をまとめて、長大な正史である『ドイツ労働運動史』（全八巻）を著した。そこではSEDの指導によって、東ドイツでは資本主義の弊害を克服した社会が実現されていると、成果が語られるだけであった［Institut 1966］。この公式路線に従うことが、歴史学においては公的な史料を利用するにあたって求められた。それゆえ、この国には客観的に自らを振り返る研究が生まれる余地は少なかった。

ただそのなかでも、自らの立ち位置を客観的に検討する可能性があったのは、一九六〇年代後半に入って研究が盛んになった社会学、八〇年代に入り着目されることになった文化史研究や労働者に関する社会史研究であった。これらの研究では、SEDの公式の説明を批判するとはいかないものの、それとは異なる東ドイツ像が提起されることもあった。また、労働者をはじめとして東ドイツに暮らしていた人々が、政府やSEDに対して自発的な行動の余地を有していたのかどうかについても議論がされていた。しかし、東西ドイツが分裂しているなかにあって、これらの研究は西側においては、完全に無視されたとまでは言えないものの、振り返るべき研究成果とはみなされてはいなかった(2)。

それに対して、東ドイツ研究は西ドイツにおいて一九五〇年代に本格化した。これは西ドイツが対峙する東ドイツの国内状況を知る必要性を意識したことに由来する。いわば、戦後のアメリカにおいて、ソ連に関する情報を得る必要性が唱えられたために、ソ連研究が発展したのと同じ理由がここには存在している。

初期の研究は、アデナウアー（K. Adenauer）の西側統合や東ドイツ非承認政策という政治情勢からの影響を受けて、東ドイツの存在を表面上否定しつつも、現実にはこの国の実態を検証することを目指した。それゆえ冷戦の最前線であり、周囲を東ドイツに取り囲まれていた西ベルリンにおいて発展した。その際、ＳＥＤ体制が東ドイツ地域では永続化しうるものであるのかどうかという点が問われて、支配体制の特徴やプロパガンダ政策が社会にどのような影響を及ぼしているのかといった研究が生み出されたのである。むろん、これらの研究にあってはＳＥＤ体制の永続性について、否定的な見解が唱えられており、東ドイツはソ連の植民地的な立場に置かれていると考えられた。この認識ゆえに、東ドイツ研究は当時「ソ連占領地区研究」と呼ばれていた［Bleek 2001：292-293］。

しかし、ベルリンの壁が構築された一九六一年以降、東ドイツ社会が安定するにつれ、ＳＥＤ体制を否定的に語りながら体制の崩壊を期待することと、現実の政治状況とのかい離は大きくなった。さらに七〇年代に入ると、東西間の人間の相互接触を図ることにより、緊張緩和を進めようとするブラント（W. Brandt）政権が誕生した。西ドイツが「一民族二国家」の現状を受け入れると、東ドイツを検討対象とする研究は、「両ドイツ研究」さらには東ドイツ研究と名称を変えつつ、東ドイツの政治社会はどうして安定しているのかを問う形に変化していった。

この方向性を代表することになったのが、ＳＥＤ政治体制の権威主義体制化を説くルッツ（P. C. Ludz）であった。彼は革命世代の政治家の影響力が引退によって低下するのに対して、東ドイツで教育を受けた官僚層の影響力が拡大していると主張した。この見解は、現実のＳＥＤ体制の内部で進む変化を積極的に取り上げたことから、「体制内在アプローチ」と名付けられた。またルッツは、ブラント政権において両独関係省が編んだ東西ドイツ社会を比較した資料集の責任者となり、両独体制比較に積極的に取り組んだ。このことから、東ドイツの存在を所与の条件としたうえで、東ドイツ社会の状況を描きだそうとする方向が模索されることとなった［Ludz 1968：Bundesministerium Hrsg. 1971, 1972］。

ただ、この方向性とは反対の立場に立つ議論も一九八〇年代には存在した。その代表的な見解は、東ドイツにソ連型の共産党による恣意的な政治支配、テロルによる抑圧が移植されたと見るヴェーバー（H. Weber）によるものである。この見解によれば、東ドイツの政治的な安定は、ＳＥＤの抑圧によって担保されていると考えられた［Weber 2012］。

しかしこの時期、ＳＥＤ支配は自明なものではなく、政策を実行する過程にあっては紆余曲折があったとする見解が、ヴェーバーの同僚であったシュターリッツ（D. Staritz）によって提示されている。この見解はあくまでＳＥＤの政策に焦点を当てたものであったが、後で述べる現在の社会史的研究につながる要素を持っていたと評価することができる。なお、ドイツ統一以後になって、シュターリッツはシュタージの「非公式協力者」であったことが判明し、批判にさらされることとなった［Staritz 1985］。

これら一九六〇年代以降の東ドイツの存続を前提とした議論はいずれも、西側の基準に基づいて東ドイツを観察するものであり、いかにしたら西ドイツは東ドイツに対して、国際的に優位に立てるのかという現実政治からの要請を反映したものであった。五〇年代までの東ドイツ研究が冷戦の激化を所与の条件としていたのと同様、七〇年代以降の研究は、東西ドイツの緊張緩和という時代状況に規定されるものとならざるをえなかったのである。たしかにこの時期になると、東ドイツ研究においては研究の方向性は多様化し、事実上、東ドイツは別の国であるとの認識が進んだ。しかし、なお西ドイツではこの研究分野は、近隣の東欧諸国の地域研究を扱う東欧研究とも異なる独自の研究領域を構成し、自国との対称性が問題視され続けることとなった。

この東西ドイツの対称性を強調しながらも、東ドイツの安定性を理解する枠組みを提起したのがガウス（G. Gaus）

である。彼は両独基本条約締結後、西ドイツ常駐代表部の初代代表として東ベルリンに赴任し、そこで見た東ドイツ社会を「ニッチ社会」（壁龕《へきがん》社会）と規定した。この議論によれば、東ドイツの人々は職場の集会等の公の場においては、ＳＥＤが提案する政治的議題に対して同調的な態度をとるものの、いったん家に帰れば、家族や親しい友人との間では政府批判を行うことが一般的であったとされる。すなわち、東ドイツの人々は、本音と建て前とを意識的に分ける生活を営んでいるとされた［Gaus 1983］。

なお、日本においては一九八九年以前には、社会主義研究を代表するのはソ連研究であって、東ドイツに目が向けられることはまれであった。またドイツ史にあっても、ナチス評価につらなる研究とは異なり、研究上の意義を見出しにくいことも研究がなかなか進展しない理由となっていた。しかしながら、まったく東ドイツの内情を紹介する見解がなかったわけではなく、六〇年代に入るとＳＥＤ支配体制を評価する特徴を持った東ドイツ論が生まれた。これらの議論では、日本を含めた西側は複数政党の競合に基づく自由な政権選択が可能な点では、形式的には民主主義が成り立っているものの、労働者が経済的に不平等な状態に置かれていると批判された。逆に、東ドイツでは失業がないばかりか、職場における集会において積極的な発言がなされており、実質的な民主主義が実現されていると評価された。この議論は現在の視点から見れば、ＳＥＤの宣伝をうのみにしているとして、否定的に捉えることもできようが、民主主義の内実を再考する意味では、容易には解決しえない問題点を提起しているのである［近江谷 1980：上杉 1964：影山 1964］。

3　東ドイツの過去の解釈をめぐって

(1)「全体主義論」の復活と政治史

西ドイツにおいては一九八〇年代以降、東ドイツ研究はＳＥＤの支配体制を批判するか、国内政治の変化を読み解こうとするかの違いはありつつも、二〇世紀中にこの国が消滅すると考えた研究者は皆無であった。それは当時この研究をリードしていたグレスナー（G. J. Glaeßner）でさえ、ベルリンの壁崩壊直前に、東ドイツの政治・社会システムを詳細に解説した研究書を著し、そのなかで東ドイツの存在を自明のものと捉えていることに表れている［Glaeßner 1989］。

ただ、東ドイツ研究はＳＥＤ体制の崩壊を予測することができなかったにもかかわらず、統一ドイツにおいて、研究そのものの有用性を全面的に否定されることはなかった。むしろ、これまでの政治学・社会学から現代史へと分析方法が変化しながら、活発化することになった。

この理由は、先に触れた公文書の大規模な開示がなされたために、それまでの現代史では享受しえない有利な条件が、東ドイツ研究に生まれたことにある。公文書に関する「三〇年原則」が適用されなかったのには、研究者からの要請だけでなく、ドイツ統一をめぐる政治的な思惑が背景にあった。本来、ドイツ統一は東西ドイツの対等な統合に基づいて、新しく憲法を制定することを予定していた。しかしながら、旧東ドイツの経済状況が想定されていた以上に悪かったことや、一九九〇年に行われた人民議会選挙に西ドイツの各政党が介入したことから、新しく成立した東ドイツ政府は自立的存在たりえなかった。それもあってドイツ再統一は、連邦議会での議決を経た後、東側地域の西ドイツへの吸収合併という形で達成された。このことが、旧西ドイツの政治体制を積極的に正統化する必要を生み出した。その材料として、ＳＥＤ体制が残した大量の文書史料が役立つと考えられたのである。政治の側からの働きかけの端的な例は、九二年に連邦議会が設置した「ＳＥＤ独裁の歴史と結果の克服」と題する特別公聴会に見ることができる。この公聴会は、いかにＳＥＤ体制が非民主的かつ抑圧的な政治体制であったのかを示すことを目的にして、ドイツ各地で開催されて多くの当事者から意見聴取がなされた。これにはヴェーバーらそれまで東ドイツ研究に携わってきた研究者も積極的に関与して、連邦公文書館に移管されたＳＥＤの史料を用いた研究が参考資料として多く提出された［Deutscher Bundestag Hrsg. 1995］。

史料公開が進み、それまでベールに包まれていたＳＥＤ体制指導部内部における権力の実態を解明することが、もっとも重要な研究テーマとみなされるなかで、政治史研究が盛んとなった。その際、ＳＥＤ体制を「全体主義」体制と見る枠組みが復活した。この研究においては、ＳＥＤは共産主義を実現するために、人々を一方的に抑圧する支配体制を作り上げたと理解されて、その非民主性を批判することにこそ、研究の意義があると考えられたのである。ただこの議論では、権力確立期の暴力が多用された一九五〇年代の様相が、他の時代にも当てはまるとする前提に基づいて、東ドイツの四〇年間を静態的に理解する傾向が強い。逆に、東ドイツに暮らしていた人々は、抑圧にさらされる対象として認識されている［Meuschel 1992：Schroeder 2013］。

むろん、この政治史研究がＳＥＤの支配に関する実証的研究を着実に積み重ねてきたことも確かである。特に戦後直後、ソ連占領下においていかにしてＳＥＤが権力を確立したのかについては、ＳＰＤ（ドイツ社会民主党）とＫＰＤ（ドイツ共産党）の合同とその後のＳＥＤ内部の共産党化、他の政党の衛星政党化を扱った政党史のみならず、企業の国営化や、農地改革と集団化といった経済政策の動向、さらには外交問題についても数多くの研究が提出されている。

これらの研究では、ソ連や共産主義者の強圧的な姿勢が示されながらも、次第にそれ以外の当事者がどれだけ自立的に行動していたのか、また一九五〇年代後半までの時期は、未だドイツ統一の可能性があったのではないかという点が問題視された。そのうち、五二年三月のソ連によるドイツの中立化と統一を求める提案、「スターリン・ノート」をめぐっては、これまで活発な議論が展開されている。この覚書については、ドイツ統一を図る最後のチャンスだったのか、それとも単なるソ連による西側統合を阻むための手段でしかなかったのかが問われた［Wettig 1999, 2014 : Loth 1994］。現在では、この研究においては、ソ連の意図を理解するだけにとどまらず、当事者であった東ドイツのＳＥＤとソ連との間には思惑の違いがあったのではないのかという点にまで議論が拡大している［清水 2015］。

この政治史研究のなかでもっとも研究が進んだテーマは、一九五三年六月一七日に生じた、大規模な民衆蜂起である「一九五三年六月一七日事件（以下、六月一七日事件）」そして、八九年のベルリンの壁の崩壊をめぐる情勢を扱ったものになる。「六月一七日事件」が起こった日はドイツ統一まで、西ドイツでは「ドイツ統一の日」として祝日とされていた。この全国規模の民衆蜂起は、ＳＥＤ体制に対する人々の自発的な抵抗と拒否の姿勢の証として、西側では公式には位置づけられていた。しかも、この蜂起を主導したのはＳＥＤが自己の支持基盤とみなしていた労働者であり、ソ連軍の協力によってはじめて秩序を回復できたことから、ＳＥＤ体制の失敗を証明する出来事であると論じられることとなった。それ以降、この事件はＳＥＤ支配が正統性を持つ政治体制ではなかったことの証明であると考えられたのである［Mitter/Wolle 1993］。

また、一九八九年から九〇年にかけての平和裏に進んだ体制移行過程を検討するにあたっては、八九年夏に生じた東ドイツ市民の西ドイツへの大量出国、ライプチヒの月曜デモや、それを指導した反体制派の動きが注目された。この一連の出来事については、当初、東ドイツを拒否して西ドイツへの移住を希望した人々の行動がＳＥＤ体制を打倒する原動力になったとする評価が出されたものの、次第に、東ドイツに留まってこの国の改革を求める人々の活動にも目が向けられることとなった。彼らは平和運動、環境運動、女性運動といった政治的なオルタナティブを掲げて活動するなかで結集し、市民運動としての性格を持つに至ったと位置づけられる。そして最終的に、ＳＥＤの交渉相手となって、体制移行を平和裏に成し遂げる原動力になった点が評価されている［ノイベルト 2010］。ただ、彼らがその後、ドイツ統一においてはほとんど影響力を発揮できなかったことから、限界を指摘する声があることにも注意しておきたい。

(2)「オスタルギー」から社会史・日常史研究へ

ドイツ統一後の東ドイツ研究は、西ドイツの議会制民主主義とは相いれないＳＥＤ体制を否定するという、冷戦下の研究を引き継ぐものであった。この見方は経済格差に代表される東西ドイツの違いが、西ドイツ化することによって早期に消滅するとの期待に支えられたものであった。しかし、現実には、東西間の格差解消は当初見込まれたほど進まなかった。むしろ、一九九〇年代半ば以降になると逆に旧西側と東側との差異が、それぞれの地域住民のメンタリティーの違いも含めて注目されるようになった。旧東ドイツ地域においては、統一後に職場閉鎖が相次ぐなか、失業率の大幅な増加によって、人々の日常生活が悪い方向に激変し、西側と同じ経済的な豊かさをすぐには実現することが困難であることが理解された。ドイツ統一に対する楽観的な見方が消え去ることとなったのである。また、旧東ドイツの行政・教育機関が西側モデルを導入するために、西側の人々を行政組織の幹部として受け入れたこともあって、植民地化が進んだとする見解が政治学において話題となった［フィルマー 2001］。

この間、旧東側の人々の間には、昔の東ドイツ時代のほうがよかったと懐かしむ雰囲気が浸透した。「オスタルギー」と呼ばれるこの現象は、乗用車「トラバント」に代表されるかつて存在していた商品に対する郷愁だけでなく、社会制度が西側化されたことに伴って、東ドイツ時代には社会内部に存在していた紐帯が急速に失われたことに対する失望に起因するものでもあった(3)。東側の西ドイツへの編入がうまく進まない状況下で、連邦議会は再度、ドイツ統一に関する特別公聴会を一九九五年に招集した。その際、検討テーマとなったのは、東ドイツ時代の社会状況や日常生活を明らかにすることと同時に、統一後の西側への統合をいかに進めうるのかという点にあった。[Deutscher Bundestag Hrsg. 1999]

現実社会の変化とともに、SED体制指導部の権力の実態を探る研究が落ち着きを見せると、東ドイツ研究では、社会の実態がいかなる特徴を持つものであったのかが次第に意識されるようになった。その際、イエッセン（R. Jessen）らは、SEDが完全には社会をコントロール下に置くことはできなかったという点を理解できたとしても、さらに進んで、その内実を詳しく検討することにこそ研究の重要性があると提起した［Bessel/Jessen Hrsg. 1996］。

また、旧東ドイツ出身の研究者のなかからは、SED指導部が行った一九六〇年代から七〇年代にかけての秘密世論調査報告の結果を踏まえて、東ドイツの人々は匿名であれば率直に政治的な意見を表明し、体制批判が可能であったこと、SEDの政治に一定程度満足していたとする見解が提出されている［Niemann 1993：星乃 1998］。同じく東ドイツの経済史家であったレースラー（J. Roesler）は、この国の職場における生産活動の基礎集団であった「作業班」（ブリガーデ）に着目して、労働現場における人々の連帯と社会の自律性を明らかにした。これらの見解は、東ドイツは全体主義体制に支配された社会であったとする議論に対する明確な異議申し立てであり、逆に西側には存在しなかった職場の仲間内における連帯を肯定的に捉え直すものとなっている［Roesler 1994］。

その後、もともと西ドイツにおいて発達を遂げた社会構造史研究の方法が、東ドイツ研究に浸透していくこととなった。その中心的な役割を果たしているのが、ポツダムに新しく設立された「現代史研究所」である。この研究所を創設したコッカ（J. Kocka）は、東ドイツ社会を「支配貫徹社会」と名付け、教会以外には純粋な形での自律的な社会空間は存在せず、ＳＥＤの支配体制のなかに様々な社会団体が組み込まれていたと見る。ただ、この理解はＳＥＤが社会を完全にコントロールできていたとするものではなく、ＳＥＤとの関係を踏まえて東ドイツ社会を考察しようとする問題提起として捉えられている［Kocka 1994］。

この研究所では西ドイツにおける社会構造史の第一人者であるクレスマン（C. Kleßmann）と並んで、すでに旧東ドイツにあってＳＥＤの工場労働者に関する労働・社会政策を検討していたヒュプナー（P. Hübner）も加わり、東ドイツ社会の内実を明らかにする研究が数多く生まれている［Hübner 1995］。この二人は分担して、労働者に焦点を当てた通史的なモノグラフを著したが、それを確認すると、ここ二〇年間の東ドイツ社会史研究の成果を確認することができる［Kleßmann 2007：Hübner 2014］。

さらにヤーラウシュ（K. Jarausch）は、ＳＥＤ体制が社会を適切に管理できると考えて政策を遂行しながらも、現実には破たんをきたした点を重視する。彼によれば、ＳＥＤは資本主義体制下で生じる経済的な搾取を避けるだけではなく、それを超える豊かな社会を実現するために、この国に暮らす人々に対して後見的・家父長的に振る舞い、社会福利の提供を丸抱えしていた。そのことによって、結果的には社会から生じた不満の全責任をＳＥＤが負うことにならざるをえず、体制と社会との間の矛盾が広がったとされる。このＳＥＤが有していた内在的な限界を検討する理論枠組は「福祉独裁」論と呼ばれる［Jarausch 1998］。

くわえて、ナチ期の労働者の態度を問題にした「換骨奪胎」（アイゲンジン）と呼ばれる考えを、東ドイツに適用した枠組みも提示されている。それによれば、東ドイツの人々は体制の意図に迎合するのでも無視するのでもなく、自己の都合のいいように政治からの働きかけを読み替えて行動しており、必ずしも東ドイツ社会はＳＥＤが思い描いていたとおりには変化しなかったと主張されている［Lindenberger 1999］。

現在では、社会史研究の進展によって、ＳＥＤと社会との関係を政治からの一方的な抑圧の進行であると見ることはなくなったと言えなくもない。それにもかかわらず、一九八〇年代後半に提示された「ニッチ社会」論の妥当性は完全には否定されることはなく、むしろ政治史並びに社会史双方にとって共通の土台となってきた。というのも、それぞれの研究では分析対象が異なることから、議論の棲み分けが可能となっていたのである。政治史では、人々の公の場における体制順応的な態度は、抑圧を象徴するものとして理解され、逆に、社会史においては、私的空間における本音を取り上げることで、ＳＥＤ体制の限界を主張することができた。これが旧来の東ドイツ研究では、政治史と社会史の双方を組み合わせる議論が生まれにくかったことの原因となっている。

(3)　外国史としての東ドイツ研究

以上のドイツにおける東ドイツ研究の展開と並行する形で、一九九〇年代半ば以降、東ドイツ研究は世界的にも着目される存在となった。それはこの国が分裂国家であり、東西冷戦の最前線に位置したために、戦後史の焦点が集中的に表れていると判断されたことによる。

英米圏では特に、現実政治の要請への回答を目的とするドイツの研究とは異なった観点からの研究が現れた。そのなかにあって、現在イギリスにおける東ドイツ研究をリードしているフルブルック（M. Fulbrook）は、ＳＥＤ体制と東ドイツ社会との間の相互作用を重視する方法を提唱した［Fulbrook 1995］。その後、彼女は東ドイツの人々は独裁体制下で生活していくにあたって、政治の失敗を補完するための社会の側における自発的な行動が、ミツバチが自らの巣をメンテナンスするかのごとく、意図せずして政治・社会構造を安定させることに寄与したとも述べている［Fulbrook 2005］。

くわえて、一九五〇年代において社会主義化を図るうえで重要な問題であった農業集団化を分析したロス（C.

Ross）は、現場における農民の行動様式を、自己の利益を擁護する形で政府の政策を読み替えて利用していたと述べ、これを「建設的順応性」と規定している。この議論は先の「換骨奪胎」論や、本書の各章で展開される議論にもつながる［Ross 2000］。さらには、これまで研究の中心に据えられていた労働者とは異なる社会集団である知識人・青年・女性・教会関係者に焦点を当てて、七〇年代以降のＳＥＤとこれらの集団との交渉関係のなかに、支配の安定性の要因を求めた見解も存在する［Madarász 2003］。

外国人による研究は権力による抑圧か社会の自律性かという二者択一の見解を提示して、東ドイツを描こうとするものではなく、権力と社会との共存関係を描くことに寄与している。したがって、東ドイツがなぜ四〇年もの間存続することができたのかに対する知見を与えてくれる。

ドイツ内外における積極的な取り組みに対して、日本における東ドイツ研究も、一九九〇年代半ば以降、徐々に活発化してきた。当初は、ソ連占領時代の戦後改革を取り上げたもの、八九年の政治変動を社会学や政治学の理論を用いて説明する研究が展開された。また、東欧の市民社会論を踏まえて、八九年から九〇年にかけて政治制度として導入された「円卓会議」を扱った井関正久や、反体制派の活動を扱った市川ひろみによる研究が著された［木戸 1989；山田 1994；Izeki 1999；市川 1995a］。

むろん、現代史的な関心から一次史料に基づく研究も始まったものの、これらはドイツの政治史と社会史との間に横たわっている断絶を反映するものでもあった。例えば、政治史ではＳＥＤ支配の抑圧性や非民主性に焦点を当てた仲井斌や、政策には紆余曲折がありながらも、ＳＥＤは支配体制を確立するために徐々に抑圧手段に頼ることになったとする近藤潤三の研究があげられる［仲井 2003；近藤 2010］。その一方では、「六月一七日事件」の労働者の行動を、一次史料を用いて実証的に検討することによって、この国の労働者はＳＥＤの現実の政策が社会主義の理念から逸脱したことを批判し、社会主義の改革を訴えていたと見る星乃治彦の見解も重要である。この「六月一七日事件」をめぐる解釈は、ドイツ本国の研究者とも異なった視点を持った議論を展開している好例である［星乃 1994］。しかし、これらの日本の研究では一九九〇年代初頭のドイツの研究と同じく、体制と社会とを分離して考察する傾向が強かったために、SEDを批判するか、東ドイツの民衆を評価するのかという二者択一的な東ドイツ像が提示されることとなった。

しかし近年では、これらの研究を踏まえて新しい方向性が模索されつつあり、政治・経済そして文化まで一体的に捉えようとする政治社会史的な研究が、相次いで著されつつある。これは社会主義体制では一人ひとりの日常生活において、政治権力の果たす役割が西側の国よりも大きく、政治と社会を全体として捉え直す必要性が再認識されたことによる。

その先駆けとしてあげることができるものが斎藤哲の研究であり、それまで東ドイツ研究の中心的な検討課題であった生産や労働に比べて、注目されてこなかった消費活動の分析を通じてSEDの政策が持った限界を浮き彫りにしている［斎藤 2007］。また一九五〇年代までの造船業を扱い、東ドイツの職場における人間関係の濃密さ、資本主義体制下の自由とは異なる非厳格な労働規律に基づく「自由」の社会的意義を問うたものとして石井聡の研究をあげることができよう［石井 2010］。そして、メクレンブルク地方における農業集団化に対する農民の態度を考察した足立芳宏は、農業集団化において各自の経験や置かれた立場を考慮しながら、「主体的に順応」していく農民を描いた。東ドイツの農業集団化は一方的な抑圧過程や逆に農民の社会主義体制への支持表明によって進んだのではなく、紆余曲折ののちに進んだことが明らかにされている［足立 2011a］。さらに近年では、SED体制と東ドイツの知識人との間の関係を分析しつつ、知識人の自発的な行動が体制に対する批判となる場合と、絡め取られ支配権力を強化する逆説を生み出すこととなったとする見解も展開されている［伊豆田 2014］。現在、日本における東ドイツ研究も、一次史料分析を基礎にしつつ、この国の社会の複雑さを描きながら、同時に戦後世界の特徴を再考しようとする世界的な潮流のなかにある。

4 東ドイツ研究の可能性

戦後西ドイツで発達した東ドイツ研究は、冷戦の進展状況やドイツ統一後の国内情勢に左右されてきた点から見れば、現実政治の影響力を絶えず被ってきたといえる。また一次史料の開放は、研究の進展を促したものの、研究の方向性が一九九〇年を境にして、大きく変化したと見ることはできない。むしろ、東ドイツ研究を進めていくうえでの画期は、二〇〇〇年代に入ってから生じた。

その際、それまでの研究が政治史と社会史が別々に展開することによって、見落としてきたものに対する反省がなされた。そればかりか、外国人研究者が戦後史全体を振り返るための材料を得ることができると考えて、この東ドイツ研究に積極的に参入するようになった。このことも、研究の方向性の変化に影響を及ぼしている。その結果、ＳＥＤの支配と東ドイツ社会との応答関係を重視し、そこに潜む矛盾を明らかにするアプローチが現在では一般的なものとなりつつある。ここに東ドイツ研究の共通の土台を見つけることができる。

二〇〇九年五月、連邦議会選挙が迫り、ＳＥＤの後継政党である「左翼党」の勢力伸張が予測されるなかにあって、メルケル（A. Merkel）首相は東ドイツ全体を「不正国家」であったとする発言をした。そのことを契機にして再度、ＳＥＤの国家体制を否定する議論がドイツ社会において再燃した。一部の研究者にはこれに呼応する動きが存在したが、実証的な東ドイツ研究の方向性が、この政治的な雰囲気に飲みこまれて、再度、ＳＥＤ支配の抑圧性を一方的に強調する方向に回帰することはなかった。むしろ、現実政治の議論を横目に見ながらも、着実な研究が現在においては積み重ねられていると言ってよい。

東ドイツ研究はドイツにおける既存の政治に対する有用性によって、研究の意義が判断される状況を脱し、広く戦後史の文脈のなかでこの国が有していた特徴を問うこととなった。この方向性は、第二次世界大戦後の冷戦下における東西世界を比較検討することを通じて、両者の相違点と類似点を明らかにすることにつながっている。それゆえ、冷戦の最前線に位置していた東ドイツを分析することは、ドイツ人にとってだけでなく、日本人を含めたかつて冷戦体制下で暮らしていた人々すべてにとって意義のあることなのである。

註

（1）東ドイツ研究をはじめるにあたっては、日本語のレファレンスである『ドイツ民主共和国史』［ヴェーバー 1991, Weber 2012］と『歴史体系　ドイツ史3』の「ドイツ民主共和国」［斎藤 1997］を参照した後、英語の *The East German Dictatorship*［Ross 2002］、ドイツ語の *Kleine Geschichte der DDR*［Mählert 2010］や *Die DDR*［Ihme-Tuchel 2002］によって全体像を抑えることができる。より詳しくは、*Bilanz und Perspektiven*［Eppelmann/Faulenbach/Mählert Hrsg. 2003］、*Die Innenpolitik*［Heydemann 2003］、*Die Aussenpolitik*［Scholtyseck 2003］、*Die Sozialgeschichte*［Bauerkämper 2005］によって、これまでの研究状況を確認したい。

また、東ドイツ研究のレファレンスとして欠かせないものとして、*DDR-Handbuch*［Bundesministerium 1985］、*So funktionierte die DDR*［Herbst/Ranke/Winkler 1994］、*Die Parteien und Organisationen*［Stephan/Herbst, *et al.* 2000］があげられる。

（2）東ドイツ社会を文化史の枠組みから検討したものの多くは、ベルリン・フンボルト大学「美学・文化学講座」の紀要（*Mitteilungen aus der kulturwissenschaftlichen Forschung: MKF*）として、検閲を経ない形で公表された。また、東ドイツ社会学についてはルッツによる紹介を、ドイツで展開されていた社会史の事例としてはヒュプナーを参照［Ludz 1972, Hübner 1987］。

（3）「オスタルギー」はドイツ語の東を意味する「オスト」とノスタルジーを組み合わせた造語である。一九九〇年半ば以降は、メンタリティーを中心にした東西間の相違が強調された。旧西ドイツの人から見た東側の人間は、怠け者で文句ばかり言うとされたのに対して、旧東ドイツの人から見た西側の人間は、うまく立ち振る舞いながらも身勝手な人間とされて、それぞれをOssiとWessiと呼ぶことがこの時期流行した。本書第二部第七章一三九頁も参照。

第Ⅱ部　東ドイツ社会を生きる

第三章　農村の社会主義経験
――土地改革から農業集団化へ（一九四五〜一九六〇）

足立芳宏

1　東ドイツ社会主義農業の史的起源――戦時から戦後へ[1]

（1）　戦後東ドイツ農業改革の概況

戦後の東ドイツ農村では、敗戦時の一九四五年からベルリンの壁が建設される一九六一年にかけ、他の東欧諸国の動きと複雑に連動しつつ、土地改革と農業集団化という近代ドイツ農業史上でも稀にみる農業構造の大変革が、一五年ほどの短い期間に連続して遂行された。このうちソ連占領下で行われた土地改革では、一〇〇ヘクタール以上の大農場[2]（以下、グーツ経営とも記す）が無償接収の対象となり、大農場主たちはソ連軍進駐時に西に逃亡するか、もしくはその後に村外追放された。大農場は分割され、各村落によってばらつきがあるものの、おおむね五〜八ヘクタール規模の新たな農民経営が各村で二〇〜四〇戸程度設立されたのである。この経営を新たに引き受けた人々は「新農民（Neubauer）」と呼ばれることになる。新農民となったのはもともと大農場で働いていた農業労働者だけではない。敗戦に伴い、東西ドイツ農村には大量の東方ドイツ人難民が流入したが――西の呼称は「被追放民（Vertriebene）」、東の呼称は「移住者（Umsiedler）」である——、東ドイツでは彼らの一部が「新農民」として入植したのである。こうして土地改革後の東ドイツ農業は、これらの新たに創出された新農民と、彼らとの対比で「旧農民（Altbauer）」と呼ばれることになる従来からの農民経営の二種類の農民たちによって担われることになった。土地改革によって伝統的支配層であった大地主層が消滅した点では、同時代に実施された日本の農地改革と類似しているが、日本の農地改革が小作地を自作地にするという土地所有関係の変革に限定されたのに対して［野田 1997］、東ドイツの場合、林地・屋敷地を含む土地所有全体だけでなく、さらに家畜・農機具・牛舎・納屋、さらには住宅など、要するに農場の物的資本の総体が解体・分割された点に大きな特徴がある。

さらに、一九四九年の東ドイツ国家の建国期の前後になると、東ドイツ全体の「計画経済」へのシフトに連動しながら、農業部門でも新旧農民経営を国家経済に統合する様々な農業統制組織が再編・整備されていった。農産物供出を担う「国営調達・買付機関」、農業資材取引を行う「農民流通センター」、トラクターなど大型機械による作業を請け負う「機械貸与ステーション」——一九五二年に「機械・トラクター・ステーション」（Maschine-Traktor-Station：ＭＴＳ《エム・テー・エス》）に再編[3]——、さらに農村の信用業務を担う「ドイツ農民銀行」などがこれにあたる。これらはいずれもそれぞれの業務を独占的に取り扱う国営機関である。また、それに呼応するかのように、政治の領域でも新農民の翼賛政党として「ドイツ民主農民党」が結成されている。

しかし、こうした組織整備の進展の裏側では、新農民経営の経営放棄や食料問題が深刻化し、戦後土地改革の限界が顕わになっていった。そうしたなか、一九五二年七月の第二回党協議会において農業集団化運動の開始が宣言されるのである。集団化とは個人農経営を農業生産協同組合（Landwirtschaftliche Produktionsgenossenschaft：ＬＰＧ《エル・ペー・ゲー》）に加盟させ、組合長とＬＰＧ委員会の指導のもとに共同で農業経営を行うことを内容とする[4]。以後、一九六〇年までの八年間が東ドイツ農業集団化の時期にあたるが、この期間は大きくは三つに区分できる。すなわち、第一に、一九五二年の集団化宣言から「一九五三年六月一七日事件」（以下、六月一七日事件）の勃発により集団化運動が中断される時期（約一年間）、第二に、東欧の非スターリン化のなかで、主として経営放棄された農民経営の対応策として集団化が静かに進捗した一九五〇年代中葉期（第二期：約四年半）、そして第三に、小農路線を主張したクルト・フィーベックの粛正をふまえ、農業集団化運動が事実上再開される一九五七年秋から（正式な再開宣言は一九五八年七月の第五回党大会）、農業集団化の完了宣言がなされる一九六〇年四月二五日までの時期（約二年半）、以上三つの時期である。とくに最終局面の一九五九年秋の収穫後から一九六〇年初頭にかけての冬季農閑期は、強制的色彩を帯びつつ集団化が加速的に進行、このため西側のタームで「強制的集団化」と呼ばれている期間である。ベルリンの壁が建設されるのは集団化完了の一年四ヵ月後の出来事であった。

戦後の土地改革が、その性質上、大農場地帯である北部地域を中心に展開された政策であったのに対して、農業集団化は多様な新旧農民全体を対象とするものであったから、その範囲も東ドイツ農業全体に及んだ。むろん農業の集団化が完了したといっても、とくに南部など旧農民経営が強固な地域では、実質的には個別経営の集合体に過ぎなかったが、しかし長期的にみれば、東部ドイツにおける伝統的なドイツ農民層の消滅をもたらした歴史的出来事であったといえるのである。一九九〇年の東ドイツ国家消滅後から現在にいたるまで、全体として旧東ドイツ地域では個人農の復活がほとんどみられないことが、そのことを雄弁に語っていよう。ちなみに他の主要な東欧諸国と比べると、東ドイツの農業集団化は、開始時期こそ三年ほど遅れたものの、その進捗は相対的には「順調」で、完了時期はもっとも早いものであった。

（2）本章の目的と視点

ところで東ドイツ「社会主義」の歴史的起源を考えるにあたって、なぜ戦後の農業・農村問題を論じるのか、疑問をもつ人も多いかもしれない。ナチス・ドイツの工業力水準は世界のトップクラスであり、他の多くの東欧諸国が依然として農業国であったのとは異なり、明らかに東ドイツは工業国である。もっとも一九三三年職業センサスで農業従事者が全体に占める比率をみると、全ドイツ平均でなお二八パーセントの水準であり、意外に高い(5)。工業が崩壊した終戦直後であれば、その比率はもっと高水準になるであろう。だが、そのことよりもここで強調したいのは、東ドイツという国家の成り立ちが欧州の第二次大戦と戦後処理のありように深く規定されていたことであり、農業・農村問題がその重要な一局面を形成していたことである。土地改革から集団化へと続く戦後の農業構造の改革こそは、都市の工業部門の改革に比べても抜本的であり、深刻な戦後の難民問題や食糧不足問題の克服も東ドイツ社会主義の権力基盤形成にとって決定的に重要な課題であった。さらに、反ファシズムとレーニン労農同盟論を建国神話の基本的な構成要素とした東ドイツ国家であってみれば、ナチズムの温床とされたユンカー層の廃棄と「勤労農民層」の樹立を意味する土地改革の成功神話の確立こそは、自らの統治の歴史的正当性を語る出来事として当初よりきわめて重要な政治的意義を有していたのである。

こうした戦後東ドイツ農業に関する研究は、冷戦期においては西側世界では、全体主義論の視点から土地改革・集団化過程の強制的・抑圧的な側面がもっぱら強調されるか――戦後の日本でよくみられた人民民主主義革命としてこれを無条件に賛美する議論は、その裏返しにすぎない――、もしくは、一九七〇年代のデタントの時代において、社会主義農業論の立場から、成立期の歴史的な経緯に触れないままに社会主義農業の制度分析がなされたにとどまった。どちらも「資本主義vs社会主義」という冷戦時代の二元論的なイデオロギーに深く束縛され、これを越え出ることはなかった。戦後東ドイツ農業史が、歴史分析の対象となり、日常史の方法を援用しながら本格的な研究が開始されるのは、一九八九年以後のことである。もっとも以上のような経緯は、農業史領域に限定されるのではなく、東ドイツ研究全体についてもあてはまることである。

ところで私自身が戦後東ドイツ農業史研究を本格的に開始したのは、史料公開が整い始めた一九九六年である。研究の目的としたのは、中央政府の政策過程の分析ではなく、農村の普通の人々の主体的なありように着目しながら、戦後東ドイツ農業の歴史的な激変の実態を、ミクロ史的観点から明らかにすることであった。対象としたのは北部のメクレンブルク＝フォアポンメルン州である。そのさい、つねに考慮していたのは、ミクロ史的手法をとるがゆえにこそ、この出来事を狭義の「東ドイツ」論に閉じ込めるのではなく、戦時から戦後への歴史的連続性のなかでいかに理解するかであり、他と異なる東ドイツ農業史の史的固有性を一国史的枠組みではない形でどのようにして論じるかであった。そして、研究を進めるなかで注目すべきこととして浮かび上がってきたのは、第一に東方ドイツ人難民出自の新農民層が果たした大きな役割であり、第二に「強制的集団化」という言葉から想起される一律的イメージからはほど遠いといえるような、村ごとの集団化のパターンの多様性であり、第三にグーツ村落と農民村落という東エルベ農業の歴史的な二元的構造が、構造的な要因として集団化のありようを深く規定していたということであった(6)。後者の二点は、村落という主体がなお強く機能していたということをも意味しよう。以下ではこれらの点に配慮しながら、土地改革と農業集団化により農村社会がどのように再編されたのか、この点を明らかにすることを通じて戦後農村の人々の「社会主義」経験の実態に迫っていきたいと思う。

2　土地改革の時代――「農民入植政策」として

土地改革以前の東ドイツ地域の農業は、二〇〇～五〇〇ヘクタール程度のグーツ経営および二〇～五〇ヘクタールの大農経営を軸に成り立っている北部地域（ブランデンブルク州とメクレンブルク＝フォアポンメルン州）、五～二〇ヘクタールの中小農経営が中心の南部地域（チューリンゲン州やザクセン州）、および中間的特徴をもつ中部地域（ザ

写真3-1　土地改革時の測量風景
後ろで晴れ着を着ているのが難民の新農民家族。前にいるのが測量士。ドイツ歴史博物館所蔵。

写真3-2　土地改革の祝祭で踊る難民たち
背後の建物は納屋である。1945年パルヒム郡で撮影。ドイツ歴史博物館所蔵。

クセン＝アンハルト州）に大別され、南北の農業構造の違いはかなり大きい。古い西洋経済史の教科書を繙くと「東エルベ」という言葉に出会うが、東ドイツでは北部地域がこれに該当する。「東エルベ」農村は一六世紀バルト海貿易により農場領主制が展開したドイツ北東部、ポーランド北部、バルト三国などの地域で、近代ドイツでは一九世紀の農業変革を通じて、グーツ村落と農民村落の二元的構造が形成された。土地改革が接収・分割の対象としたのは一〇〇ヘクタール以上のグーツ経営であったから、その主たる舞台はこうした「東エルベ」農村に属する北部地域ということになる。

土地改革をめぐる論点は、農場接収のあり方、ソ連軍農場占領による農業資源収奪、土地改革委員会の構成と機能から、新農民の農業経営にとって大きな問題となった役畜・トラクターなどの牽引力不足や納屋・厩舎・住宅などの建築物の問題、さらにはライファイゼン型農業協同組合の再編、東ドイツ南北間の家畜交換、ソ連軍命令による新農民家屋建設事業まで、きわめて多岐にわたる。これらの詳細については拙著［足立 2011a］を参照していただき、以下では、やや一面的記述になることを承知のうえで、土地改革と戦後農村難民との関わりに絞って論じることとする。これにより土地改革の農民入植政策としての側面を浮かび上がらせてみたいと思う。

表3-1　東ドイツ土地改革の地域差　(1950年)

	メクレンブルク＝フォアポンメルン	ブランデンブルク	ザクセン＝アンハルト	ザクセン	チューリンゲン	全東ドイツ
土地改革フォンドの内訳（単位：千 ha)						
農林用地総面積 (a)	1,984	2,288	2,170	1,471	1,377	9,290
土地改革フォンド (b)	1,073	948	720	349	208	3,298
同比率 (b/a)	54.1%	41.4%	33.2%	23.7%	15.1%	35.5%
新農民経営の内訳						
「農業労働者」	38,286	27,665	33,383	13,742	6,045	119,121
「難民」	38,892	24,978	16,897	7,492	2,896	91,155
計	77,178	52,643	50,280	21,234	8,941	210,276
同比率						
「農業労働者」	49.6%	52.6%	66.4%	64.7%	67.6%	56.6%
「難民」	50.4%	47.4%	33.6%	35.3%	32.4%	43.4%

出典：Stöckigt, R., Der Kampf der KPD um die demokratrische Bodenreform, Mai 1945 bis April 1946, Berlin 1964, S. 262 u. 265より作成。

(1) 誰が「新農民」となったのか

戦後土地改革はグーツ経営を分割し、様々な人々に土地を分与した。土地改革が食糧不足対策としての意義をもったという点では、多くの職人・労働者などに対しても土地改革フォンドから庭地などが分与されていることが注目されよう。だが、こうした庭地分与や過小農民への追加的な土地分与を別として、新たに新農民となった人々が主として誰であったかといえば、上述のように旧農業労働者と東方ドイツ人難民であった。表3－1は、土地改革開始後五年後の土地改革実績であり、州ごとの土地改革フォンド（改革対象となった総土地面積）と新農民経営数の内訳が示されている。この表で新農民に占める難民の比率をみると、平均して四割強、絶対数の少ない南部で三割強、絶対数が多い「東エルベ」の北部では五割にも達しているのがわかるだろう。土地改革フォンドの比率をみても、メクレンブルク地方では農地の半分が改革対象となっているから、土地改革と難民新農民の入植が密接に関係していることがわかる。さらに、ここでは省略したが、そのメクレンブルク地方について難民出自の新農民の比率を郡ごとに細かくみると、もっとも比率の高いヴィスマール郡では、それが実に六八パーセントにも達していることに驚く［足立 2011a：iii］。日本の農地改革の経験を参照にするとき、われわれは戦後世界の土地改革を耕作者に土地を付与する政策であるとつい考えがちだが、東ドイツの場合、新農民のうちもともとの土着の農業労働者が半数にも満たない場合は、実はまったく珍しくないのである。

上述のように、テヘラン、ヤルタ、ポツダムと続く連合国首脳会談に基づく戦後の国境線の再定義により、ドイツ系住民は避難民・被追放民となり戦後東西ドイツに流入した。彼らを既存社会にいかに統合するかという問題こそは、戦後東西ドイツの最大の社会問題であったといってよい。その数は一四〇〇万人ともいわれるが、そのなかには逃避行の過程で死亡した者、ソ連に抑留された者、さらにはその後アメリカなど海外に移住した者がいる。ここでは、一九四九年時点での受入数として西ドイツ七三三万人、東ドイツ四三一万人、計一一六四万人という数字をひとまずあげておこう［Schwartz 2004：54-55］。

（2）「民族ドイツ人」出自の新農民——東方難民と強制移住政策

ところで、戦後難民問題を考えるとき、これをドイツ敗戦に伴う終戦時に始まる出来事としてのみ捉えるのは一面的である。むろん圧倒的多数の人々は一九四四年秋のソ連軍の進攻後に初めて故郷を追放されることになるが、戦時・戦後の東欧の大規模な人口移動の動きは、独ソ不可侵条約に基づく開戦時の強制移住政策にまで遡ることができる。戦時ナチスが「民族浄化」の名の下に東欧地域で強制移住政策を行ったことはホロコーストとも密接に関わる事項であるだけによく知られていよう。それが第三帝国の人種主義的な農業・食料政策の一側面でもあったことは、強制移住政策の重要な一環としてナチス・ドイツが、東欧のドイツ系住民の農民家族を併合地ポーランドに入植させる政策を大規模に実施したことに現れている。ナチスはこの地に新たなドイツ人農民による優良な農業地帯を作り出そうという構想を抱き、一九三九年の開戦後から一九四一年にかけ、ヴォリニアやガリチアなどのポーランド西部、ブコビナ、ベッサラビアなどルーマニア東部のドイツ系住民――彼らは「民族ドイツ人」と呼ばれた――を、併合地となったダンチヒ・西プロイセンおよびヴァルテラントの両大管区に移住させたのである。強制移住の対象となった人々の多くは農民家族であり、総督府地域に追放されたポーランド人農民なきあとの村落に「支配民族」として集団入植したのである。私のみたところ、その数は家族を含め約二五万人ほどである［足立 2012：45］。

だが、ソ連軍進攻に伴い「民族ドイツ人」農民はこの入植地からも再び追放されることになる。多くは西ドイツに流入したが、土地取得を求める一部の「民族ドイツ人」農民は東ドイツの土地改革により新農民となり、再度の入植を果たしていくのである。彼らにとって東ドイツ国家を受け入れることが、農民であり続ける唯一の選択肢であった。あるベッサラビア・ドイツ人ニチュケの母親の体験によれば、一家は西プロイセンの入植地から追放されたのち、メクレンブルクの旧農民村落の農家のもとに居候した。そこは旧農民村落だったから土地改革による土地の取得はできなかったが、同じ郡の別の新農民村落でニチュケの母の叔父二人が土地改革による土地を取得したことから、母の家族もこの村に転居する。そこは親族のみならず地縁結合を頼りに、かつての村人たちが結集するところとなり、結局、村人口のなんと七割をベッサラビア・ドイツ人が占めるまでになったという［Nitschke 2008：224-228］。

むろんこうした「民族ドイツ人」出自の新農民は、全体のごく一部にすぎない。にもかかわらず彼らのこうした再結集の行動は、ここまで鮮明ではないにしても、農民出自の難民たちの一般的傾向であったと考えられる。というのも、先に東ドイツ北部の新農民の半数は難民であることを強調したが、それは一九四九年の建国後の数値であって、土地改革直後におけるその比率は実はそれほど高くないのである。土地改革後の大きな問題は新農民たちが農業経営の意欲を失い、経営を返還したり、場合によっては逃亡したりすることであった。とくに一九

表3-2　ツヴェードルフ村の新農民経営一覧（1950年7月6日）

経営番号	氏名	生年	出生地など		面積 (ha)	引受年月日	経営者交代回数
1	AH	1889	西プロイセン	難民	7.52	1945.10.01	0
2	LH	1893	オスト・プロイセン	難民	7.41	1945.10.01	0
3	PE	1905	ガーツ	郡内	8.78	1945.10.01	0
4	HA	1896	ブレンゴー	郡内	7.71	1945.10.01	0
5	LF	1906	ホーエンニーンドルフ	郡内	7.38	1949.04.01	2
	TE					1945.10.01	
	KG					1947.02.01	
6	ZR	1898	グライフスヴァルト	州内	7.54	1945.10.01	0
7	HR	1914	ヒンター・ポメルン	難民	7.83	1947.01.01	2
	LM		ポーランド			1945.10.01	
	手書きで、氏名が抹消、別人の名に（判読できず）						
8	PF	1901	オスト・プロイセン	難民		1945.10.01	0
9	HO	1903	ツヴェードルフ	当該村	8.03	1945.10.01	0
10	GG	1906	オスト・プロイセン	難民	7.25	1945.10.01	0
11	FO	1905	ガーレンスドルフ	州内	8.10	1945.10.01	0
12	KW	1915	デリングスドルフ	州内	7.00	1945.10.01	0
13	RA	1906	ヒンター・ポメルン	難民	8.86	1945.10.01	0
14	BA	1909	ヴァルテガウ	難民	9.20	不明	2
	LH					1945.10.01	
	RK					1949.04.01	
15	SR	1906	オスト・プロイセン	難民	8.72	不明	2
	HE		シュテルンベルク	州内		1945.10.01	
	KP					1949.10.25	
16	LM	1892	ヒンター・ポメルン	難民	7.68	不明	0
17	H	1927	オスト・プロイセン	難民	8.20	不明	1
	手書きで、氏名抹消。WP に。						
18	AP	1906	ヒンター・ポメルン	難民	7.66	不明	1
	手書きで、氏名抹消。SA に。						
19	RW	1902	シュヴァン	州内	8.09	不明	0
20	MS	1905	リトアニア	難民		1947.06.01	1
	HK					1945.10.01	

五〇年代初頭には耕作放棄問題が深刻になり、集団化開始の契機の一つになったことは先に述べたとおりだが、それ以前の占領期については、たとえ新農民経営を放棄しても新たにこれを引き受ける人々がおり、かつその多くが難民たちだったのである。

　この点を具体的に語るものとして、当時、難民比率がもっとも高いヴィスマール郡に属したツヴェードルフ村の例をあ

21	PF	1897	ビーンドルフ	郡内	7.75	不明	0
22	LO	1901	ハンマー	特定できず	7.70	不明	1
	手書きで氏名抹消、Rに。						
23	HF	1899	記載なし			1949.10.25	2
	SR		マイアースベルク	州内		1945.10.01	
	手書きで氏名抹消、「50年4月よりRが秋まで耕作を請負う」とある。						
24	NE	1895	リトアニア	難民F	7.94	不明	2
	手書きで氏名抹消、MAに。						
25	AA	1905	ヴァルテガウ	難民	8.64	不明	0
26	SE	1904	レンテタージェ	特定できず	7.90	不明	0
27	GD	1890	オスト・プロイセン	難民	7.85	不明	0
28	KE	1913	オスト・プロイセン	難民	7.90	不明	3
	BH		現在、西に。			1945.10.01	
	KF					1946.01.01	
	KW					1946.04.01	
29	JA	1895	オスト・プロイセン	難民	8.07	不明	2
	TF					1945.10.01	
	RA					1948.04.15	
30	RK	1911	オスト・プロイセン	難民	7.07	不明	4
	GH		現在、西に。			1945.10.01	
	RM					1946.03.01	
	BA					1949.10.01	
	手書きで氏名抹消、REに。						
31	KP	1896	クレペリン	郡内	7.81	不明	0
32	MH	1892	バストルフ	郡内	7.80	不明	1
	LM（16番）が、47年1月1日に一時引き受け					1947.01.01	
33	GM	1895	リトアニア	難民	8.00	1947.01.01	1
	ZJ		現在、西に。			1945.10.01	
34	SP	1908	ヘルツブルク		4.54	不明	0

注：リストのタイトルは「土地改革購入代金徴収基礎表」とある。出身地のジャンル分けは筆者による。経営者交代がある経営の場合、最初にあげられている名前が作成時点の経営者名。二番目以降が過去の入植者名で、入植順に並べられている。手書きによる追記は資料作成後と思われる。

出典：Kreisarchiv Bad Doberan, Rat der Gemeinde Bastorf, Nr. 2-335, Grundlist für die Einziehung der Bodenreform-Kaufgeldraten der Gemeinde Zweedorf, 06. 07. 1950 より作成。足立（2011a, 96-98）も参照。

げておきたい。この村については「土地改革購入代金徴収基礎表」と題された新農民リストが残されている（表3－2）。ここには一九五〇年七月時点におけるこの村の新農民三四経営について、新農民の名前、生年月日、出生地、経営面積、そして引受年月日が記されている。土地改革期における経営ごとの詳しい個人情報が判明する珍しい資料である。リスト中、各経営の最初にあげられている名前が一九五〇年時点の経営者であるが、これをみると三四経営のうち一九経営が難民出自の新農民であり（五六パーセント）、その比率が高いことがわかる。しかし、それよりもここで注目したいのは、リストに記された新農民経営のうち一回以上の経営者交代がみられる一五経営の情報である。これを個別にみてみると、そのほとんどが難民たちの経営であること、また引受年月日をみると、当然ながら土地改革時の一九四五年一〇月一日を引受日とするものはおらず、ほとんどが「不明」または一九四七年以後の期日が記されている。つまりは彼らは、土地改革後に、前任者が返上ないし放棄した新農民経営を新規応募者として取得していることが判明するのである。流出者の出自が不明なので確定的なことは言えないが、おそらくは土着農業労働者出自の新農民である可能性が高いだろう。逆に、難民の応募者からみれば、新農民経営の割り当ては村の土地改革委員会において決められるから、難民の新農民が村の有力者になっている場合、こうした村に新農民として定住することは十分に考えられよう。

3　農業集団化の村落史──「主体的受容」のあり方をめぐって

先に述べたように、本章の主題は、土地改革から農業集団化に至る戦後農業の再編過程を村落レベルで明らかにすること、村に暮らす普通の人々にとって戦後社会主義がどのように経験されたのか、その実態をミクロ史的に論じることである。この課題にアプローチするために、私は、ロストック市に隣接するバート・ドベラン郡に対象を絞った。幸いにして、この郡の郡文書館には一九五二年七月から五三年六月までの初期集団化の時期に設立された約二〇のＬＰＧに関する史料が、粗密はあれども各ＬＰＧごとに整理されていたからである。この郡に属する村の数は四七村といわれているので、この史料はほぼ半数弱の村をカバーしていることになる。またいくつかの村については村会議事録も残されている。さらに、これは徹底した情報収集を国家存立の基礎とした東ドイツ国家のなせるわざであろうが、一九五二年から一九六〇年までの集団化のほぼ全期間について、郡内の四つのＭＴＳ管区[7]所属の党カードルによる郡党指導部宛の報告文書、およびこれと情報源の多くを共有したと思われる郡党情報局文書など、ＳＥＤによる各種の詳細な郡内情勢報告書が存在する[8]。そこで私は、情報量の多いいくつかの村に着目してこれらの文書に出てくる各村の記述を抽出、それを村ごとに整理し各情報を突合させることで各村の集団化過程を再現してみた。その結果、浮かんできたのは、先に指摘したように想像を越える集団化の多様なありようであった。そのパターンは、大きくは新農民村落か旧農民村落かによって明確に異なり、さらに初期ＬＰＧが村の少数派によるのか多数派によるのか、ＬＰＧが「六月一七日事件」後に存続するのか解散するのか、そもそも集団化に対して同調的か拒否的かなどを基準にして、全部で少なくとも九つの類型を見出すことができた。しかし、その詳細をここで論じる余裕はないので、本章では、先の村落の二形態に即して、第一に、難民主導で集団化が早期に進展した模範的な新農民村落の事例を、第二に、比較的早期に集団化を受容していった旧農民村落の事例をとりあげたい。前者はケーグスドルフ村、後者はホーエンフェルデ村である。

（1）有力難民主導の模範的ＬＰＧ――新農民村落ケーグスドルフ村の集団化[9]

①概況

ケーグスドルフ村はバルト海沿岸にある典型的な旧グーツ村落で、一九二八年時点で農地面積が四六〇ヘクタール、馬六〇頭、保有乳牛が二〇〇頭であり比較的規模の大きなクラスに属する大農場である。ただし、村落内にはグーツ経営とは別に中農経営（一六ヘクタール規模）が四戸存在していた。終戦時、農場主は西側に逃亡、村は二年間にわたってソ連軍に占領される。そのためでもあろう、一九四五年の土地改革実施前の家畜保有頭数はわ

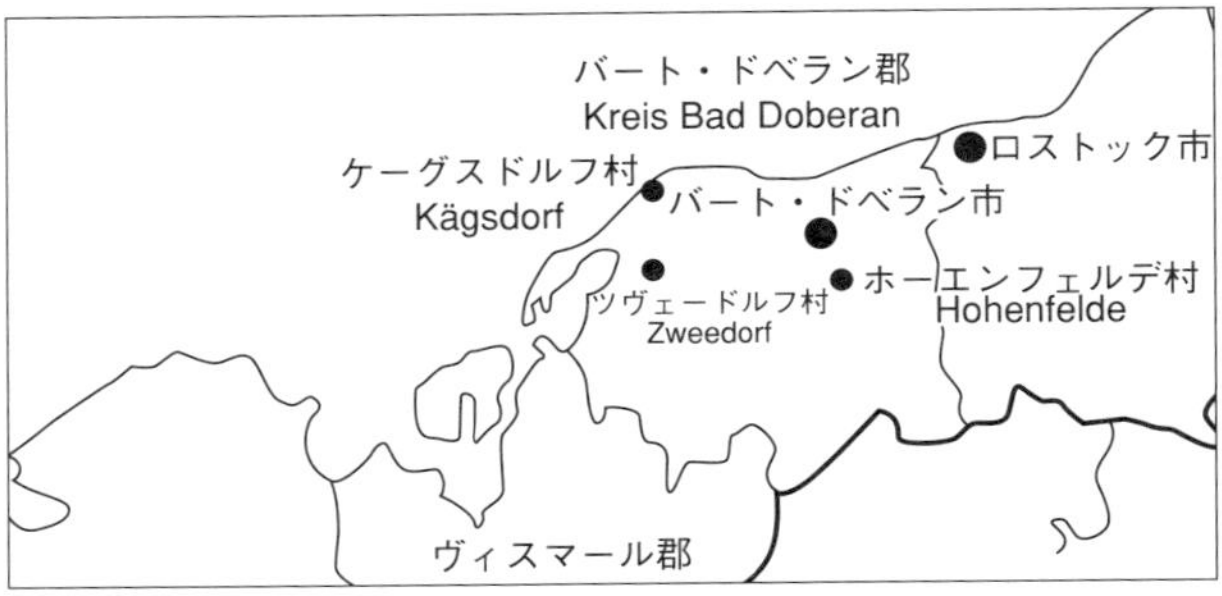

関連地図

筆者作成。

写真3-3　ケーグスドルフ村の「灯台」

2003年７月13日、筆者撮影。

写真3-4　ケーグスドルフ村の旧農場館

改修前の状態である。2003年７月13日、筆者撮影。

ずかに役牛一〇頭、乳牛一六頭、馬一二頭にすぎず、この村が占領で壊滅的打撃を受けたことがわかる。土地改革では全部で五一戸の新農民経営が設立された。土着新農民は三〇戸、難民新農民は一七戸であり、この時点では先に述べたように前者のほうが多くなっている。

集団化宣言の約半年後、一九五三年一月二七日に本村でもＬＰＧ「灯台」が設立された。(名前はこの村のシンボルである灯台に由来する)。参加経営数は一一経営、組合員は一三名、経営面積は九六・六四ヘクタールである。組合員リストからは、新農民層は数名を除いてすべてが難民出身者であること、土地改革時の名簿にはない若い新農民が新たに名前を連ねていること、さらに新農民を主体としつつも旧農民の二家族が参加していることが判明する。また、設立後から「六月一七日事件」までのほぼ半年間に、新農民一名、農業労働者二名、鍛冶屋一名が新たに加盟する一方で、若い新農民一名が「共和国逃亡」[10]により姿を消している。

組合設立のおよそ半年後、「六月一七日事件」が起きる。一般に「六月一七日事件」はＬＰＧの解散や大量脱会、一部逃亡農民の帰還、村党組織の権威失墜など農村部でも大きな影響を及ぼしたが、しかしこの村のＬＰＧでは、「六月一七日事件」の影響は旧農民一家族の脱会にとどまるなど軽微であり、組合員数にも農地面積にも大きな変化はみられない。逆に、一九五四年一月、本村ＬＰＧは耕地の共同化（Ⅰ型）から、より共同化の度合いが強い畜産の共同化（Ⅲ型）へと移行する。[11]そしてこれを機に、一九五四年収穫後には新農民一二経営、農業労働者二名、旧農民一経営、およびその家族など、のべ二六名がＬＰＧに新加盟し、村内での影響力を急速に高めている。一九五八年八月時点において、ＬＰＧの組合員数四三名、農地面積二五八ヘクタールであり、非加盟の勤労農民は一二経営にすぎない。このため最終局面の全面的集団化時には個人農の抵抗は生じず、むしろこのケーグスドルフ村ＬＰＧを拠点として、ＭＴＳ管区指導員[12]の主導のもとに、この村を含む近隣四村落のＬＰＧが一気に合併・統合され、経営面積一五八五ヘクタール、組合員数二三四名の大規模ＬＰＧが誕生することになったのである。

②有力難民による村政主導

以上にみるように、ケーグスドルフ村のＬＰＧの特徴は、難民層を主体として設立された全村的なＬＰＧであり、この地域の拠点になった早期同調型の模範的ＬＰＧであることである。このＬＰＧが村内主流派によるものであった点は、村評議会、村会議員、各種委員会らに名を連ねる村政の中心人物が、ＬＰＧの担い手に重なっている点に顕著にあらわれている。

この点を人物に即して具体的にみてみよう。まず、組合長のラドゥンツは西プロイセン生まれの難民の新農民であり、土地改革後の一九四六年には村の共産党員に名を連ねている。一九四八年と四九年には二五才の若さで村助役を務めているが、この時に「倉庫」で暮らす母、祖父、弟をこの村に呼び寄せている。そしてLPG設立時は弟夫婦とともに一族で組合に参加。ラドゥンツは一九五五年までLPG組合長であり、また隣村との合併後の村会議員を務めている。妻も村の婦人同盟のアクティブとして各種文書に登場する。

もう一人の有力者のフライガングは中年のオストプロイセン出身の難民新農民である。共産党員でも村会議員でもないが、戦後の新農民村落で重要な農民団体である農民互助協会の議長を一貫して務めている。LPG設立には父と娘の二経営で参加している。注目すべきは、一九六〇年の大規模LPG誕生時に、高齢にもかかわらずLPG幹部会委員になっていることである。このときの党文書においてLPG統合におけるフライガングの貢献が高く評価されていることからも、彼が村のキーパーソンであったことがうかがえよう。

この二人が有力難民だが、他方でこのLPG設立には、村内の旧農民四経営のうち二経営が参加していることも重要である。とくに長老の旧農民ハンス・イエンスは、戦後に村助役や村長を務める中心人物の一人だが、ほかにもこの村にはビリー・イエンスという同姓の新農民がおり、こちらも戦後の村会議長や農民互助協会の委員を務めている。ビリーは正式には新農民だが、別文書では旧農民と「誤記」されていることからイエンス一族の出身であると考えられる。有力難民も旧農民も戦前期にコミュニズムに共鳴していることはまず考えられないから、彼らの入党は自らの政治信条に基づくものではなく、この村で生きていくにあたっての政治的動機付けによるものに違いない。いずれにしても、以上のように土地改革期において難民新農民と旧農民のブロックが成立したことが、本村LPGの存続・拡大と、その後の拠点化のための前提になったと考えられるのである。

③存在感のない旧農業労働者層と弱い難民たち

ところが、これときわめて対照的な傾向を示すのが、土着の農業労働者出自の新農民たちである。村政への関与がみられるのは、わずかに土地改革後の一時期に限って搾乳夫や園芸師などの旧グーツの専門労働者が党と村政の要職についていることだけなのである。土着新農民はLPGの設立にはほとんど関与していない。そして「六月一七日事件」後のLPGの拡大時に彼らは五月雨式にLPGに加盟していくのである。土着新農民家族でその後LPG内で指導的な地位を確保したと思われるのは、ある家族の息子一名だけである。

かつてのマルクス主義史学が想定していたのは、土地改革による「ユンカー的土地所有」の廃棄とその分割を通して、土着の農業労働者が「勤労農民」となり、彼らが新たな労農同盟の担い手となって戦後東ドイツの社会主義を担う姿であった。しかし、この村の事例が示しているように、現実にはそうした事態はほとんど生じなかった。一九五八年の党の報告文書にも、「一九四五年にユンカー権力が瓦解し土地改革によって農地が、土地なし農民、土地不足農民、難民たちに分配されたとき、特徴的だったことは、従来搾取されてきた本管区の農業労働者は自らの経営について良好発展を示しえず、逆に小農経営や、かつて経営を所有していた難民たちの方が、相対的に早くかつ多く優良中農層に発展した」と記されている［足立 2011a：439］。この記述は、この傾向がケーグスドルフ村に限られるものでなく、かなり普遍的な現象であったことを示していよう。

では、旧農業労働者出自の新農民の存在感がかくも弱かったのはなぜなのか。その理由として、第一に考えられるのは、もともと彼らの移動性が相対的に高いことであろう。すでに一九世紀後半以後、東部ドイツの農業労働市場はローカルに閉じておらず、国際労働市場に対して開かれていた。彼らの行動様式は、土地との結合が強い旧農民層とは対照的に、よりプロレタリア的で流動的なのである。だが、第二に、より直接的な理由としては、第二次大戦下における雇用関係に劇的な変化が生じていたことを指摘しなければならないだろう。一九三〇年代後半における農業の機械化の飛躍的な進展が、そして何よりも徴兵などの戦時動員と代替労働力としての外国人強制労働者の大量導入こそが、土着の農業労働者の絶対数をそもそも減少させたと考えられるのである。

④弱い難民たちの行方――難民層の分解

以上のようにケーグスドルフ村ＬＰＧは難民新農民と旧農民とのブロックを基礎に発展し、戦後流入した有力難民が党とＬＰＧと村政を掌握する。しかし、このことは村のすべての難民たちが自己に優位な形で村内定着に成功したことを意味するわけではまったくない。有力難民の裏側では、没落過程をたどった多くの弱い難民たちが存在したのである。

誤解してほしくはないのだが、戦後東ドイツの農村難民で土地を取得し新農民となったのはむしろ少数派である。住宅の収容力の点から難民たちの多くは旧農民村落の農民家屋に居候した。東方難民の多くは女性・老人・子供たちであり、新農民経営を営むには基幹的家族労働力の確保に問題があったから、戦後食糧不足を生き抜くためには、土地取得よりも農民経営の補助的労働者として食糧を現物給の形で得ることのほうが選択されたのである。当時、旧農民たちは農村難民たちを戦時の外国人強制労働者の代替として扱っているという批判が発せられるのもそうした事情による。

しかしこうした弱い難民たちは新農民村落にも存在した。旧農民村落との大きな違いは、住居として農場主が逃亡したのちの旧農場館《グーツ》(Herrenhaus)があてられたことである。旧農場館はもともと小家族仕様に作られているわけではないから、実は住み勝手はあまりよくない。にもかかわらず、ケーグスドルフ村では、土地改革期をこえて一九五三年七月においても、なお計八家族が旧農場館に暮らしており、住宅不足の深刻さがうかがえる。旧農場館は村の農民互助協会の所有である。また一般に村内の住宅は各村の住宅委員会の管理下にあり、この委員会の権限のもとで住宅の割り当てが行われていた。つまり旧農場館に暮らす人々は、いわば村の住宅不足をその身に引き受け、文字通り村の下層に沈んでいた人々なのである。

八人のなかでまず目につくのは、没落した難民の新農民たちである。たとえばエガート家では一九五〇年春に馬が病死してしまい、これを契機に夫は入植地を返上しロストックに転居する。しかし一九五三年の文書では、妻と娘がそのあとに村に戻り、旧農場館の住民となっている。夫の名前は書かれていない。彼女たちは一九五七年の住宅調整でも不利な扱いをうけるありさまであった。また、高齢者のヤンツォン夫婦の場合も、頼みとしていた嫁と姪の「共和国逃亡」のために新農民経営が破綻してしまう例である。経営はＬＰＧに移譲され老夫婦は旧農場館の一室に転居を余儀なくされたのである。

旧農場館に暮らすのはこうした没落新農民だけではない。子沢山のランゲ婦人は、その生活があまりに悲惨なため、村看護婦が郡当局に対し村当局の怠慢としてこれを告発しているほど悲惨なケースだが、これは弱い難民の典型である「子持ちの単身女性」の事例である。かくのごとく、戦後の弱い難民たちは家族労働力を持たない「不完全家族」の人々であり、難民の貧困問題はジェンダー問題の色彩を強く帯びていたのであった。

以上のようにケーグスドルフ村ではＳＥＤ政権は難民新農民層を基盤として村政の掌握と模範的ＬＰＧの形成に成功するが、それは難民層が一つの社会カテゴリーとして主体化されたことを必ずしも意味するのではなく、戦後初期には難民主導の特定村落に結集しつつも、その後の五〇年代の集団化の時代において難民層は社会集団としては分解していたというのが実態である。戦後東ドイツで難民問題が顕在化しないのは、なによりＳＥＤ政権がオーデル・ナイセ線を正当化するためにこれをタブー視したことによるが、同時にその背後において、社会主義政権の受容過程において農村難民たちの一体性の分解が進行したのである。

（2）大農たちの集団化——旧農民村落ホーエンフェルデ村の集団化(14)

以上のように、故郷追放と再入植という苦難の史的経験をその身に刻み、戦後東ドイツ農村の社会主義を受容した難民出自の新農民の人々に対して、ではもともとこの地に根を張っている旧農民村落の人々は農業集団化にどのように対処したのだろうか。新農民村落に比べ、旧農民村落は集団化に対する積極的な反応は鈍い。それでも、第一に、早期に大農層の影響力が弱まり、政策同調的な形で村落主導による集団化が推進されていくところ、第二に、これとは反対に大農層の影響力が根強く残り、集団化に対して最後まで抵抗するところ、さらに第三に、村の大農層が早期に逃亡したために村落の主体性が脆弱化、このために郡主導による「村落農業経営」——村の経営者なき荒廃農業経営や耕作放棄地の管理組織——のＬＰＧへの転化が進められたところ、これらに類型化できる。ここでは第一のパターンに属し、詳細な事情が判明するホーエンフェルデ村の集団化をとりあげることにしたい。

①概況

ホーエンフェルデ村は、伝統的にフーフナーと称される二五ヘクタール規模の大農層（全一六フーフェ）を軸とする中核集落と、ビュドナーと称される小農層一〇戸からなる小集落の二つからなっている村落である。さらに一九五二年、隣村の大農集落イヴェンドルフ村（五〇ヘクタール水準の大農七戸を中核とする）と合併して、新たな行政村としてホーエンフェルデ村が作られるが、中心となるのは一貫して中核集落であるホーエンフェルデ村であった。集落内には大農経営のほか煉瓦工場があり、さらにホイスラー（家持ちの労働者）や農外労働者層も多数居住している。一九五五年の村民就業者一五四名のうち、村外就業者は三三名、逆に村の煉瓦工場における村外からの就労者一八名であり、通勤労働者の多さも目を引こう。一般に新農民村落に比べ旧農民村落は、村落人口規

写真3-5　ホーエンフェルデ村
村の中心からみた大農家屋。
2003年８月12日、筆者撮影。

写真3-6　ホーエンフェルデ村の人々
2003年８月12日、筆者撮影。

模が大きいだけでなく、農外就労者の比率も高い傾向がある。ちなみに、村史によれば一九四七年のホーエンフェルデ村の総人口は四八四名、うち難民数は二二九名であるから難民比率は四七パーセントである。これは時期的にみて難民数がピークに達したときの数字に近いであろう。

さて、ホーエンフェルデ村の大きな特徴は、旧農民村落でありながら土地改革が一定の意義をもった点である。まず、隣村の旧グーツ経営の所有地の一部四〇ヘクタールが分割され、難民三家族と土着ホイスラー一家族が新農民として入植した。また、非ナチ化とかかわって大農二経営が土地改革時に接収・分割の対象となり、この土地フォンドを使ってビュドナー層とホイスラー層に対して〇・五ヘクタールから二ヘクタールの追加的な土地が供与されている。こうして新農民村落とは違った形であるが、土地改革を通して難民と土着者からなる一〇ヘクタール規模の中農層が新たに形成されたのである。

ホーエンフェルデ村の集団化は、一九五三年一月、上述の難民新農民を中心に四経営六組合員によりLPG「新時代」が結成されることに始まる。経営規模四〇・五ヘクタールは、土地改革時の難民新農民入植地の総面積とほぼ一致している。四月一日には、落雷で家屋が焼失した七番フーフェ（二六ヘクタール）を引き受け、これを契機に畜産の共同化を意味する「Ⅲ型組合」へと移行する。この村の難民新農民たちも深刻な馬不足と経営資本装備の脆弱さに悩んでおり、集団化により複数の大農経営を引き受けることでこの問題を克服しようとしたと考えられる。いずれにしても、初期のLPGは全村的な意義をもつものではなく、難民新農民の共同経営の域を出るものではまったくなかった。

後述するようにこの村は一九五〇年代初頭の大農弾圧が厳しかった村に属するが、「六月一七日事件」は村外の党活動家の権威を大きく失墜させたものの、村内政治にもLPGにもその影響がほとんどみられない。むしろLPGに大きな変化が訪れるのは、意外にも一九五五年のことであった。荒廃農業経営を管理する「村落農業経営」のLPG統合という上からの政策を受け、同年四月一五日、このLPGは「村落農業経営」の土地二三七ヘクタールと、同経営所属の「農業労働者」一五名の受け入れを決断、これによりLPGの経営規模が一気に増大し、村内での存在感も急激に高まることになった。一九五六年において加盟経営数一六戸、組合員数三五名となり、経営面積もホーエンフェルデ集落二九七ヘクタール（集落総経営面積の五四パーセント）、イヴェンドルフ集落一二四ヘクタール（同三三パーセント）、計四二一ヘクタールに達し、文字通り、村のLPGになったのである。ただし、その後の経営は順調というにはほど遠い状況であった。一九五〇年代後半を通して労働力不足を主因とするジャガイモの不作に悩み続け、LPG経営の収益性も模範的LPGの半分の水準にとどまった。とはいえ一九六〇年の全面的集団化時において、ホーエンフェルデ村LPGは、主にイヴェンドルフ集落の大農経営を吸収する形で早期に集団化を完了することになるのである。

②難民の新農民の存在感

以上が経過の概略であるが、ホーエンフェルデ村の特徴として第一に注目すべきは、難民の新農民層がLPG設立のみならず、実は村政においても一貫して中心的な役割を果たしている点である。これは具体的には組合長でオストプロイセン出身のフリッツ・ヴェセロフスキーとその家族のことをさしている。フリッツは設立時のL

PGで唯一のSED党員であるが、すでに敗戦時にはナチ活動家追放後の村の委員会において難民グループを代表するリーダーとなっている。しかしヴェセロフスキー家の影響力はフリッツにとどまらない。年齢からみてフリッツには二人の息子がいるが、このうちハインツは終戦直後より村会議長を務めており、もう一人の息子ヘルバートも一九五〇年代初頭から一貫して村SED党書記として登場している。また後述するように、ハインツは一九四七年に一一番フーフェの娘ウルスラ・ヴェステンドルフと結婚している。このように難民家族ヴェセロフスキー家は、旧農民層と親族関係を結びつつ、終戦直後より村SEDを体現する存在となったのである。

先に述べたように戦後難民は旧農民村落に流入するが、本村もその例に漏れない。他方で、旧農民村落においては土地改革の意義は小さいから、難民で新農民となるケースは稀なケースと思われる。しかしこの村では彼らが非農民を含む村難民層を政治的に代表し、かつ伝統的支配層である旧農民層と結合した。そのことが「六月一七日事件」発生時の村内政治の安定性と、その後の同調的な集団化の前提条件となっている。

③大農弾圧（一九四九〜一九五三）の実態

ところで、旧農民村落の集団化を問題にする場合、大農層解体との関わりが問題とされなければならない。戦後東ドイツの反大農政策は一九四九年の義務供出ノルマの等級化――上層の負担がより重くなる制度――に始まる。一九五二年から五三年の初期集団化は、旧農民村落ではLPG設立に至るのは少数で、むしろ大農弾圧政策としての性格が強い。当該期に東ドイツの大農経営の数は半減するのである。累積ノルマの負担にあえぐ多くの大農たちは、ノルマ不履行で逮捕されるか、「荒廃農業経営」として経営を没収されるか、もしくは自ら「共和国逃亡」をはかったのである。それらの経営は、当初は郡政府により、そして「六月一七日事件」後は前述の「村落農業経営」により管理されることになる。

もともとホーエンフェルデ村は一六フーフェからなる村であったが、一九五五年のLPG拡大時までに一〇フーフェ、比率にして実に六割が消滅している。しかし事態はそれほど単純ではない。一〇件のうち明白に当該期の大農弾圧によるものは三件のみである。この三件のうち二件は文字通りノルマ未達成による逮捕をきっかけとするが、もう一件は煉瓦工場を経営する大農で、「アクション・ローゼ」というバルト海沿岸部旅館業者を狙い撃ちした弾圧立法の適用により、自営業者とされた大農が、煉瓦工場のみならず農場までも当局に接収されてしまうケースである。さらに、この村では戦時中に親衛隊主導により軍馬飼養が行われていたが、これに関与した三経営が戦後の土地改革と非ナチ化の対象となった。うち二経営は前述のように分割され、一経営は小作人に委託されたのちにLPGに吸収されるという経緯を辿るのである。

残る四件も事情は様々である。一つ目は、ナチス時代の「村農民指導者」の経営で、経営者がソ連軍進駐後に強制収容所に送られ戦傷者の息子が農場を相続するものの、一九五三年に落雷により農場と家屋が焼失、経営放棄を余儀なくされている。二つ目は、母と娘のみによる経営で、戦後のソ連進駐時の家畜接収が響いて経営が行き詰まり、一九五二年三月二〇日法（「荒廃経営法」）が適用されたもの。三つ目は、戦後に経営者が死亡、残された未亡人が農場と属具をLPGに売却したもの。四つ目は、戦後村長の大農経営で、「東方労働者」虐待を内部告発されて、自ら「共和国逃亡」に至ったものである。最後の「内部告発」のケースは、この村長が、村の専制君主として家畜の無償徴発などの「悪業」を続けたことが村内の批判を呼んだものだが、郡党の権威を借りての追放劇であったために、この村の郡党権力への従属を深めるきっかけにもなったと思われる事件である。

以上のように、個々のケースは政治性を強く帯びつつも内容は多様だが、全体としてみると、一九五〇年代前半の大農層の崩壊は、大農弾圧による直接的な打撃だけでなく、戦災による基幹労働力の解体、戦後の非ナチ化による大農層の脆弱化、さらには村長追放問題にみたような下からの住民の同調化傾向などが複合的に重なって生じていたのである。

④村に残った大農家族の人々――「強いられた」主体的受容

大農弾圧は「共和国逃亡」とセットで語られがちだが、大農経営がなくなったからといって大農家族の人々が村からいなくなったわけではない。ホーエンフェルデ村で大農家族全体が消滅したのは、一九五五年までに姿を消した六家族である。その他は、旧農民経営としてＬＰＧに加盟した六経営はもちろん、そうでない四家族も、排除された経営主たる父を除き、何らかの形で村にとどまる道を選んだ。彼らの村との結合は小農層や労働者層に比べるとなおはるかに強いのである。では、とくに大農の若者たちはどのように集団化に適応していったのだろうか。

その最も顕著な例は、落雷で家を焼失したシュレーダー家の兄妹である。兄カールはホーエンフェルデ村担当のＭＴＳカードルとして村議会に登場している。また妹レナーテは後述するＬＰＧ組合長ヤーチュと結婚している。これは旧農民と農業テクノクラートの結合を象徴するものである。同じく兼営の煉瓦工場とともに農場を接収されたヘルバートは、「村落農業経営」の労働者、ＬＰＧ組合員を経て、ＭＴＳトラクター運転手になっている。またイヴェンドルフ村の大農の息子ベッカーは、ＬＰＧのイヴェンドルフ村作業班（ブリガーデ）長として、事実上この集落の農業を指導する立場につき、さらにＭＴＳ女性農業技師と結婚している。

もう一つの注目すべき例が、ソ連の家畜接収で経営を接収されたウルスラ・ヴェステンドルフの事例である。接収後、彼女は母とともに「村落農業労働者」となり、拡大ＬＰＧに農業労働者として加盟する。しかしこれは失意の加盟ではない。彼女は、前述のように、すでに一九四七年に有力難民の息子で村会議長のハインツ・ヴェセロフスキーと結婚しており、その立場からＬＰＧを支えていくのである。一九五八年にはこの旧ヴェステンドルフ家の農場にＬＰＧの牛舎が建設され、村の牛がここに糾合されることになった。

　このように、旧大農家族で村に生きることを選択した若者たちは、戦争、ソ連軍進駐と非ナチ化、大農弾圧政策に翻弄された親世代の悲惨な運命をあえて封印しつつ、ＬＰＧやＭＴＳの幹部という農業テクノクラートの世界に新たな社会的上昇経路を見出すことで、農村の社会主義に適応していった。ホーエンフェルデ村はそうした適応が有力難民新農民の影響で早期に開始され、その結果、一九五〇年代中葉という比較的早い時期に集団化が進捗、ＬＰＧの経営内容が必ずしも優良でないにもかかわらず、外部からの介入を招くことなく自力で全面的集団化を完了させるに至ったと考えられるのである。

⑤ＭＴＳ（機械・トラクター・ステーション）と農村テクノクラートの登場⑮

　さて、一九五五年の拡大後のホーエンフェルデ村ＬＰＧを考えるとき、もう一つ重要なのが農村テクノクラートの登場である。このＬＰＧは順調な発展にはほど遠いものだったが、一九五七年七月、第三回ＬＰＧ会議の決定を受け、本村管轄のＭＴＳ管区は畜産技師ヤーチュを村ＬＰＧ担当として派遣、半年後にヤーチュは新組合長に選出されることになる。先に述べたように彼の妻は村の旧大農、シュレーダー家の娘である。そしてこの新組合長の指導の下でＬＰＧは全面的集団化を遂行していくのである。ヤーチュは畜産技師だが、一般にはＭＴＳ農業技師が組合長として各村に派遣されるようになる。

　ＭＴＳは、一九四九年に設置された機械貸与ステーションが一九五二年七月、集団化運動開始とともに再編されたもので、トラクターやコンバインなどの大型機械を独占的に保有し、農民経営とＬＰＧに農業機械サービスを提供する機関である。一九五〇年代のバート・ドベラン郡の耕起作業はほぼＭＴＳが担っていたといってよい。その意味でＭＴＳは社会主義の機械化農業を体現する機関であったが、しかし同時に農村におけるＳＥＤの政治的拠点であり、新たな農村カードル形成の装置でもあった。

ＭＴＳは、基本的にＭＴＳ所長、政治課指導員、農業技師、工業労働者（機械整備部門）、トラクター運転手の四つの職種からなっていた。ここで政治課指導員とは、ＭＴＳ党組織とカードルの管理のみならず、当該ＭＴＳ管区の村落・ＬＰＧ党組織の指導と管理を行う党専従者である。ＭＴＳが機械サービスだけではなく党組織活動の拠点であったことは、彼らがその後「ＭＴＳ管区指導員」となり、全面的集団化の工作活動を担う中心部隊となることからもわかる。そのトップの政治課指導者は、ＭＴＳ所長とともに郡党指導部に直結する人々であった。

ここで注目したいのは農業技師である。戦後東ドイツでは、一九五〇年代に入って農業指導者養成機関が整備されるようになった。一九五三年にＬＰＧ指導者育成の単科大学がマイセンに設立され、一九五四年にはＭＴＳ指導者養成を目的とする農業経済研究所がポツダムに、さらにＬＰＧやＭＴＳの党員農業指導者を育成する党機関として党中央学校「アウグスト・ベーベル」がシュヴェリンに開設されている［Bauerkämper 1999：287；クレム 1980：197］。一九五〇年代前半は若手農業技師補佐としてＭＴＳに現地採用された者たちからＭＴＳ党書記を経て政治課指導員に上昇するキャリアを歩む者がみうけられるのに対して、一九五〇年代後半になると、こうした新農業教育制度を経てＭＴＳ農業技師となった者が登場、その多くが一九五七年以降にＬＰＧ組合長になっていったと考えられる。その意味では彼らこそがＳＥＤ農村支配を農業の現場で担う新たな人々であった［足立 2011a：502-504］。

むろんすべてのＬＰＧに農業技師などの農業テクノクラートが幹部として派遣されたのではない。先にみたケーグスドルフ村のように全村一体で優良ＬＰＧを作り上げた村では、いわば下から形成された村内カードルが軸となっており、農業技師が派遣されるケースは稀となる。これと対極的にあるのが村の一体性が脆弱な場合である。近隣ＬＰＧや大規模ＬＰＧに村ごと吸収されてしまう例がしばしばみられるが、そうならないケースでは、農業技師が派遣されてＬＰＧ組合長となるケースが多い。ホーエンフェルデ村の場合は、ＬＰＧへのテコ入れとして畜産技師が派遣されたわけだが、村に残った大農子弟たちがＬＰＧとＭＴＳの指導的立場を確保し、かつ外部テクノクラートと結合した。村内有力者と村外カードルの二つの系譜の結合として「社会主義」村落の新たな支配層が形成され、自立的に集団化に対応していったのである。ただし、こうした新たな支配層の再編の過程で排除されていくのが、伝統的な旧農民村落の農業労働者たちである。彼らは旧グーツ村落の農業労働者と異なり、土地改革の恩恵を受ける機会に乏しかっただけでなく、一九五〇年代後半には、大農子息がＬＰＧを受容するのに反比例するように、東ドイツの農村社会主義の視界の外におかれることになったのである［足立 2011a：380f.］。

4　グローバル視点の二〇世紀比較農業史の地平へ——まとめにかえて

(1)　集団化への同調の論理——東ドイツ農村の固有性

東ドイツの農業集団化も、他の東欧諸国と同じく下からの自発的運動によるものでは決してなく、上からの権力行使を伴う強制的な性格を帯びていた。とくに一九五〇年代初期の大農弾圧はすさまじく、それがゆえに多くの「共和国逃亡者」を発生させたのである。しかし、その後の集団化の経緯をみると、ソ連の影響力は——ベルリンのＳＥＤ幹部の世界を別として——明示的には認められないうえに、工作班による連夜の説得工作や過剰な情宣活動などがたびたび言及されるにしても、出来事の重大さの割には暴力的手段が行使される場面は相対的に少ない。裏を返せば、他の東欧諸国と比べたとき、東ドイツの場合、全体として農村の人々が農業集団化に同調的な傾向を示したことは否めないのである。それはなぜなのか。本章では、新旧農民村落の二つの事例について、戦後難民問題に着目しつつ村の農業集団化の受容の仕方を明らかにしてきたが、その経緯のなかにこの問いを考えるヒントが隠されている。

新農民村落ケーグスドルフ村では、有力難民の新農民層が、村内の旧農民層と連携しつつＬＰＧ設立を主導、その後に拠点的なＬＰＧに発展した事例であった。そして、彼らが村政を掌握するのとは対照的に、旧農業労働者の存在感はきわめて薄かったのである。階級史観に立つ戦後のマルクス主義史学の通俗的理解では、農業労働者を担い手に土地改革から農業集団化への過程が農村社会主義化の内容として語られがちであったろうが、事態はむしろ正反対だったのである。

むろんケーグスドルフ村にみられるほど同調性を典型的に示す新農民村落は多くはない。より一般的にみられる形態としては、第一に有力難民たちが優良新農民経営にとどまる場合がある。土地改革により難民新農民が村政の中心的担い手になり、ＳＥＤの基盤となる点は同じだが、初期集団化には反応せず、「六月一七日事件」後はＭＴＳの機械サービスなどを上手に利用して優良勤労農民経営として存続する村落である。集団化を受け入れるのは最終局面になってからであるが、土地改革の受益者であることが彼らの行動を明示的に制約し、結果として「主体的受容」が余儀なくされていくタイプであるといえる。

もう一つの一般的な形態は、これとは異なり同調戦略とはいえないパターンである。すなわち、難民新農民が必ずしも村政を全体として掌握せず、村の利害が分裂してしまう場合である。村落の統合力が弱く、初期ＬＰＧが設立されるとしてももっぱら村内少数派の思惑によってなされるため、「六月一七日事件」による党権威失墜によりＬＰＧが解散もしくは形骸化してしまう。村は分裂、人々はアパシー状態となり、全面的集団化は、初期ＬＰＧとはまったく別の形で、郡党の上からの主導性のもとに、隣村の有力ＬＰＧへの加盟か、小規模ＬＰＧの乱立の形でなされていくパターンである。したがって集団化対応も移動や逃亡など個人的な対応に限定されざるをえず、集団的抵抗は生じない。

旧農民村落に関しては、ホーエンフェルデ村の集団化は、むしろ典型的な事例とみてよいと思われる。彼らは難民たちのように故郷喪失と再入植の辛酸をなめたわけではないが、しかし、一九五〇年代初頭の大農弾圧はもとより、戦時期の基幹的家族労働力の戦死や抑留、戦後の非ナチ化とソ連軍の家畜接収などの一連の出来事により決定的な打撃を受けた。その限りでは、伝統的な大農層を歴史的に消滅させる出来事だった。だが、村に残存することを選んだ大農家族は、こうした父親世代の悲劇を封印しつつ、ＬＰＧ幹部への道を選択することで社会主義に適応する戦略をとったのである。この背景には、食糧問題を抱える農業生産力の維持を至上命題とするＳＥＤ政権が、一九五〇年代後半以降、大農のＬＰＧへの受け入れを戦略として認めたことも与ったであろう(16)。ただしそれは、かつての村の農業労働者たちや弱い難民たちが党組織や村政から排除され、ハビトゥスを同じくするであろう農民出自の有力難民新農民と旧農民層のヘゲモニー・ブロックが、新たなテクノクラートの受容とあわせて村内に形成されていく過程でもあった。

(2)　グローバルな比較農業史研究へ

以上のように、とりわけ土地改革の意義が大きく、それがゆえに難民新農民の比率が他地域にもまして高かった「東エルベ」型農村おいては、土地改革から農業集団化に至る一連の戦後農業改革は、そのまま難民たちの新たな土地への農業入植の歴史であった。これが同調的傾向をもたらした唯一の理由ではないが、大きな要因であったと考える。また同時に、冒頭に述べた「民族ドイツ人」農民の経験が象徴するように、そのことは東ドイツ農村社会が戦時東欧史を内側に折り込む形で形成されたことをも意味する。他方で、土着の人々にとっては、戦後史は東方難民の大量受け入れに伴う伝統農村の解体・再編の歴史であり、よそ者たちを基盤とする社会主義権力の「強いられた主体的受容」の過程として経験されたのであった。ただし、このことは、中農以下の新旧農民が一括して「勤労農民」と呼ばれた点に示されるように、そのイデオロギー的な表現においては歴史と民族の具体的な内容は消去され、階級イデオロギーによってのみ正当化されるものとなった。

こうした東ドイツ農村にみる固有性は、とくに戦後ポーランド土地改革のありようと比較するとき、よりいっそう鮮明に浮かび上がるように思われる。戦後ポーランド土地改革の主要な内容をなすのは、旧ドイツ領である西部地域および旧オストプロイセン南部地域に、中部ポーランドからの移民、および強制移住の対象となった新ソ連領（旧東部ポーランドほか）からの難民たちが大量入植したことである。この場合、土地改革フォンドはもっぱら追放ドイツ人の所有地からなっているから、土地接収の論理は階級ではなく民族でしかありえない。この点で注目すべきは、旧ドイツ人社会でポーランド系マイノリティーとされたマズール（旧オストプロイセン南部）やオーバー・シュレージエンの人々をめぐる問題である。彼らは土着の人々であるにもかかわらず、ドイツ国籍であったために一九四五年五月六日法により「ドイツ人」として農地を接収されてしまうのである。中央ポーランド移民にとっては、ドイツ語を話すルター派の地元マズール人は紛れもなく「ドイツ人」であった。その後、マズールの人々やオーバー・シュレージエンの人々の一部はポーランド人であることの「証明」を果たすことでようやく土地を取り戻すことになったというのである［Ther 1998 : 188ff. 258ff. ; Jarosz 2014 : 117］。民族性を色濃く体現した社会主義ポーランドでは、一九四八年と早期に始まる農業集団化は一九五六年の非スターリン化の時代に挫折・放棄され、その後は一貫して個人農体制にとどまった[17]。これに対して階級に基づく東ドイツ農業では、一九六〇年の集団化完了のあとも、「科学主義」を前面に立てた大規模機械化農業の実現が志向されていくのである。ギガンドマニアへの反省の兆しがみられるようになるのは、石油ショック後の財政赤字が深刻化し、食糧自給への要請が強まる一九八一年のことである［Bauerkämper 2002 : 202f. ; 谷口 1999 : 265-277］。時あたかも隣国ポーランドで食肉価格の引き上げを契機として起きた連帯運動がピークを迎える時期に重なる。

本章は、東ドイツでも北部バルト海沿岸部の「東エルベ」農村に焦点をあて、かつこの地域において顕著であった戦後東方難民問題の歴史的規定性をやや過度に強調しており、その限りで一面的な議論であることは免れない。[18] しかし、それは、東ドイツの史的起源は――その崩壊が冷戦体制の崩壊としてしかありえなかったように――、戦時から戦後へのグローバルな動きのなかでしか理解できないと考えるからである。さらにいえば、戦争と国境変更を伴う戦時から戦後の時期が、強制移住と農業改革の時代であったことは東欧地域に限定されるものではない。ソ連を挟んで東側に位置する東アジアでも、日本の満洲移民・引揚者・抑留者にみられるような大規模移動や、各国の戦後農地改革が連動するように生起した。[19] かつての二元論的な冷戦史観を超えた新たな戦後史が構築されるときにはじめて、二〇世紀社会主義を全体として歴史的に理解する地点にわれわれはようやく到達するのではなかろうか。

註

（1）本章は大幅に拙著［足立 2011a］によっている。本章の記述が拙著による場合、出典は拙著を参照することとし、ここでは原史料の出典等は省略することとする。
なお、東ドイツ農業に関する邦語文献としては、谷江［1989］、谷口［1999］、村田［2006］、菊池［2011a; 2011b］を参照されたい。

（2）日本の西洋経済史学においてユンカー経営と称されてきた農場のことである。本章では大農場またはグーツ経営とする。

（3）ＭＴＳ（機械・トラクター・ステーション）については本章3節を参照されたい。

（4）社会主義的経営はＬＰＧのほかに国営農場ＶＥＧがあるが、本章は国営農場は対象としない。

（5）*Statistik des Deutschen Reichs*, Bd. 470, Heft 2, S. 2. 東部農業地帯に属するメクレンブルク邦国では、農業従事者の比率は五一パーセントと、半数を超える水準に跳ね上がる。Ebenda, Bd. 455, Heft 18, S. 2.

（6）グーツ経営は一般に一つの集落でもあるので（農場制集落）、ここではそうした村をグーツ村落と称することにする（ただし後述のケーグスドルフ村のようにグーツ村落は数戸の農民経営を含む場合がしばしばある）。土地改革後の旧グーツ村落は新農民村落となる。これに対して旧農民経営を軸とする村落は旧農民村落と称することとする。

（7）バート・ドベラン郡には、イエーネヴィッツ、レーリク、ラーヴェンスベルク、ラーデガストの四つのMTSがおかれた。各MTSが所轄するエリアをMTS管区と呼ぶ。

（8）一九五〇年代は農村のシュタージの諜報工作活動は実質的な効果をもっていない［足立 2011a：482］。

（9）ケーグスドルフ村の集団化のより詳細な経緯と出典は、拙著［足立 2011a］の第四章第二節を参照されたい。

（10）「西への逃亡」は、東では「東ドイツからの逃亡」、すなわち「共和国逃亡（Republikflucht）」と呼ばれた。

（11）東ドイツのLPG経営は、主としてⅠ型とⅢ型の二形態が存在する。Ⅰ型は耕地作業のみを集団的に経営し、酪農・畜産は個人が経営する形態である。これに対してⅢ型は耕地の農作業のみならず、牽引力などの労働手段の共有化、さらには酪農・畜産も集団的に経営する形態であり、ソ連のアルテリ型コルホーズ経営と同じである。詳細は拙著［足立 2011：317］を参照のこと。

（12）後述のMTSに関する記述を参照。

（13）農民互助協会（VdgB）は、土地改革では分割不可能だった農業機械などの旧グーツ経営の経営資本を共同で管理する村の農民団体である。

（14）ホーエンフェルデ村集団化のより詳細な経緯と出典は、拙著［足立 2011a］の第五章第一節を参照されたい。

（15）本節のMTSに関する記述は、拙著［足立 2011a］の第七章による。

（16）なお、東ドイツの反大農政策では、「階級」は個人があくまで対象となっており、その家族については、党組織からは嫌疑のまなざしが向けられるにもかかわらず、原則として排除されるものではなかった。たとえ経営を接収されても、経営者以外の大農家族が村に残存し、SED支配を受容する戦略を選択することができたゆえんでもある。

これに対して、例えば中国の土地改革では、焦点となるのは地域ボスとしての地主や富農であり、このため撲滅対象となるのは個人ではなく「人的ネットワーク」にならざるをえない。福建省の農村研究を行った山本真は、宗族的土地所有の広範な存在をふまえたうえで、福建省の土地改革では民衆の階級意識の欠如が顕著であり［山本 2013：162］、「土地改革における批判闘争は同族の間では表面的なものに止まる傾向がみられる一方で、他の宗族の人々に対しては往々にして激しい闘争が展開された」、さらに「旧指導層が処刑されたり、攻撃を受けたり、族田が基本的に没収されたことにより、宗族の経済的基盤や団体性が大きな打撃を被った」としている［山本 2013：166］。また田原史起も、匪賊の頭取でもあるボス地主の抹消こそが「反革命勢力」の一掃では重要であったこと、したがって土地改革の意義は、彼らの地主エリートの権力空間を解体させ、農村社会を原子化した点にあるとしている［田原 2004：90-91］。これに対して、鄭浩瀾は、宗族の役割の重要性を指摘しつつも、統一的な集団として宗族を理解することを批判し［鄭 2009：36］、宗族の分散的性格（共同性の範囲の曖昧さや、より小さな「小房」への分化や、逆に「大房」への拡大がみられること）を強調している［鄭 2009：83］。

(17) ヤロシュの最新研究によれば、旧ドイツ領における中部ポーランド出自の移民の土地取得は、移民たちには「第二農場」として位置づけられたという。すなわち彼らの入植目的はこの地における農業経営ではなく、取得経営の経営資本の奪取であり、そのあとに経営は放棄されたのだというのである。このため時期的に遅れて入植することになる、いわゆるカーソン線以東の旧東部ポーランド地域出身の難民入植者たちは、逆に経営困難に直面することになった。一九四八年以後に開始される集団化は北西部（旧ポンメルン）に集中するが、その要因の一つはこうした事情による。ポーランドの集団化は一九五六年六月のピーク時で全農民の六パーセント、全農地の一一パーセントである［Jarosz 2014：118, 134］。

ポーランドの集団化が最終的に挫折したのは、直接的には一九五六年のスターリン批判、ポズナン暴動、ハンガリー動乱を背景に、同年一〇月、統一労働党第八回中央委員会総会におけるゴムルカの集団化批判の演説による。しかし、それ以前の一九五〇年代の集団化過程においても農民は明示的な抵抗を示しており、その点が東ドイツと比べた場合に大きく違う点である。集団化反対のデモが一九五〇年代前半一四件、同後半に七六件あり、またトラクターによる犂耕作業を農民たちが実力阻止する紛争が頻発、しかも多くの場合、それらはパルチザンによって組織されたものだったとまでいわれている。

とくに興味深いのは、農婦たちによる集団化反対の行動である。女たちは、生産協同組合の集会で、集団化を支持する指導者や支持者に対して野次を飛ばし、賛美歌を合唱し、祈りの言葉を朗唱したという。また、一九五〇年、クラシニク県ジェズィツァ・ジェミャニンスカ村では女たちが伝統的な愛国ポーランドの宗教的な聖歌を唄うことで土地測量を阻止したとされる。断片的事実に基づく印象批評の域をでないが、ここでは明示的な集団化反対行動が「愛国的な聖歌」に象徴されるように、民族性や宗教的メタファーを前面に出しながら行われている点に注目したい。戦後の東ドイツ農村でも宗教は人々の精神的支えとして大きな役割を果たすが［足立 2011a：440f. 471］、こうした現れ方はしない。一九四九年七月九日、ポーランド・ルブリンの修道院において聖母マリア像の前で跪いた尼僧が、マリアの左目からイチゴ大の大粒の涙が落ちるのを見た、という噂話が「ルブリンの奇跡」の話として拡大。これを契機として、一九四九〜五〇年の農村部ではこの種の多くのローカルな奇跡が生じたという［以上、ポーランド農民の集団化に対する反対行動の記述はJarosz 2014：127-134による］。

(18) 本章とは逆に、西ドイツ農村と同型の村落構造をもつ東ドイツ南部のチューリンゲン州を対象に、「西」との関わりに着目した農業集団化論として、菊池［2011a］および菊池［2011b］を参照されたい。

(19) 帝国解体に伴う戦後難民問題は、戦後日本においても「引揚者」の問題として大きな社会問題をなした。このうち満洲農業移民系譜の引揚者に関しては、その一部についてであるが、日本においても「緊急開拓事業実施要綱」に始まるいわゆる戦後開拓政策によって集団入植が果たされていく（ただし戦後開拓政策の主たる対象はいわゆる次三男であって、満洲引揚者に限定されるものではない）。しかし、東ドイツ土地改革と比較した場合の戦後日本の決定的な特徴は、「引揚者＝戦後難民」問題の解決が「小作地＝既耕地」を対象とした農地改革とは切り離され、あくまで未墾地（旧軍用地を含む）への入植政策として実施されたにすぎないことである。その開拓の実態は一般に困難を極め、多くの脱落者を出していく。冒頭で触れたように日本の農地改革では、その内容がもっぱら土地の再分配に限定され（生産力的にはむしろ大正期以降の小農経営の発展傾向が固定化された）、また耕作者主義が徹底されることで、結果として農地改革の受益者は、自小作層を中心とする在村の小作中農層となった。その意味では、皮肉なことに、日本農地改革は、東欧土地改革、さらには東アジアの他の国の土地改革のありようと比較しても、「耕作者に土地を！」という「階級原則」がもっとも貫徹した土地改革の「成功」事例であったといえなくもないのである。引揚者が原則として土地配分から排除される理由はここにある。

さらに、第二次大戦のありようと深く結びついたユーラシア大陸の東西における二つの戦後の大量移民・難民問題といっても、そもそも満洲引揚者と戦後ドイツ難民はその歴史的性格を大いに異にすることも、あらためて指摘しておきたい。日本の満洲農業移民政策が本格化するのは、いわゆる分村移民政策が開始される一九三六年以後であり、その実態も結果的に現地での地主化に帰結するなど、入植期間や入植形態からみても、現地への「根付き」が非常に弱いのが実態であった［今井 2001］。さらに満洲は同じく多民族社会であるといっても、東欧農村のような「旧開地」ではなく、本格的な農業開発が一九世紀以後の出来事にすぎない歴史の浅い「新開地」である。これらのことは、民族問題の根深さ・複雑さという点で、両者の間に大きな違いがあったことを意味している。帝国日本の満洲農業移民政策では、ナチス・ドイツのヴァルテガウの入植政策構想をも想起させる東亜農業のモデル創出が意図されていたとしても［今井 2014］、そこには東アジア民族問題の「解決」を意識した農業構造改革という発想はみられない［足立 2014］。他方、東ドイツのみならず、東欧の社会主義圏の誕生は、ロシア革命とナチ第三帝国による民族問題の「解決」を抜きには理解できない。その観点からすれば、冷戦期以後の世界の民族問題の焦点が東欧から中東・アラブ地域に移行したことの意味を社会主義の問題としても考える必要があるのかもしれない。

なお、帝国史的視点から戦時と戦後の日本・東アジアの農地改革をとらえ直す新たな研究として、伊藤［2013］および安岡［2014］を参照されたい。

第四章　職場における「つながり」

――工業企業現場の実態

石井　聡

1　はじめに――「社会主義」経済研究の意義とは？

最近、「経済史」の授業において、資本主義世界経済の歴史を講義していると、学生から次のような質問を受けるようになった。「資本主義はそんなにいいものなのか」。「社会主義とはどのようなものなのか教えてほしい」。これらの反応は、「就職難」で、「ブラック企業」が存在し、「格差社会」であるとされる現在の日本社会に対する漠然とした不安からくるものであって、社会主義に対する積極的な関心が高まっているわけではないかもしれない。とはいえ、一部の若者に、資本主義を絶対的なものとは考えない態度が生まれつつあるということだと思われる。

一九九〇年前後に、「現存した社会主義体制」（以下では「社会主義」と表記する）が次々と崩壊した以降は、「現在ある資本主義体制」が必然のものであって別の選択肢はありえないという考え方が広まった。ところが「現在ある資本主義体制」にも、やはりさまざまな問題点のあることがあらためて認識されるようになってきた。近年では、資本主義の先に、経済成長を絶対的な目標としない「定常型社会」の到来を見据えるような議論も登場し始めている［たとえば広井 2009］。いかなる経済システムを志向するかを検討するにあたって、資本主義は依然としてその中心に据えて考察すべき対象であるにしても、そこに、より多様な見方・考え方を加えて議論を豊富化していくことがまた必要となってきている。数十年にわたる十数億の人々の「社会主義」の経験も、その豊富化になにがしかの貢献をすることができるように思われる。

もちろん、「社会主義」の経験を何らかの意味のあるものとするためには、「完全に失敗したもの」とか「秘密警察に支配されていたもの」といった表層的・一面的な理解に留まることは避けられねばならない。「本当は分かっていないのに、分かったつもりになる」のは有益な態度とはいえない。多面的で十分な実証分析を踏まえた理解を前提として、初めてその経験を用いることが可能となるであろう。

東ドイツ・「社会主義」計画経済の経験からは、現代の資本主義市場経済においては観察できないような数多くの現象を観察することができる。市場経済ではありえないような企業現場の非効率などはその代表的現象であるが、それ以外にも、職場における「ゆとり」――現場の非効率の結果生じていた、あくまでカッコつきのものだが――や「人のつながり」といった現象を観察しうる。ドイツ統一後、旧東ドイツ国民からは、「昔はよかった」、「いまではなくなってしまった」など、ドイツ統一後の資本主義よりも東ドイツの計画経済時代を上位に見るかのような回想がなされることがあるが、その理由もそうした「ゆとり」や「つながり」に関わっているように思われる。

以下、本章では、まず2節において、この「ゆとり」や「つながり」を生む前提条件となった計画経済下の職場の実態を説明したうえで、3節では、職場に存在した作業班という組織に焦点をあてて「つながり」の内容を詳しく見ていくこととする。さらに4節では、東ドイツの実態を、一九六五年前後の日本というわれわれにより身近な対象と比較考察し、東ドイツの「つながり」の内容を相対的に理解することを試みる。それらの作業を通じて、経済・社会のあり方を考えるにあたり、東ドイツ研究が示唆しうるものについても考えていくこととしたい。

本章で扱うのは、工業部門の職場の実態である。東ドイツの企業はほとんどすべてが国有企業であったが、そこで働く「労働者階級（東ドイツの統計では、肉体労働者だけでなく事務員などの職員層も含まれた）」の割合は、一九八〇年に就労者全体の八九・四パーセントであり、そのうち工業部門労働者が五二パーセントを占めていた。つまり国民のかなりの部分が、工業企業で働く労働者とその家族で占められていたことになる。取り上げる事例は、主として一九五〇年代〜六〇年代初頭までの工業企業（2節の事例はとりわけ造船業）の実態である。これは、「社会主義」諸国において最も中心的な重化学工業国（東ドイツ）で、とくに高い工業生産の成長を果たした一九五〇年代の重工業（その最成長産業・重点投資産業である造船業）の企業現場という、「社会主義」経済研究において一つの「代表的事例」といえる対象である。

2　職場における「つながり」の前提条件——計画経済の実態

「社会主義」経済においても、生産力増大・経済効率が一義的に追求され、企業における生産の効率的な遂行が体制の目標とされたことは、資本主義経済と何ら異なるものではなかった。そのために、企業現場ではテイラーシステム、すなわちノルマを設定しての出来高給制度による生産性の向上が目指されたが、この点も西側と同様であった。

だが、「社会主義」計画経済下の生産現場は、決して中央の計画・意図通りに運営されていたわけではなく、すでに一九五〇年代初頭から、中央の計画・意図とはほど遠い弛緩した状態となっていた。そうした状態を生んだ原因は、計画経済の諸特徴といえる計画作成の不可能性、「ソフトな予算制約」、財の売り手市場的状態、中央当局の情報処理能力の限界、失業の可能性がないこと、などであって、計画経済であるがゆえに生じた弛緩であったといえる。そうした弛緩状態は、逆に東ドイツの職場に「ゆとり」や「つながり」を生む前提条件ともなっていたが、ここでは、造船業の事例から弛緩の具体的様相を見ておきたい〔以下は、石井 2010：4章、5章を参照〕。

生産現場に存在した問題点として第一にあげうるのは、生産がそれに従って管理されるはずの生産計画自体が、生産現場の実状を反映したものではなく、その変更もたびたびであった点である。たとえば、「造船所の一九五一年の生産計画は、生産能力のすべてを必要とするものではなく、他方五二年は生産能力に対して計画が大きすぎるものである」。「漁船の修繕に従事している造船所では、漁獲シーズンには作業量が低下し、休漁期には急増するのに、硬直した生産計画は、ロボットのように毎日の生産実績を要求してくる。生産計画は現実に基づき、弾力的であるべきである」。「計画はこれまで何度も変更された。一九五一年一二月一四日の変更では、以前と比べ修繕額が三九〇万マルクも高く、浮きドックも二五〇〇トンだったのが、四〇〇〇トンのものを建造することになっていた。五二年一月二〇日には、さらに修繕額が高く設定された。この計画だと四〇〇万マルクの追加投資と一〇〇〇人の追加労働力が必要となろう」。この結果、「与えられる計画の不明確さによって建造準備やその開始が危機にある」という状態に陥っていた。

次に、「社会主義」国において広く観察された重要な現象として、原材料・部品の供給遅れとその質の悪さの問題を指摘できる。まず遅れの例としては、「一九五一年第Ⅰ四半期には、六七一七トンの圧延資材が配分される予定であった。しかし、四半期が終わってもそれは七〇パーセントしか到着していない」、「五四年第Ⅰ四半期には、必要とする板金は予定の二六パーセント、鋼管は四〇パーセントしか納入されなかった」など枚挙にいとまがない。遅れの原因としては、「客船（Pobeda）の換気装置を製造予定のライプチヒの工場では換気装置のための電動モーターが不足しており、さらに電動モーター製造工場では、モーターのコレクター用銅が不足している」といった部品供給の遅れの連鎖や、「貨客船（Sov. Sojus）の作業において、船体部の板金は約三〇〇枚が取り替えられる計画であったが、作業を進めていくうちに九〇〇枚は交換せねば修繕できないことが判明した。また、計画では木材を使用する予定だった船室も、火災予防上軽金属の使用が避けられないと分かり、追加的な軽金属資材の需要が発生した」など、計画作成の困難性に関連するものをあげうる。部品の質の悪さに関しても、「板金の二〇～二五パーセントが毎年質の悪さのために製鉄所へ返却される」、「造船所が受け取る機械のなかに、陸上では作動するが震動する船上では作動しないものがある」といった状況であった。このことには、生産計画に財の厳密なサイズや品質までは細かく規定されえていなかったことや、財の売り手市場的状態などが作用していたが、「部品供給企業の質の悪い作業のために、造船所では極度に多い追加的作業が生じさせられていた」のであった。

このほか電力供給の不安定さも問題であった。「造船所では、五五年一月の電力供給ストップによる手待ち時間が全手待ち時間の二四パーセントを、二月には四八パーセントを占めていた」。

以上のような問題点からは、「一九五一年第Ⅰ四半期の造船所の設備能力は五〇パーセントすら利用されなかった」、「五四年の造船所の設備の一部は五〇パーセントまでしか用いられていない」というように生産設備の稼働率の低さが生じることとなった。

このように設備の稼働率がきわめて悪い現場では、労働力の管理が弛緩した状態にならざるをえない。出来高給のノルマ設定はままならず、「労働規律が一般に存在しているとはいえない。規律欠如の原因は、不十分な作業分配と個人の責任原則の欠如、職員の専門能力不足、資材不足、機械設備の停止時間の多さなどにある。たとえ労働者の多くが労働規律の必要性を意識したとしても、自然と規律が乱れてしまうような条件が存在している」。つまり、個々人の労働意欲・規律の問題ではなく、システム自体に原因があったということである。その結果、「労働者は、規定労働時間すべてにわたって労働しているわけではない。遅刻、定刻前の無断退社、クリスマスなどの行事の準備のための早退、労働時間中の買い物などがその原因である」、「一般労働者は、生産の目標や期日について何も知らない。そのため労働者は勝手に作業速度を決定している」など、労働者には「ゆとり」が生まれていたのである。

3　職場における「つながり」——作業班の意義

以上のような状態だったからといって、東ドイツの労働者にとって、労働が意味をもたないものだったわけではない。現代の市場経済下に比べれば厳格な労働が要求される職場でなかったとはいえ、むしろだからこそ「ゆとり」があって、職場の仲間との「つながり」や労働を誇りとするような伝統的な労働者文化の再生が可能であった。そうした彼らの日常において大きな役割を果たしたのが、作業班（ブリガーデ）という組織であった。

作業班とは、一九五〇〜九〇年の四〇年間、企業管理構造の最下層をなし、同じ職場の労働者十数名（うち一人が班長）により構成された組織である。一九八八年には、全就労者の六三パーセント、工業労働者では八四パーセントが作業班に所属し、国民の大部分にとって、その日常生活・人間関係の基盤となっていた存在であった〔以下は、石井 2010：8章を参照〕(1)。

作業班には、時期により二つの形態が存在した。一九五〇年に導入された「労働作業班」と、一九五九年導入の「社会主義的労働の作業班」である。前者は、職場において重要な役割を果たすことになるが、後者になるとそれに加えて労働時間外の活動へも役割が拡大してゆくことになる。

「労働作業班」は、ソ連の「突撃班」を模範として、一九五〇年に政府が「上から」導入した組織であった。導入目的は、一つは、作業班を労働者のイデオロギー教育の単位とすること、もう一つは、生産の最小の単位として生産の集権的な管理を進めることであった。

「上から」導入されたにもかかわらず、労働者の反発を受けることもなく、作業班に所属する労働者の数は順調に増加していった。労働者が班へ参加するかどうかは自らの意志で決定でき、また班への参加をためらう労働者は少なかった。参加をためらっている者は、多数者に説得されるか、班の結成のない他の作業現場へ移動した。班員に欠員ができると、新たな班員候補者は班員の選挙により参加が決定され、作業班は、ほぼメンバーが固定された状態で存続していった。

作業班が導入され増加していった結果、生産現場での作業能率が向上したとされる。「作業班の労働が積極的に展開されている」、「ある作業班は、一ヵ月間でノルマ達成率を九七・七パーセントから一二七・五パーセントへと上昇させた」。こうした能率向上は、作業班により労働者間の団結が強化され、「欠点のない質の高い作業をという意識が達成され」たなど、各員が自らの能率だけでなく班全体の能率に対する責任感をもつようになったこと、「作業班では、班員それぞれが進歩的な作業方法を教え合うような相互の援助関係が生まれた」ことが背景にあった。「つながり」が能率向上にも貢献する一つの事例だといえよう。

この団結強化とも関わって、作業班の行動がかなり自律的となり、班長の権限が拡大されていった事実も指摘できる。プレミアム賃金の分配や製品の質の検査、そしてとりわけ労働ノルマの決定といった職長（作業班を管理する立場の職）の管理下にあるべきとされた事項が、次第に作業班長の権限へと移動していったのである。「労働者は彼らの作業能率、製品の質を自分たちで評価している」。「ノルマの変更は、作業班の自由意志による引き上げによってのみ可能である」。こうして、本来は職長や工場指導部などが決定していた事項に対して、多くの作業班が影響を及ぼすようになった。とくに重要事項である労働ノルマは、各企業で、作業班長と職長・企業指導部との非公式の交渉によって決められることが普通になっていったとされている。

こうした状況を憂慮したSED・政府は、労働ノルマの強化や、職長が従来から与えられている権限を再確認し、作業班の自律的な動きを制限しようとした。だが、「工程指導部から直接作業班へ命令が出されるなど、職長の知らないうちに命令が下されている」とされるなど、職長の立場は微妙なままであった。ノルマに関しても状況は変わらず、多くは「融通の利く」ノルマであり続けた。このような状況は、「一九五三年六月一七日事件」後に、SED指導部が体制の不安定化を恐れ、ノルマ問題は企業レベルで決定されるべしという方針を堅持するようになったことで事実上容認された。企業指導部も、ノルマ設定を強行して現場の不満を生むよりは、労働者側とりわけ作業班長との交渉によってノルマを設定したほうが、生産管理上好都合であることを学んでいた。こうして、作業班長を利害代表者として、交渉によってノルマを設定する仕組みが各企業で非公式ながら定着した。交渉においては、作業班側も、労働者の収入増を可能としつつ、他方で企業の賃金コストが度を超えて大きくならない程度の水準にノルマを設定するよう妥協した。そして班長が、職長の暗黙の了解のもとでノルマ達成率を記入することが一般化したのであった。

このように、作業班は、とくにノルマ問題を中心として労働者たちの利害代表的な組織と化した。東ドイツでは一九五〇年頃から労働組合であるFDGBがSEDの下部組織化しており、事実上労働者の利害代表組織は存在しなくなっていた。その同じ時期に登場したのが作業班であり、労働者は作業班が利害代表機能を果たすようになることに期待を寄せた。この期待感は、実際に班による一定の自律性の発揮が可能であったことと相まって、班への参加者が急速に増加した重要な要因となったと考えられる。労働者にとって作業班は「われわれ」の組織となっていったのである。

このことをより長期的な視点で見れば、作業班の存在が、企業内の紛争を未然に防ぎ、ひいては社会的な不満をある程度抑える役割を果たしていたことが考えられる。実際、のちの「社会主義的労働の作業班」の時期になっても、作業班の自律性・利害代表機能は発揮され続けていた。一九六〇年代初頭の報告でも、作業班と企業指導部の間の議論でノルマの設定水準が話し合われ、「柔軟な」ノルマによって作業が続けられて、班のノルマ達成率が一九〇パーセントとなることもあったとされている。そして、このようなノルマ設定における作業班の役割は、一九九〇年まで変わることがなかった。

作業班によるノルマ交渉・自律性は、計画経済における生産現場の状態を考慮すると、それなりに合理性をもっていたということもできる。前述のように、計画経済下においては、生産計画のたび重なる変更、原材料・部品供給の遅れや質の悪さなど、労働者の努力のみでは解消しえない生産妨害ファクターが数多く存在していたからである。そうした状態については、六〇年代半ばになっても、「労働組織における欠陥、劣悪な管理、リズムなき生産工程は、作業班の発展、労働の喜び、社会的・文化的生活への参加にとって非常に不都合なもの」であり、「多くの作業班が、この困難に直面している」。「資本主義ではすべてがより良くいっている。そこでは豊富な資材と補充交換部品が存在する。なぜわれわれは計画経済体制にいるのにうまくいかないのだろうか」と不満が述べられている。こうした生産の隘路が存在するなかでは、その時々の状況に応じた交渉によって、「適切」な水準にノルマを設定する仕組みは、労働者の不満の緩和のためには有効な手段となりえていたのである。また、「適切」な水準のノルマは、まったく高くはないが極端に低くもない生産を一貫して確保することにつながっていたと考えられる。作業班は、計画経済システム下では、企業管理・生産管理上それなりに合理的な機能を果たした組織であった(2)。

だが、一九五〇年代後半、政府指導部は、「労働作業班」の自律性を批判し始める。自由意志によって存在し、「技術的な正当性」をもたない作業班は解体されるべきであり、作業班には「生産工程の厳密な組織と管理および経済性の視点」が不可欠であるとされた。五八年後半には、作業班運動の再編成が課題とされ、「社会主義的労働の作業班」という新しい形態の作業班の導入が五九年から開始される。この編成替えの目指すところは労働者管理の強化にあったが、加えて「班員は社会主義的に労働し、学習し、生活しなければなら」ず、そのために職場を越えた「集団的生活」の必要性が叫ばれ、班の活動が、労働だけでなく余暇の分野まで拡大されることとなった。そしてその新たな役割が、労働者の日常生活における作業班の意味をいっそう大きなものとすることになっていく。

「労働作業班」より能率が高く班員の知識や「社会主義的態度」も充実したものであるはずの「社会主義的労働の作業班」の班員は、プレミアム賃金、企業の福利厚生の利用権、劇場の券などの供与をその他従業員より優先的に受けることができるとされた。大学へ派遣される機会もより多く得られた。だが結局、「作業班運動は、今日またも数だけの追求の傾向が支配的である」こと、「多くの作業班の結成は形式的である」ことは相変わらず批判され続けており、管理が徹底されることはなかった。

プレミアム賃金は、通常、各班員へ分配後一定額が作業班の金庫に納められ、班の行事（後述）のために利用された。企業の福利厚生施設の優先利用権は、労働者にとって魅力的だった。たとえばシュベト（Schwedt）石油化学コンビナートの敷地内には、「外来病院、薬局、幼稚園、販売所、文化施設、プールがあった。町のなかには、住居付きの訓練所や、近郊レクリエーションセンター、大きなボート・カヌーコースがあった。バルト海とエルツ山脈には休暇施設もあった」。ベルリンの人民化学（Volkschemie）には、「二つの幼稚園、一つの託児所がある。スポー班員がわずかのお金で家族とともに利用できたり、作業班がそこで週末を過ごすような休暇施設もある。スポーツ共同体、体育館、ボウリングのレーン、サウナ。企業の文化施設では作業班が催しを開いたり、客員の先生が来てくれる多くのサークルがあった。ここでは就業後焼き物を作ったり、織物を織ったり、読書したりできた」。また、「社会主義的労働の作業班」に所属している女性労働者は、託児所や幼稚園の利用で優遇を受けられた。これらによって、労働者にとって、作業班を通じての日常生活がいっそう意味を有するようになったことは確かであった。

「社会主義的労働の作業班」において班がもつようになった新たな役割としては、班を通じての班員への余暇活動の提供もあげられる。これは、そもそもは労働者が、「社会主義的に学習し、生活する」ため、「社会主義的道徳」を身につけて生産上昇に貢献するために導入されたものであったが、現実は余暇の行事も政府の意図とは別の意味で労働者にとって重要性をもつものになっていく。余暇活動としては、作業班による旅行、遠足、登山、「作業班の午後」や「作業班の夕べ」（観劇や映画鑑賞、作家の朗読会、読書会、スポーツ、ダンス、おしゃべりなど）が開催された。「劇場やコンサートへ行ったり、ダンスの夕べは最高の日とみなされた」。これら催しには作業班の全班員が平等に参加できた。「共同でパーティーを開いたり、興味ある映画や本について議論したり、週末にはハイキングに行ったり。なぜ週末かというと、子供も一緒に行くことができるし、家族も参加したからです。ボウリングもよくやりました」。このように行事には班員の家族も招かれ、家族ぐるみでの班員同士の付き合いを深めることのできる場となっていった。そして、「それは、誰にとっても、すばらしい体験でした」と述懐されるように、作業班が提供するこうした行事は、多くの労働者にとってそれがなかったら経験できなかった余暇の時間であった。作業班によって提供される行事は、彼らにとってまったく生まれて初めての経験のものも多かったのである。

こうして労働の場であるだけでなく、余暇とも深く関わる場となった作業班は、労働者の人間関係の基盤となり、相互の家族も含めたコミュニケーションの場となっていった。班では、仕事中にも一緒に酒を飲む。買い物は、誰かが班の全員分の食料やビールを委託されて買ってきた。「子供が病気になると仕事を代わってくれる。労働時間中に散髪に行ったり、飲みに行ったり「さぼる」ときも助け合う」ことが日常だった。労働時間以外でも、誕生日は皆でお祝いをする。一緒に目的地を決めずぶらっと小旅行に出かける。宴会も開く。病気になった班員の所へは定期的にお見舞いに行く。班員の家族が亡くなると班で集めた「香典」を渡す。自宅や山荘の建設や引っ越しの手伝いをしたり、家族の相談にも班員が相互に乗っていた。パルムアレーは、こうした助け合いは、「義務ではなく、社会主義的競争の得点になるわけでもなかったが、班に所属することで自然とできた友情から生まれたものであった」とする［Parmalee 1996：79］。

ドイツ統一後のインタビューで、旧東ドイツの労働者たちは、以下のような述懐をする。「仕事中に酒を飲み始める仲間が一人いた。それは班全体の問題だった。というのは、彼女が飲み始めると、それをやめさせることは難しいのを皆知っていたから。私は、班長として、彼女が職場で飲まないようにしてやる責任を感じた。そして家でも飲まないように気にかけた。彼女の子供のことが心配だったから」。「子供が病気になると、皆が理解を示しました。心配事は話して、次の週にはもうなくなっているという風でした。個人的なことも他の人に相談できる、そんな雰囲気でした」。「われわれはお互いが相手のことを思いやる、真の意味での完全な集団だった。班の雰囲気は実に快適だった。ときには、悪意のある言動もあったけれども、気になることは声を出して言い合おうというのが合言葉だった」。「社会主義的に生活する。人々はその言葉を、一緒にいろんなことをやるという意味に理解していました」。「作業班は、連帯感を生むものでした」。「従属しているのではなく、誰もがそこに溶け込んでいました」［Parmalee 1996：79-80］。

こうした気の合う仲間内では、工場食堂の食事のまずさ、消費財供給や保育所の不足などに関する愚痴をこぼし合ったり、さらには政治的議論も比較的自由にできた。「人々は、いつも班のなかで不平を言っていた。労働者は、企業の内部で圧力を行使されないですむ自由な空間をもっていた。転換点（壁の崩壊）まで、班の内部で議論がなされていた」。「われわれは熱心に議論しました。しかし、お互いに寛容なままでした」。

このように東ドイツの労働者たちには、作業班を通じて、利害代表、濃密な人間関係、相互の助け合いの場ができ上がっていた。こうした場が存在することになったのは、東ドイツが計画経済社会であったことが背景にあった。すなわち、労働組合の党の下部組織化、計画経済における企業管理の一般的弛緩、様々な生産隘路が前提条件となり、利害代表としての作業班の機能が生まれ、定着した。またこの機能、管理の弛緩、「社会主義的に生活する」ための余暇活動が相互に作用して、職場における仲間意識や助け合い精神を醸成させた。さらに、西ドイツでは一九五〇年代から起こった所得の急増、消費水準の向上、メディアの発達、モータリゼーションの進行などの条件が、東ドイツでは緩やかにしか整っていかなかった。その代わり、一定の収入増は作業班によるノルマ交渉を通じて得ることができ、班員であれば様々な物質的優遇を受けられた。余暇の個別化も遅れたが、その分、作業班による余暇の催しが歓迎された。モノ不足の下、班の誰かが代表して行列に並び買い物をしてくるという面まで、作業班を中心とする消費生活が浸透していたのである。

4　日本との比較から見えてくるもの

(1)　東ドイツはどの程度の経済水準だったのか？

一九八九〜九〇年に東ドイツ国民が望んだのは、西ドイツ市場経済との統一だった。ドイツ統一により、作業班は消滅した。ところが、市場経済化がなると、旧東ドイツ国民には、次のような思いが生まれるようになる。

「昔はよかった。いまは決してより良くなっているわけではない」。「統一前は、どの労働者も自分が影響力をもっていると感じていた」。「労働はもちろんつらかったが、私は働きに行くのが好きだった」。「私たちはよく日曜や土曜も企業で過ごしました。いくらかの仕事をしていました。それは私たちの企業でした。いまでは人は理解できないことでしょうが」。そうした思いの源は、作業班であった。作業班の「つながり」は、東ドイツ時代の最後まで残り続けたものであって、「多くの旧東ドイツ国民の思い出のなかでは、作業班に対して例外なく高い評点が与えられている」［Kleßmann 2007：448］。だが、作業班のような人間関係は、「ドイツ統一後には、職場でも終業後にも、もはやほとんど存在しないことでは、皆の意見が一致する」。「おのおのが自分の道を行くいまではすでになくなってしまった」。「人々はかつては作業班に組み入れられていたが、いまでは堕落した」［Parmalee 1996：78-79］。

旧東ドイツ国民のこうした思いは、市場経済への適応に苦しむ人々――計画経済下の働き方は現代市場経済下の効率追求にはそぐわないものだった――による過去の美化であって、単なるノスタルジーにすぎないと捉えるべき部分はたしかにあるだろう。しかし、クレスマンは、作業班に対する高評価にノスタルジーが入り交じっていることは認めつつも、一九五〇～六〇年代における同時代文書のなかでも、作業班に対しては労働者の肯定的な評価が際立っていることをまた重視する［Kleßmann 2007：448］。彼らの思いには、ノスタルジーとするだけでは捉えきれない何かがあると考えられるのである。

旧東ドイツ国民の回想には、「いまでは人は理解できないこと」、「いまではすでになくなってしまった」、「いまでは堕落した」など、いま（西ドイツ市場経済への吸収合併後）と東ドイツ時代を比較し、むしろ過去を上位と見るような意識が含まれている。それはなぜなのか。その理由は、やはり「つながり」の存在、とりわけその内容にあるように推測されるが、この内容を相対的に理解するための手がかりとして、以下で東ドイツと一九六五（昭和四〇）年前後の日本との比較を試みてみたい。

では、なぜ一九六五年前後の日本との比較なのであろうか。日本がわれわれに身近な存在だということはもちろんあるとしても、まずは、両者を経済統計によって比較してみよう。表4－1の一人当たりGDPの比較からは、東ドイツの一九五五～八九年の三四年間は、日本の五五～六六年の一一年間（高度経済成長期）の数値とほぼ符合していることが分かる。これは耐久消費財の普及率の数字でも同様である（表4－2）。東ドイツの三四年間は、テレビや洗濯機では日本の五五年～六〇年代とほぼ合致し、冷蔵庫や自動車では七〇年代へとずれ込む部分はあるものの、それでもおおよそ日本の六〇年代と同様の数値を示している。これらのデータは、その歴史を通じての東ドイツの経済水準が、日本の六五年前後までとほぼ同水準にあったことを推定させる。そして、その六五年前後の日本に注目すると、東ドイツの作業班と同様、職場に基盤があり、「つながり」にも寄与した組織――労音と、ＱＣサークルなどの小集団活動――も存在していたことに気がつく。六五年頃の日本も、昨今ノスタルジーの対象として語られることがあるが、以下でこれら組織の比較によって、それらの「つながり」の内容をあぶり出すことを試みたい。

(2)　労音との比較

労働時間外の余暇活動において作業班と類似性をもったといえる組織が「勤労者音楽協会」（労音）である。一九四九年の大阪労音の結成に始まり全国に広がった労音は、音楽鑑賞のための労働者の余暇団体であった。最低三人のサークルが単位となって労音に加入する形になっていたが、サークルは職場を中心に組織されたのであった。職場にできた組織でありながら労働組合への依存度は低かったが、このことは、労音が自主性を守り発展することにつながった理由だとされる。共産党の影響はあったが、人々は基本的には自発的に会員となっており、

表4-1　一人当たりGDPの比較

（マルク）　　（1990年ゲアリー＝ケイミス・ドル）

東ドイツ		西ドイツ		西ドイツ		日　本	
年		年		年		年	
1955	5,539	1947	*5,600	1947	2,763	1955	2,695
1960	6,560	1948	*6,470	1948	3,187	1958	3,200
1965	7,174	1949	*7,400	1949	3,642	1960	3,879
1970	8,489	1950	8,638	1950	4,281	1961	4,307
1973	9,546	1951	9,476	1951	4,651	1962	4,647
1975	10,154	1952	10,248	1952	5,046	1963	4,990
1977	10,862	1953	10,922	1953	5,438	1964	5,514
1985	11,788	1954	11,709	1954	5,797	1965	5,771
1989	11,829	1955	12,993	1955	6,431	1966	6,327

注：東ドイツの各年とほぼ同様の額の年を対応させたもの。東ドイツの1955、60、65年との西ドイツの対応値については、1970年のデータをもとに計算。
出所：Merkel/Wahl 1991, 52；A・マディソン 2000、12, 295, 298-99.

表4-2　耐久消費財の世帯普及率の変化

	東ドイツ		日　本	
	年	%	年	%
テレビ	1955	1.2	1955	2.8
	1960	16.7	1958	19.2
	1965	48.5	1960	44.7
	1970	69.1	1961	62.5
	1975	81.6	1962	79.4
	1980	88.1	1963	88.7
	1985	93.4	1966	94.1
洗濯機	1955	0.5		
	1960	6.2	1955	9.9
	1965	27.7	1958	27.6
	1970	53.6	1962	58.1
	1975	73.0	1966	75.5
	1980	80.4	1968	84.8
	1985	91.8	1970	91.4

	東ドイツ		日　本	
	年	%	年	%
冷蔵庫	1955	0.4	1955	1.1
	1960	6.1	1959	5.7
	1965	25.9	1958	27.6
	1970	56.4	1965	51.4
	1975	84.7	1969	84.6
	1980	99.0	1977	98.4
	1985	99.0	1978	99.4
自動車	1955	0.2	1960	1.2
	1960	3.2	1961	2.8
	1965	8.2	1965	9.2
	1970	15.6	1968	13.1
	1975	26.2	1971	26.8
	1980	36.8	1973	36.7
	1985	45.8	1976	44.0

注：東ドイツの各年とほぼ同様の普及率の年を対応させたもの。
出所：*Statistisches Jahrbuch der DDR*, 1990, 325.
内閣府『消費動向調査』。

党派による指導の枠を超えた組織であった。ピークとなったのが一九六五年で、全国で会員数六〇万人強、六万五〇〇〇サークルを誇る組織へと成長した［村上 1963：284；木下 2014：138］。

毎月の例会では、初期はクラシックのみ、のちにはポピュラー音楽まで取り上げた。会員は会費を支払い例会に参加できるが、労音が単なるプレイガイドと違うのは、例会を労働者自らが企画立案したり、合唱に参加したりできる点であった。例会を通じて、オペラやバレエ、シンフォニーを初めて生で見聴きした者も多かった。東京南部のある工場の年老いた労働者は、労音に入って、生まれて初めて前進座の歌舞伎「勧進帳」を見た。「今まで、死ぬまで歌舞伎なんか見られないと思っていた」という［山下 1965：72；坂本 1965：78］。このように、「高尚」かつ個人の所得では鑑賞が困難な文化に、安い会費によって触れることのできる点が、労働者にとっての労音の魅力であった。このことは、作業班による余暇の提供が、労働者にとって生まれて初めてのほかでは経験できない時間であったこととよく似た状況にあったといえよう。

労音の魅力は、例会以外の活動にもあった。「例会の合評会をサークルでやるときは、工場の食堂で昼飯を食べながらやります。みんなで話し合っている話がおもしろいから、労音に入っていない労働者も話し合いに加わってきて、話題は音楽のことから職場のこと、生活のことへとひろがります」。合評会だけでなく、サークル懇談会、フォークダンスの会、運動会、おでんパーティー、おしるこの会、レコード・コンサート、ハイキング、ダンスパーティー等々の行事が、地域労音などを単位に定期的に開催された。「地域との交流のなかで、他の職場の状態を知り、みんな仲間だとはげまし合って活動をしています」［坂本 1965：80］。函館労音での六五年の「歌のつどい」には四〇〇名の参加者があったが、その「二次会での話し合い、それはまず自己紹介から始まり、女性が年齢までしゃべります。するとそれに対する質問があちこちからとびます。職場に対する不満、政治に対する批判まで出ます」。「函館の例会に参加するためには、どうしても一泊しなければならない。函館での宿は、いつも会員の家です。そこで自分の育ってきたみち、労音のこと、サークルのこと、職場のことを徹夜で話しあい、お互いが学びあう」［赤木 1965：86-87］。このように、職場ないしは地域において、労音は単なる音楽鑑賞団体を超えて、参加者の「つながり」を生む組織となっていたのである。

ところが、労音は六〇年代後半に急速に衰退することとなり、七〇年の会員数はピーク時六五年の三割にまで激減する。高岡裕之は、この急激な衰退の要因は、高度成長の産物としての「大衆社会」化ないし「大衆文化状況」の到来にあるとする。すなわち、元来「文化運動」は、エリート文化と大衆文化、都市文化と農村文化など、文化の「二重構造」から生じる葛藤や不平等感をエネルギー源としていた。だが、高度成長期に、人々の生活へマスメディアが浸透し、経済水準や教育水準が上昇した結果、そうした文化の「二重構造」は消滅し、人々の趣味・嗜好は急速に多様化した。その結果、労音の会員となり、さまざまな音楽を系統的に聴くというスタイルは、若者に魅力のあるものとは感じられなくなっていったというのである［高岡裕之 2011：357-358］。長崎励朗は、より具体的に、六〇年代の大学進学率上昇による教養の価値自体の低下、六〇年代後半の大都市における地方出身者の減少といった点を衰退要因として指摘する［長崎 2013：195-197］。

東ドイツで作業班による余暇の提供が意味をもったのは、労働者所得の急増がなかったことを要因の一つとして考えることができるが、他方日本では経済水準の急上昇によって六〇年代に余暇が個人化したことが、たしかに労音衰退の重要な要因だと考えられる。前掲の表４－１によれば、高度成長が始まった五五年と比べると、労音が衰退を始めた六六年には、日本人の平均所得は二・三倍に成長していたことになる。表４－２からは、六六年にはテレビはほぼ全家庭が所有し、六〇年代後半から七〇年代初めにかけて、マイカーをもつ家も一一軒に一軒から四軒に一軒にまで増えている。七〇年四月の大阪労音による「余暇に関する会員調査」によれば、毎月の「おこづかい」は設問者の予想を上回る水準に達し、イタリア・オペラの東京公演を新幹線や飛行機に乗って聴きに行った者、「雪のあるところまでトコトン追いかけていき、スキーを楽しんできた」という者もいるほど、会員の所得水準は上がっていたのである[3]［山川 1965：76-77］。

　こうした点が労音衰退の基本要因だとしても、作業班との比較からは、もう一点を付け加えて検討しておくべきであるように思われる。それは、経営側からの管理の強化という点である。たとえば、労音の勢力が増大するにつれ、財界・経営者団体は労音に対抗する音楽鑑賞団体を創設した。一九五五年、東京には「日本芸能文化センター」（芸文）、大阪に「音楽文化協会」（音協）が創設された。音協は、入会金を労音の一〇〇円に対して五〇円に、月会費を労音の一〇〇円に対して七五円に設定し、同年一～四月の間に大阪労音では八〇〇〇人以上が大量に脱会したとされる。こうした動きは、さらに六三年に「東京音楽文化協会」、六四年には「全国文化団体連盟」の設立へと続き、これらは労音会員が希望する曲目や演奏家を意識的に取り上げ、演奏家には労音よりも高い講演料を払い、労音の例会にぶつけたり、従業員の音協への加入を推進するといった対抗戦略が展開された［長崎 2013：77：山下 1965：73：木下 2014：139］。

　個々の職場でも、労音に対する管理強化の動きがあった。東京南部のある工場では、「民謡ミュージカルというのを（中略）、会社の創立記念日の文化祭に社長のいる前でやったのです。職場の不満を替え歌にしたり、職制を諷刺したりしたセリフに満場の大拍手」を受けたものの、「会社側はだまっていなくなり、さっそく芸文のチラシを職場のなかで配り、「労音の活動をしているやつはアカだ」といったり、また芸文の券をただで配る」ことをした。「労音のポスターを食堂にはると職制にすぐはがされることがしばしば」。「会社側は友愛会（入社すると同時に入る組織）を通じ、野球部・卓球部・生花・碁・将棋・写真部と娯楽部をつくり、労働者の余暇をとりあげる方向にもってきました」。「一九六四年一二月に日本特殊鋼が倒産してから、職場では、よりいっそう合理化が強められ、残業は毎日七時三〇分まで強制され、月に一回の例会さえ参加できない状態に追い込まれはじめてきました」［坂本 1965：77-80］。

函館労音では、「音楽が好きなら会社でステレオを買ってやるから、労音だけにはいるな」と言われ、「参加した仲間のなかから、はなれて行くものも出てきました」。「〝アカ〟的な思想があると村の人々にいわれたが、そういうことは田舎で一番悪く思われているので、自分の将来を夢みる者は退会しました」。「サークルが動き出すと、職制をとおしていやがらせがはじまります」。「職場の青婦人層四〇名のうち、その八〇パーセントを労音に組織している金融機関のDサークルでは圧迫、中傷がつづ」いた［赤木 1965：85-89］。

一九六四年には社内で労音サークルが活発であった東洋鋼鈑では、若い女性たちは熱心にサークルに通った。この活動に会社側から管理が加えられるようになったのが六六年であり、生産性教育が開始されるようになってからであった［高度成長期を考える会編 2005：257］。同時期富士銀行でも、「女子行員にたいしては、労演、労音、各種「外部団体」」に「近づかぬようにする細かいチェックがなされるようになった」［熊沢 1986：45］。

高岡裕之は、六〇年代の会員・サークルの大部分を占めるようになっていたのは、個別の例会に対応した一時的「会員」による便宜的な「サークル」であって、労音衰退を、「六〇年代のなかばをほぼ画期として確立した生産的基礎過程における資本の労働者支配」の現れとみる下山房雄の見解を退けている［高岡裕之 2011：357；下山 1979：41, 53］。だが、上記の個別の職場の事例からすると、「はなれて行くものも出てきました」、「将来を夢みる者は退会しました」など、経営側の管理の結果「一時的会員」が増えた側面もあったのではないだろうか。「近づかぬようにする細かいチェックがなされ」、「残業が伸び、例会に参加できない状態になった」り、「会社側から管理が加えられるようになった」といった事例はいずれも六五年前後のことであり、労音に対する管理はやはり強化されていた。作業班への管理が徹底されなかった東ドイツとは、この点で対照的であった。

東ドイツの経済状態がなお低い水準（一九六〇年は日本の五八年並み、七〇年でも六一年並み）であったからこそ、作業班の余暇活動は労働者にとって大きな意味をもち、それを通じて、作業班は「つながり」の場として重要な機能を果たすようになった。八〇年代になっても、東ドイツの所得がほぼ日本の六五年並みに留まっていたという事実は、日本で労音が衰退を始める時期程度までしか所得水準が上がらなかったことを示唆する。こうした経済水準も背景にあって、作業班が東ドイツ国民にとってもつ意味は失われてしまうことがなかったと考えられる。また、作業班が自律性を発揮し始めると、東ドイツ政府はそこへの介入をいったん目指すものの、それは結局徹底されることはなかった。逆に日本では、労音の拡大に対応して、経営側から管理が強化されることとなった。「全体主義」的体制で、国民が極度に管理されていた社会だと理解されがちである「社会主義」東ドイツは、実は日本に比べて管理が行き届かない社会であったということもできる。(4)

(3) 小集団活動との比較

一九六〇年代半ば頃からの日本で、職場における組織として登場してきたのがＱＣ（Quality Control）サークル活動やＺＤ（Zero Defect）運動であった。これら小集団活動は、労働者の「やる気」を引き出すための管理手法として、この時期に職能資格制度と並んで大企業で導入され始めた。五～一〇人程度の労働者がグループを編成し、品質向上やコストダウンへ向けて、工程や作業を改善することを目標とする活動であった［上井 2001：81-93］。たとえば鉄鋼業では、一九六三年に神戸製鋼と日本鋼管の二つの事業所でＱＣサークル活動が開始され、六〇年代後半にサークルの数が急増した。ミーティングは月一、二回程度の開催頻度であり、現場作業員では参加率が九〇パーセントを超えた。定時間内の活動（会合）時間が半分を占めており、多くは作業の手待ち時間が利用された。時間外に開催される場合は、残業手当ないしは教育・会議手当が支給された［仁田 1988：32-39］。

活動への参加に関する上司の評価が、賃金額や昇進の速さに反映されるため、活動には、労働者は積極的な姿勢を示さざるをえないという「強制性」のあることは否定できない。とはいえ、多くの場合において、活動の結果、能率が「年間二〇パーセント向上」したり、不良品率が八分の一になるなど、生産性や品質の面でかなりの貢献があったことは事実である。また、労働者が、作業の管理に参画することで、知識を身につけ、技能を高めることができ、それによって仕事から「達成感」を得られるようになったことも指摘されている。「いやいややっている人も含めて、自分たちの仕事についても考えることになる」、「探求心が身につくから、その点では役立つ」［上井 2001：90-91；中村 1999：42-43；熊沢 1981：123, 130；浅生 1988：79］。

一九六八年のある労働者の日記には、以下のような気持ちが述べられている。「機械に仕事の質を握られ、作業スピードという量までも奪われている現実の生産機構のなかで、みずからの頭で考え、みずからの手による実験を通じ、そしてそのためにQC手法をみんなで学び、苦労した経験を一五分間で発表するにはどうしたらよいかを考え、上気しながら発表し、認められた、という一連の行為を〝労務管理だから反対〟で、加藤君の職場生活から奪うことは、はたしてよいことなのだろうか。ぼくは、二位になったよろこびを語り合う四名の仲間と、〝新労務管理反対〟を理論づける革新派学者との間でとまどいを感じる」［仁田 1988：64］。

労働者がこうした気持ちをもつことにより、「よろこびを語り合う四名の仲間」のように、小集団活動によって職場の人間関係が向上するという効果も生まれた。労働者が、活動の発表大会へ参加して、他工場の労働者との交流の機会を得、視野を広げることができるようになったこと。一九七四年の鉄鋼業の調査によれば、五四パーセントの者が活動を通じてチームワークがよくなったと回答していること。労働者間の意思疎通を促進し、「クレーンマンと玉掛者のトラブル」・「若年層と中高年層の意見対立」・「本社員と協力会社員の関係」を解消・改善することにつながったことなど、「協調の空気が盛上」がった事例は数多くあげられている。活動は、「技術革新、要員合理化、価値観の変動、マイカーなど生活様式の変化等の諸要因によって弱められている職場の面接集団的関係を補強することに役立って」おり、参加者からは「職場の井戸端会議のようなもの」との感想も述べられている〔仁田 1988：47, 62-63：熊沢 1981：121, 128〕。

作業班と小集団活動は、労働過程の向上に効果をもった点、職場の「つながり」に寄与した点、仕事や職場に対する労働者の「愛着」を生んだ点で類似性を有した。ただし、「労働密度の増大がかなりあきらか」で「労働にわずかに残っていた余裕を返上」させることなどもあった小集団活動と〔熊沢 1981：141〕、「ゆとり」を残し続けた作業班とでは、もちろん向上の中身には大きな隔たりがあった。また「つながり」の面でいえば、小集団活動における発表大会への参加は一部の者のみの経験であったし、小集団活動は「職場の面接集団的関係を補強」する「職場の井戸端会議のようなもの」であった。職場の「つながり」が余暇にも広がり、メンバー全員に経験が共有された作業班が、労働者にとっていかに意味の大きな組織であったかが理解される。小集団活動も仕事への一定の「愛着」を生んだが、一定の利害代表機能も有した作業班を通じて、東ドイツの労働者には、「私たちの企業」、「自分が影響力をもっていると感じていた」、「働きに行くのが好きだった」というまでの思いが生じることとなっていた。

5　おわりに——「つながり」を生む条件とは？

東ドイツは、資本主義的な視点からすれば非効率で、規律も競争も乏しい、成長が停滞した社会であった。作業班も、競争や効率性という視点から見れば、否定的に見るべき部分は多い。一九八〇年代になって経済状況が悪化した東ドイツは自壊し、西ドイツに吸収合併されたのであった。ただ、東ドイツは、労働者の「ゆとり」や「つながり」は維持された社会であった。作業班による労働過程の向上は、労働者の「ゆとり」を奪うほどのものにはなりえず、その「つながり」は職場でも日常生活でも人々を支えた。この「つながり」は、東ドイツが、労働者に対する管理が行き届かない社会であったために、労音と違って管理が強化されることにもならなかった。そして労働者たちは、「私たちの企業」、「自分が影響力をもっている」、「働きに行くのが好き」といった思いを有していた。

こうした東ドイツでの「つながり」の内容は、計画経済社会であったがために維持されたものといえようが、一九六五年頃までの日本の労音にも似たような「つながり」の自律性はあったように思われる。職場内の組織である小集団活動と、職場のみには限定されえない労音を直接つらなるものと評価はできないとしても、六〇年代半ばを境に、時期的にちょうど入れ替わるように登場・衰退した形となっていることは興味深い。日本では六〇年代半ば以降に、職能資格制度が導入され、小集団活動が「労働組合の職場闘争の衰退ときびすを接して台頭し」、「多くの労働が、なかまの汗のにおう共同作業から、一人ひとりが巨大な装置に孤独に向き合う営みに変わった」とされる［熊沢 1981：147, 156］。六〇年代半ばを境に、労働の「ゆとり」は減少し[5]、本章四節での検討からも、労働者の人間関係が「経営側の目が届く範囲外のもの」（労音）から、「経営側の目が届く範囲内のもの」（小集団活動）へと変化させる動きがあったように見える[6]。東ドイツの「つながり」は、六〇年代半ば以降の日本では減少していった――統一後のドイツにもすでになかった[7]――類いの内容を持っていたということではないか。だから人々は、「いまはなくなった」と感じたのである。

一九六〇年代半ばまでの日本と、その歴史を通じての東ドイツの経済水準（一人当たりGDPや耐久消費財普及率）は同程度であった。その程度は、職場の「ゆとり」や「つながり」が管理されすぎない形で残るような水準であったのではないだろうか。とするならば、東ドイツ時代に対する旧東ドイツ国民の思いと、高度成長期（とりわけ六〇年代半ばまで）に対する日本人の思いには、単なるノスタルジーではない、経済体制の違いを超えた同じものが作用しているのかもしれない。東ドイツの「つながり」のさらなる検証と比較考察は、それが何なのかをつまびらかにする作業となるのではなかろうか。

註

（1）作業班に関する最近のドイツの研究として、Reichel [2011]、Wolters [2013]。

（2）こうした点について足立芳宏は、「出来高給のノルマ設定は、それ自体でみればテイラー主義的な作業標準化による賃金設定と同じ発想に基づくものだろうが、労働者主権を掲げる社会主義的計画経済のもとではテイラー主義のような熟練の解体には帰結せず、逆に非熟練層の「熟練」待遇化――労働者天国――を現出させることによって、フォーディズムとは正反対の非効率な経済制度を作り出してしまったと読むことが出来よう」と解釈している［足立 2011b：217］。

（3）東ドイツでも、六〇年代には作業班による余暇活動が、労働者にとって生まれて初めての他では経験できない時間であったものの、日本の六〇年代にほぼ匹敵する所得が得られるようになった七〇年代～八〇年代には、余暇の個人化も進んだとされている。この点については、本書五章を参照。

（4）秘密警察による管理も、実はそれほど強いものではなかった。各企業における秘密警察の非公式協力者の割合は一パーセント程度であったとされるが、その大部分は企業の管理部門や研究部門に配置され、一般労働者への監視は、特別な行動（公式な場の政治的発言や西側への旅行など）をしない限りは、緻密なものではありえなかった［石井 2010：264］。ただし、特別な行動が秘密警察の介入を招く恐れがある社会では、気心の知れた限られた仲間内でしか、政治批判をも含むような気軽な会話ができる場は成立しがたかったがゆえに、作業班の「つながり」は、班メンバーとその家族以外へは広がるものではなかった点には留意しておきたい。その点で、労音のほうが「つながり」の範囲は広かった。

（5）ここで六五年頃までの日本人の働きぶりについて詳しく述べる余裕はないが、六〇年代前半頃を振り返った元銀行員は、「俺たちの頃は、大体三時にシャッターを閉めたらある程度仕事をし、その後、近所の子どもたちの野球のコーチをしていた」という［濱口 2013：230］。銀行において「合理化攻勢」によって仕事量が増え、「職場環境ががらりと変った」とされるのが六七～六八年頃である［熊沢 1986：51］。週六〇時間以上働く長時間労働者が全雇用者に占める割合（男性）は、一九六五年の一五パーセントに対し、八〇年代には二五パーセントまで迫った［森岡 1995：155］。トヨタでは、小集団活動の余裕がないほど職場が超繁忙になったために、八七年以降、活動が顕著に沈滞したと伝えられる［上井 2001：93］。六五年頃までは、「ゆとり」とまで表現できるかはともかく、労働の質的・量的な負荷は、現在と比べれば高くはないものだったようである。

（6）社内運動会が大企業に広まっていったのも六〇年代であったことなどは示唆的である。

（7）一人当たりGDP水準が、東ドイツおよび一九六〇年代の日本と同程度であった一九五〇年代の西ドイツないしは一九二〇年代末のドイツにおいて、作業班や労音と類似の組織が存在したのかは興味深い研究課題である。ちなみに一九二〇年代までのドイツでは、労働運動組織が余暇の文化活動を提供していたが、第二次大戦後の西ドイツにおいては、余暇の多様化・個別化が進み、労働運動組織が仲介していた余暇活動は徐々に意義を失っていったとされている［Steinbach 1992：83-87］。

第五章　東ドイツでの余暇活動
――休暇旅行の実態から

河合信晴

1　余暇の大衆化と休暇旅行機会の拡大

現在、日常生活において労働だけでなく余暇のもつ意義を否定するものはいない。しかし、大多数の人間が余暇時間を享受でき、その意義が社会的に認められるまでには先進国であっても、多くの時間を必要とした。一九世紀の初めにおいては、たしかに貴族層や市民階級は、余暇時間を確保することができ、教養を高め、社交に勤しんでいた。彼らの読書や体操といったサークル活動を行う組織は、私的な趣味の世界においてのみ重要であっただけでなく、政治権力を批判的にとらえる公的空間を生み出したとの評価もなされる［ハーバーマス 1994］。これに対して、労働者階級の労働時間は非常に長かったことから、仕事を終えて家路につく際、居酒屋でビールを一杯飲むひとときが余暇であり、飲酒が過ぎて喧嘩が生じることもあった。

ただドイツでは、歴史的にみて労働時間が削減されるに伴って、個人の私的関心事として余暇を各自の自由に任せるのではなく、組織化する傾向が強まった。その際、市民層は自らの階層内で共通の趣味をもった人々が集まるだけではなく、労働者の余暇行動を問題視して、市民道徳を彼らに教育するために余暇団体を作って引き入れようとした［井上 2001：268-270］。

労働者運動の側では、一八七八年、ビスマルク（O. von Bismarck）によって制定された「社会主義者鎮圧法」を契機に、社会主義政党が公に活動できなくなるなか、独自の余暇団体を結成して、それを隠れ蓑に労働者の階級的統合を図ろうとした。九〇年に社会主義運動が合法化された後も、余暇活動を行う結社は、労働者が集い共通の活動を行うことにより相互の連帯感を強化し、この社会集団独自の社会的・文化的価値観や環境である「労働者ミリュー」の形成に大きな役割を果たした［田中 2011：168-195］。

しかし、この時期の労働者層には、いまだ享受できない余暇活動が存在した。それは休暇旅行であった。休暇旅行はまとまった休みがとれることによってはじめて可能となるために、有給休暇日が法的に整備されず、さらには所得に余裕ができるまでは、労働者の手には届かないものであった。鉄道の整備に伴って、休暇旅行に出かけられる可能性が生まれ、旅行ガイドブック『ベデカー（*Baedeker*）』の発行が始まったとはいうものの、休暇旅行はあくまで市民までの上層階層が享受できるものであった［Koshar 2000］。

労働者が本格的に余暇を享受できることになったのは、労働時間の削減が進んでからのことである。ドイツでは一九一八年十一月の「中央労働共同体協定」（「シュティンネス・レギーン協定」）によって、労使の間で一日八時間労働の合意をみた。その後、ヴァイマル時代の二三年にはこの協約は、法的な規制にとって代わられ、一日八時間以上の労働が認められたものの、労働時間は実質的には減少していった。そして、ナチス政権下三八年には、四八時間労働が規定され、有給休暇制度が確立した［矢野／ファウスト 2001：80, 85, 95］。ナチスが「ドイツ労働戦線」内部に設立した「歓喜力行団」を通じて、クルーズ船による休暇旅行を労働者層に提供した際、彼らは階層を超えてドイツ人としての一体感を得たといわれる［田野 2007］。

なお、他のヨーロッパ諸国では、ソ連においては週四八時間制が一九一八年に法的に定められ、フランスでは一九年に一日八時間労働制が導入された後、三八年には週四〇時間制が実現している。第一次世界大戦後に設立された国際機関である「国際労働機関」（ＩＬＯ）の一九年の条約では、この四八時間を求めており、労働時間の削減は国際的な関心事になっていたといえる［日本ＩＬＯ協会編 1998：75］。

第二次世界大戦後の西ドイツにおいては、一九五〇年代後半になると法律で定められた上限である四八時間ぎりぎりまで、実質的な労働時間は増加した。それに対して、労働組合は五五年には行動プログラムにおいて、週四〇時間制と週休二日制の導入を強く要求した。その結果、金属労組では六七年に入り四〇時間労働制・週休二日制が実現した。また、六三年には一五から一八日の休暇が法的に認められた［Bundesministerium Hrsg. 2005：258；2007：20, 180, 275］。こうして、人々は自分の意思に基づいて自由に使用できる時間を多く確保することとなった。

この時間的な余裕にくわえて、一九五〇年代後半から、西ドイツにおいては「経済の奇跡」と呼ばれる経済成長が本格化して、完全雇用が達成されると同時に、労働者層の可処分所得が増大した。時間と物質両面における余裕が増加するなかで、旅行産業が興隆して休暇旅行の大衆化が進んだ。また六〇年代に入り、社会のモータリゼーション化が進展したことで、休暇旅行は家族や個人ごとに楽しむ私的性格をもつものとなっていった。

では、分裂国家のもう一方の当事者である東ドイツにおける休暇旅行の実情とはどのようなものであったのであろうか。本章の課題は、東ドイツ社会における日常生活の一端を明らかにすると同時に、社会主義体制下における余暇がもった意義を論じることにある。人間は余暇において、時間と活動の両面での自由を手に入れて、自らが望む精神的・物質的な充足を得ることができる。それゆえ、余暇は人間の活動領域のなかで、私的な性格をもつと一般には理解されている。しかし、東ドイツにおいては、休暇旅行の斡旋は私企業ではなく、労働組合や企業によって行われていたことから、何か問題が生じた際、私人間の経済問題として処理されるのではなく、政治問題として議論される可能性をもっていた。東ドイツにおける余暇を休暇旅行のあり方を通じて検討することは、私的世界に対する政治権力の浸透がいかなるものであったのかについて知り、労働とは異なる側面から社会主義体制下における社会の内実を理解することになる。

2　余暇認識の成立

(1)　一九五〇年代の日常生活

東ドイツにおける休暇旅行のあり方を具体的に考える前に、この国の余暇に関する見方と経済状況を確認して、社会主義体制下の東ドイツにおいても、余暇が日常生活の一コマとなっていった過程を明らかにする。

東ドイツ社会が労働ないしは生産活動を中心にして日常生活が営まれていたことは、本書の第Ⅱ部第三章、第四章からも確認できる。終戦直後から一九五〇年代半ばまでは、労働時間規制として、四七年に四八時間制が導入されていた。とはいうものの、経済復興の必要性から、ＳＥＤは人々に労働を促すことを重要視していたため、いまだに実質的な労働時間は長時間におよんでいた。ただ、東ドイツでは職場で勤務していることは、生産活動に従事していることを必ずしも意味していたわけではない。資材不足や労務管理の不徹底によって、労働をしていない時間が多く存在しており、その間、労働者は待機せざるをえない状態にあった［石井 2010：144, 166］。逆にいえば、資材が届いた際には、突貫で経済計画達成のために働かなければならなかった。労働時間が非合理的に利用されていたことからも、労働者は労働時間の削減を絶えず要求していた。

一九五〇年代の東ドイツの日常生活は、ＳＥＤが福利厚生政策を実施する対象に職場を据えていたことから、この場を中心にして営まれていた。この時期、ＳＥＤは消費財生産には熱心でなく、街の商店への供給は軽視されていた一方で、職場の購買所における商品供給は、労働者に生産をうながすためもあって配慮されていた。また、ＳＥＤは生産性の向上に貢献した労働者に対しては、職業教育を受ける機会を提供し、休暇旅行に出かけられる特典を与えていた(1)。

さらに同時期、労働者の職業能力の向上と教養を高めるために、ＳＥＤは重点産業部門の大企業に「文化会館」と呼ばれる施設を設置した。労働者はこの施設において勤務時間後、文化サークル活動に参加することができた。たとえば、ロストック・ネプチューン造船所においては、それ以前から活動していたビリヤード・読書・図画といったサークルが、一九五一年以降この施設を使用できることとなった。五八年には、一三のサークルがこの「文化会館」において活動していた［Alheit/Haack 2004：311］。ただ、「文化会館」における活動は、労働者が職業能力を開発するなかで、教養を身に着ける機関として、労働組合の指導部にはみなされていたといわれる。ＳＥＤにとっては、作業班や「文化会館」での活動は、人々を労働に動員するための手段であり、当局は余暇の充実を本来の目的として、考えていなかったのである［Schuhmann 2006：160–161］。

(2)「自由な時間」と「余暇」

ＳＥＤが余暇活動の充足を図りながらも、これを余暇への対処とはみなしていなかったのは、この当時、体制内で余暇認識が確立していなかったことにもとづく。一九五〇年代には、戦後復興という経済的な必要性のみならず、ＳＥＤはマルクス（K. Marx）が提示した労働に関する議論を重視していた。余暇は労働者が労働力の回復を図るために必要な時間であり、資本主義体制下においては必要とされるものの、社会主義体制では独立の日常生活の領域を構成するものとはみなされてはいなかった。むしろ、労働者は労働を通じて、それぞれがもつ豊かな職業能力を発揮することにより、自己実現を図ることになると認識されていた。ＳＥＤはそのための労働外時間を、余暇ではなく「自由な時間」と位置づけていた。作業班の就業外時間の行動や文化会館での活動は、この「自由な時間」に属するものと認識されたのである。

しかし、労働者からの労働時間削減の要請が収まらなかったことから、SEDは四八時間労働を超えて、一九六〇年代後半まで、さらに労働時間を減少させていった［Hübner 1995］。その結果、職場から切り離されて、個人や家族ごとに利用できる時間が増加することとなった。そこで、これまでの職場における対応だけでは限界が生じ、再度、SEDはこの労働外時間を位置づけなおす必要を認識せざるをえなくなった。さらには、社会主義体制では市場を通じた自由な経済活動ではなく、中央政府の経済計画によって、財やサービスの供給が決まるために、政治体制がこの時間の増加に対応しなければならなかった。また、SEDは東ドイツに暮らす労働者の真の利益を理解しているがゆえに、政治支配を行っているという考え（前衛党理論）から、自らが増やした労働外時間の意味を社会に向かって提示する必要があった。そこで、一九六五年から六六年にかけて週休二日制が導入された際、SEDは独立した時間として余暇を位置づけ、この時間への対処方針を明らかにした［河合 2015：93-94］。また、東ドイツにおける余暇とは、社会的にも有用な活動を行うための活動としてのみならず、個人の趣味や関心を充足させるための活動であるとも規定された。こうして余暇は労働とは異なる独立した問題として認識されることとなったのである。

3　「不足の社会」下における余暇

(1)　労働時間と所得の推移

余暇に対する認識が明確になった背景には、労働時間の削減があったわけだが、これは余暇を享受するために必要な前提条件でもある。また、一人ひとりの所得が増加していることも余暇活動を豊かなものとするための重要な要素である。

東ドイツにおいては、すでにソ連占領時代の四六年に、ソ連軍政部命令五六号において四八時間労働制が、翌年の命令二三四号において、最低有給休暇一二日制が導入された。その後、日中の労働時間は五六年から五七年にかけて、四五時間へと削減された［河合 2015 : 60］。ただし、月曜から土曜にかけて一日当たりの就業時間が減少したとしても、人々は就業後に一時間から二時間の時間的余裕を得るにすぎず、この時間が本格的な余暇の充足を可能にしたわけではなかった。

しかし、一九六五年から六六年にかけて週休二日制が導入された後には、勤務時間後だけでなく週末に利用できる時間が増加した。その際、最低有給休暇日数も一五日へと拡大されている。人々の間で本格的に余暇活動に対する余裕が生まれて休暇旅行が普及することになったのである。その結果、六〇年代後半においては、作業班に代表される職場集団が一人ひとりの労働外時間を規定することは少なくなった。それまで職場を中心にして展開されていた人間関係が変化し、家族や友人ないしは一人で過ごす時間の意義が高まったのである。これには、SEDが経済政策を転換したことも影響を及ぼしていた。

一九五〇年代後半、東ドイツでは経済的な苦境が原因で、多くの人々が西ベルリン経由で逃亡していった。これに対して、SEDは六一年八月、ベルリンの壁を構築して、物理的に西側から国民を遮断することによって、はじめて体制の安定を図ることができた。その後、西側に差がつけられた経済状況を改善するために、ウルブリヒト（W. Ulbricht）は、六三年に入って、計画経済体制の改革に乗り出した。この政策は「計画と指導のための新経済システム」（NÖSPL）と呼ばれ、企業に経営の裁量を一定程度与えるものであった。この自由な企業活動によって生み出された利益は生産性向上、経済発展のための梃子として位置づけられた［Steiner 1999］。各企業は利益をあげてそれを再投資するだけでなく、労働者にこの利益を配分することが自らの判断で可能となった。その結果、労働者一人ひとりの賃金は六〇年代を通じて上昇した。

とくに、日々の支出予定が決まっている生活費以外の可処分所得を増加する役割を果たしたものが、ボーナスの支給であった。それまで生産性を上げた場合の報奨として、一部の労働者に与えられるものであったボーナスは、労働者すべてにまんべんなく行き渡るものとなった。支払われた額は、一人当たり月給の約六割を占めた。もともとは、このボーナスは月給に上乗せされて分割して支給されたために、一ヵ月当たりで得られる金額は多いわけではなかった。しかし、一九六七年二月から三月にかけて、この賞与は期末にまとまって支給されることになった。それによって、労働者にとっては、普段の日常生活に使用される以外の自由に使用できる金銭が増加した。余暇活動を行うための条件のうち、時間ならびに金銭的な余裕が生まれることで、人々は耐久消費財や余暇財に関心をもち始めたのである。

(2) 消費財の「不足」と余暇

耐久消費財のうち、洗濯機や掃除機は家事労働の負担を軽減し、余暇時間を間接的に増加させる。また、テレビや自家用車は余暇活動の充足をもたらすものでもある。SEDは「新経済システム」期の消費政策において、食品をはじめとした生活必需品ではなく、衣服を中心とした工業製品、そしてこの耐久消費財に対する購買意欲を高める方針をとったため、人々の関心は非生活必需商品に向くこととなった［斎藤 2007：218］。

ただし、東ドイツにおいてはコルナイが述べる「不足の経済」が消費財供給に関しては深刻であり、一九五八年に配給制が廃止されながらも、消費財の不足は慢性的なものになっていた［Kornai 1992］。人々は供給不足をあらかじめ想定して、必要としなくとも物資を蓄積する行動様式をとっていた。この行動が「不足の社会

（Mangelgesellschaft）」と呼ばれる独特の社会状況を生み出した。「不足の社会」では、物資やサービスは慢性的に不足しているだけでなく、物資がある場合には不足に備えて確保しておこうとする行動が促されたために、必要のない時・場所に特定の物資が偏在することになった。

ＳＥＤは耐久消費財と食料品等の基礎消費財との間に価格差をつけて、高所得を得ている人々の購買力をそぐために、耐久消費財の価格を高く設定した。彼らはその収益を、基礎消費財の値段を安くする目的で転用する消費政策を実行した［斎藤 2007：221］。それゆえ、西ドイツと比較したときには耐久消費財の普及率は低くならざるをえなかった。

その結果、各企業は利益率が低い低価格製品の生産から、高価格製品へと生産をシフトさせた。東ドイツでは、需要にあった商品の供給がなされずに、供給側の事情によって商品の価格と提供量が決められていたのである。それゆえ人々は、外出する際には突然商品が提供される状況に備えて必ず買い物袋をもって出かけ、また、自らが余分にもっている商品については周りの人々と分け合うなどの独特の行動様式をとった［Merkel 1999：277–297］。

東ドイツでは、余暇活動もこの「不足の社会」を踏まえたものにならざるをえなかった。余暇時間が増加しながらも物資が不足していることから、人々はこの空き時間を、消費財生産のために用いて、日常生活を改善しようと行動した。女性は既製服の色が合わない、サイズが合わないといった不満をもっていた。彼女たちは、生地を手に入れて裁縫をすることに余暇時間を使った。ある報告書によれば、東ドイツの成人女性の半数は自ら製作した服を所有していたといわれる。男性は壁塗りなどの日曜大工に余暇時間を費やした。これは、住居の修繕を頼んでもなかなかやってこない状況に対応した行動であるだけでなく、自分の好みにあった形に住居を整えたいとする欲求にもとづいていた［河合 2015：155–159］。余暇活動を通して東ドイツにおける不足をみると、モノの量ではなく、一人ひとりの人間の異なる欲求を充足させるといった質を実現できないことが問題となっていたと理解できる。

また、「不足の社会」のなかで消費生活を送るにあたって重要な役割を果たしたものが、小菜園における畑仕事であった。もともと、ドイツでは「シュレーバー農園」と呼ばれる日曜日に都市郊外に設けられた小さな菜園で園芸をおこなうことが伝統的に盛んであった。この活動が東ドイツ建国以後にも継続し発展したのである。というのも、配給制が一九五八年まで続くなかで、とりわけ果物、キャベツやレタスといった葉物野菜は不安定にしか供給されなかったからである。人々は食糧の不足を補完するために自ら畑仕事に勤しんだ。ＳＥＤはこの小菜園の活動を管理するために独自の大衆団体、「小菜園連盟」（ＶＫＳＫ）を創設し、この団体は小菜園区画の割り当て、種や肥料の販売、生産物の供出について責任を負った［Dietrich 2003］。

以上の消費や余暇の行動からは、一九六〇年代後半に、個々人がそれぞれの欲求を追求する個人化が、東ドイツ社会内部で進んだといえよう。ただ、この個人化は、大量消費社会の到来によって実現したものではなかった。むしろ、「不足の社会」に対応するために、職場や親戚、近所の住人との間での人間関係の重要さは失われることはなかった。五〇年代までに東ドイツ社会で構築された「つながり」である相互扶助の関係は、その後も維持されたのである。また、小菜園の活動を監督するために、独自の大衆団体が結成されて、ＳＥＤが介入する手段をもっていたことも、この国の余暇シーンを特徴的なものにしている。そのために、西側とは異なり東ドイツにおいては、余暇は社会的な関心事となったのである。

4　休暇旅行の実態

(1)　休暇旅行の斡旋方法

以上の記述からは、東ドイツの余暇活動が西側と同じく、私的な利益を充足する意義をもちつつも、「不足の社会」に規定されて、特有な条件の下で展開されたことが理解できる。第二次世界大戦後、西側で大衆化した休暇旅行は東ドイツにおいても、一九六〇年代後半以降に普及したが、「不足の社会」のなかで、どのような形で実践されていたのか。ここでは、休暇旅行の斡旋メカニズムを取り上げて、政治と余暇との関係を詳しく検討する［河合 2015：177 以下］。

東ドイツでは一九四九年、建国の際に作られた憲法の第一六条において、「保養の権利」が勤労者に認められていた。また、六八年にこの憲法が改正された際にも、第三六条において「余暇と保養の権利」が規定されており、ＳＥＤにとって「保養政策」は政治的な課題として位置づけられていた。この政策は、保養旅行の斡旋とそのための施設の建設、さらにはサービスの提供を行うことにあったが、「社会政策」の一部を構成するものとされた［Winkler 1989］。東ドイツにおいて「社会政策」は、貧困に代表される社会問題への対応としてだけではなく、生活の豊かさを幅広く保障するものと理解されたのである。

一九六一年制定の「労働法」は、労働者向けにこの「保養政策」を担う組織として、自由労働組合総同盟（ＦＤＧＢ、以下、労働組合）と企業を想定していた。東ドイツではこの二つの組織が、主に、休暇旅行の手配をする旅行会社の役割を果たしたが、ほかには「国営旅行公社」（Reisebüro der DDR）、青少年向けの「観光ならびにハイキング国家委員会」が存在していた。くわえて、「国営キャンプ場」が宿泊施設を補完する役割を担っていたが、

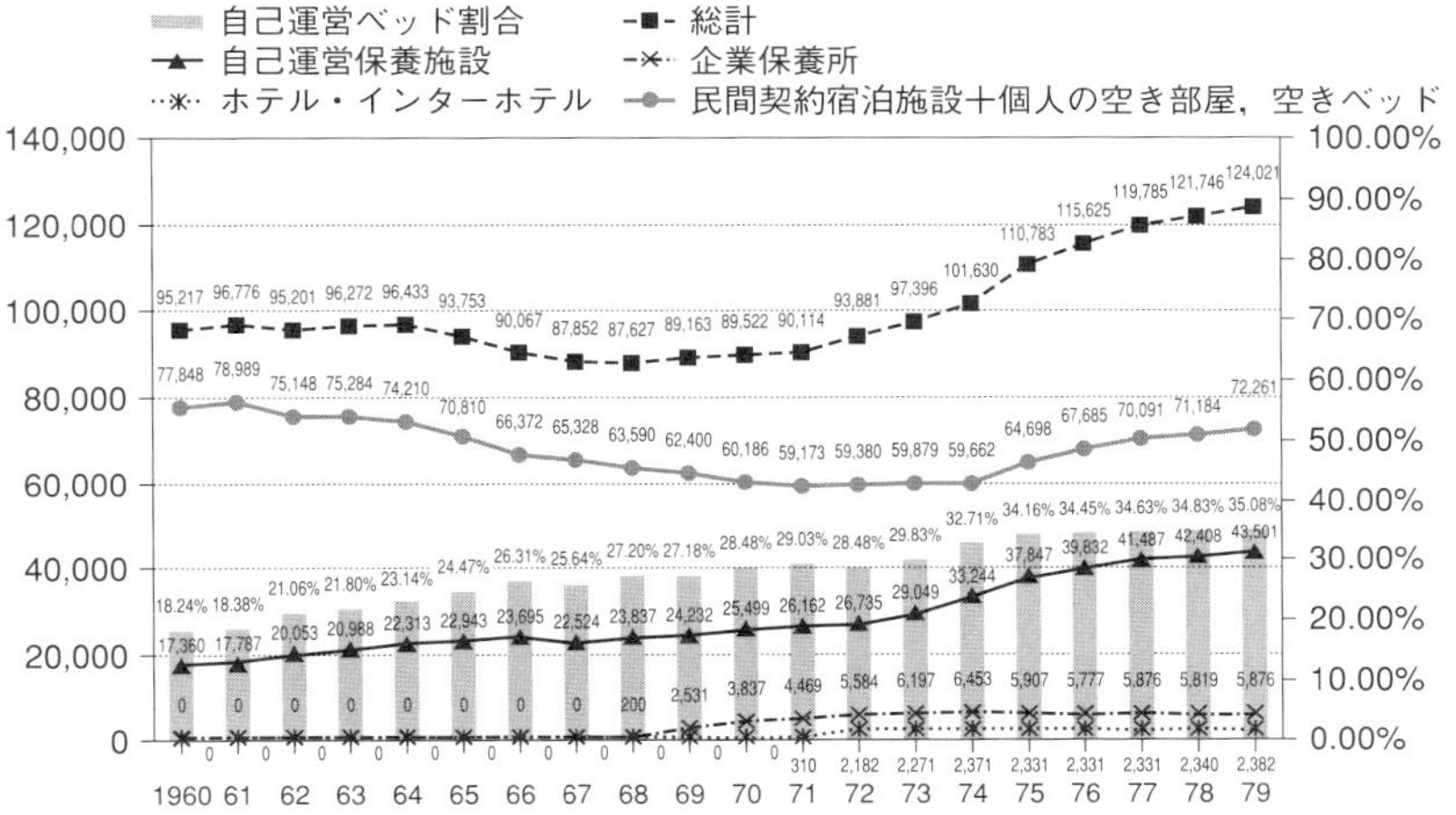

図5-1　FDGB休暇サービス管理保養施設数の変遷（ベッド数）

これは地元の郡当局が管理していた。

　これらの組織のうち、「労働法」において労働者の「保養の権利」を実現するための主導的な組織とされたのが労働組合であった。労働組合は一九四七年、早くも保養活動を斡旋する組織として、「休暇サービス」（FDGB-Feriendienst）を設立した。この組織は、自己で所有する保養所が少なかったものの、七〇年代までに、管理する保養所の数を徐々に増やして、全体の半数を超えるまでになった。しかし、ベッド数においては、依然として利用総数の三〇パーセントを所有しているにすぎなかった。その結果、七九年段階においても、「休暇サービス」が提供する休暇旅行数は、全体の二五パーセントを占めるにとどまった。

　「休暇サービス」が保有する保養施設の不足は、一九六六年以降になって、深刻さを増した。というのも、この年以降、完全週休二日制が実施されると同時に、最低の有給休暇日数が一五日に増加したことによって、休暇旅行に出かけられる可能性が高まったからである。「休暇サービス」は四八年の設立以降、不足していた保養施設を補完するために、企業保養所や保養地の住民の空き部屋・ベッドを借り上げて利用していた。しかし、六〇年代後半になると、企業保養所、民宿ともに「休暇サービ

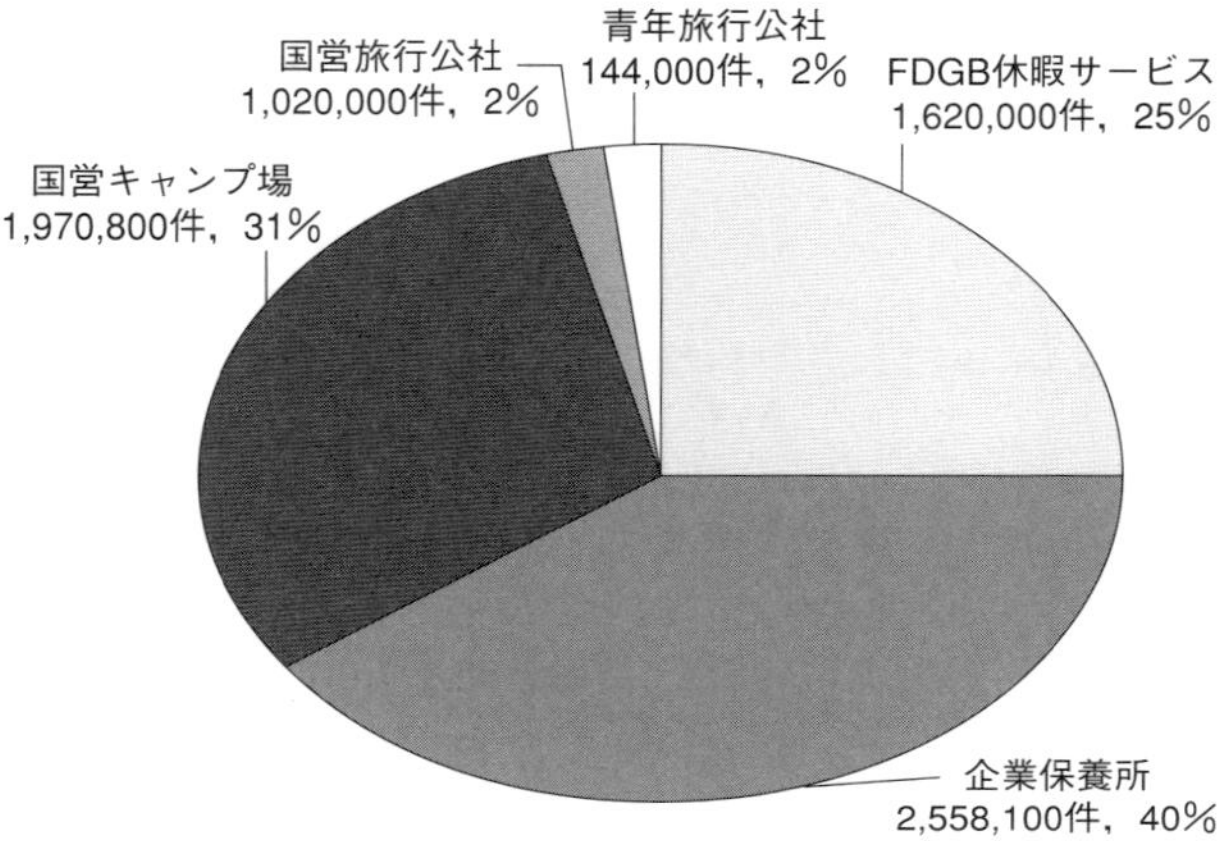

図5-2　保養旅行斡旋機関（1979）

ス」への協力を惜しんだために、この借り上げ契約による休暇旅行の斡旋がうまく機能しなくなったのである。

これに対して、もう一つの「保養政策」の担い手であった企業保養所は、一九五三年、各企業に保養所の建設が許可されて以降、着実に休暇旅行者の収容可能数を増加させた。その結果、SEDの予想とは異なり、休暇旅行の約四〇パーセントが企業保養所によって斡旋されることとなった。しかし、この保養所を運営できる企業は、経済政策上重視された重工業部門の大企業であった。これらの企業は国から「文化・社会基金」と呼ばれる予算を、生産活動のための予算とは別会計で割り当てられており、その一部を保養所建設に利用することができたのである。ただし、それぞれの企業によって建設された施設を利用できるのは、その企業に勤めている労働者とその家族だけであることから、斡旋申し込み件数は限られていた。そのために、企業保養所ではシーズン中はともかくも、年間を通してみれば空きがあった。

SEDはこの企業保養所の空き部屋・ベッドを「休暇サービス」に利用させることによって、大企業に勤める人以外の「保養の権利」を実現できると考えていた。「休暇サービス」は、労働組合の組合員とその家族を対象として休暇旅行の斡旋をすることを求められていたことから、ほぼ国民全員が「休暇サービス」に申し込みをする資格をもっていた。というのも、労働組合には東ドイツで就労していた人のほとんどが加入することになっていたからである。この仕組みでは、大企業の従業員は自社の保有する保養施設と「休暇サービス」の両方に休暇旅行の斡旋を依頼することができたが、その反面、中小企業の従業員は、「休暇サービス」の斡旋だけを頼りにしなければならなかった。休暇旅行の需要が増加するなかで、自社で保養所を運営している大企業の従業員からも、斡旋申請が提出されたために、「休暇サービス」には過剰な負担がかかったのである。

東ドイツでは、補助金が支払われることによって、企業保養所と「休暇サービス」のいずれを利用したとしても、旅行にかかる費用は低く抑えられていた。これは労働者の所得に関係なく、休暇旅行に出かけられることを意味していた。所得によって休暇旅行を享受できるかどうかについて格差が生じない以上、この機会は公平な形で提供される必要があった。

(2)　休暇機会の不公平

一九六六年以降、ＳＥＤの「保養政策」においては、休暇旅行の機会の公平性を確保する措置として、企業保養所が「休暇サービス」に対して協力することを義務化した。さらには、「休暇サービス」は国民全体の「保養の権利」を実現するための組織と位置づけられていたことから、ＳＥＤは休暇旅行の斡旋をこの組織に一元化しようとした。

ただ、この政策方針は、「休暇サービス」が独自に運営する保養所を新規に建設することを重視していなかった。ＳＥＤは空いている企業保養所の稼働率を高めることによって、多くの人々が休暇旅行に出かけられるようにしようとした。そのために、一九六四年と六七年の二回にわたり、「休暇サービス」が主体となって有名保養地において、企業保養所の空き部屋・ベッドを一元的に管理する実験を行った。しかし、企業保養所側が協力を拒んだために、この実験は失敗することとなった。企業側は保養施設の一元的な管理のみならず、空いている施設の貸し出し契約の締結さえも拒否したことから、「休暇サービス」の斡旋能力は低下せざるをえなかった。その結果、五六年には、五人に一人が「休暇サービス」の斡旋を受けられていたものが、七〇年には七人に一人へと減少することになった。また、企業保養所の利用率は年間七五パーセントであり、まだ空きがあった一方で、「休暇サービス」の保養所の利用率は九五パーセントで、ほぼ満杯の状態となっていた。

一九七〇年代に入ると、SEDはこれまでの保養施設の建設抑制方針を撤回し、「休暇サービス」が所管する施設の新規建設を進めた。この方針は七二年三月に、SED・閣僚評議会・労働組合の三者による休暇旅行に関する共同決定として公表された。その際、六〇年代に失敗した保養所の一体運営を目指す方針も再度確認された。この共同決定は東ドイツの人々を公平に取り扱うことを目指したものであったが、人々が抱いた印象は異なっていた。それまで不利な取り扱いを受けてきた軽工業やサービス業に従事していた人々は、この措置さえも、重要産業の労働者を優先的に取り扱うものではないのかと批判した。軽工業やサービス業に従事する人の多くは女性であったために、休暇旅行の機会を得られるかどうかについては、女性差別とみなされるおそれもあった。

SEDはこの企業保養所が「休暇サービス」への協力を忌避する事態を抜本的に解決すべく、一九七八年一一月に政治局において、企業保養所の新規建設を禁止したうえで、今後は「休暇サービス」が保養施設の建設や修繕のみならず、旅行者の割り当てに至る管理責任を独占的に担うとする法律を決定した。SEDは各企業が保養所を次々と開設し、自社の福利厚生の充実を図るために、生産に投入できる労働力を利用していることを批判した。「保養政策」は「休暇サービス」が主導することが望ましいとの見解が確認されたのである。しかしながら、翌七九年六月、政治局では保養政策に関する議題が再度とりあげられた。その結果、すでに建設がなされて、各企業によって管理されている施設については、これまでどおり、企業保養所として運営がなされることとなった。この事例からは、企業代表者の巻き返しを想定することができる。

ＳＥＤが政治局レベルで保養政策について詳細な議論を展開しているのは、この問題が単なる行政上の不手際への対応ではなかったことを意味している。休暇旅行の斡旋にまつわる不公平を、彼らは社会主義体制の正統性にかかわる政治問題として認識していたのである。

「休暇サービス」と企業保養所の協力関係をめぐる争いは、もしそれぞれの企業内で施設の割り当てが管理され、たとえば、それぞれの現場から何名ずつ、ないしは作業班や作業集団（コレクティブ）ごとに休暇に出かけるとするならば、問題を引き起こす可能性は少なくなる。しかし、休暇旅行に職場ごとの集団で出かけることは、一九六六年の週休二日制導入以降にはみられなくなり、「休暇サービス」や企業保養所の斡旋申請は、個人ないしは家族ごとになされていた。休暇旅行を斡旋する機関は、この余暇活動の個人化に対応すべく、個別に上がってくる申請を適確に処理する必要があった。しかも、「保養政策」を独占的に担う以上、これらの組織は「保養の権利」を実現する責任を負わざるをえなかった。そのために、企業保養所は自らの運営する保養所の稼働率を低めに抑えて、自社従業員のために、宿泊場所を確保しようとした。その一方で、「休暇サービス」は増え続ける個人からの申請に対応するためにも、より多くの宿泊施設を契約によって確保し、さらには自己の管理下にすべての保養施設を移管させるべく行動した。これらの動きは、いずれも余暇の個人化に対応するものであった。

（3）「ふつうの人びと」と休暇旅行

では、休暇旅行の機会をめぐり不公平が生じて保養施設を確保できない事態に対して、東ドイツの人々はいかなる対応をしたのであろうか。彼らは公的な機関に休暇旅行の申請を提出し斡旋を受けるだけでなく、各々がそれぞれのコネクションを利用して宿泊場所を確保しようとした。休暇先としてもっとも人気の高かったバルト海の保養地では、地元住民が空き部屋・ベッドを旅行希望者に対して貸し出すか、お互いに部屋を交換する行為が横行した。この公的な斡旋機関を通さずに自ら旅行先を手配することは、法律上、禁止された行為ではなかった。「休暇サービス」に対する申請がうまくいかない状況が、旅行の個人化を推し進めることにもつながったのである。

この闇貸しが盛んになったために、地元住民と「休暇サービス」との間の宿泊施設提供のための契約が破棄される事態が多発した。契約解除の件数は、バルト海の保養施設に関しては、一九六〇年代末期から七〇年代にかけて、約一〇〇〇件に上った。

この闇貸し契約は「休暇サービス」に貸し出すより、賃料が高かったことから、保養地の住民は貸し出し先を変更することにしたのである。しかし、それ以上に「休暇サービス」との貸し出し契約では、契約を履行されるかどうかに関して信頼性が乏しかった点に問題があった。「休暇サービス」の斡旋にもとづいて利用する旅行者に関しては、突然になって宿泊キャンセルが生じることが多く、確実には賃料がとれないことも考えられた。

闇貸しを可能にしたのは、親戚や友人の伝手といった私的ネットワークであるが、地元紙に掲載される「個人広告（Kleinanzeige）」も人々をつなぐ重要な役割を果たしていた。たとえば、一九七〇年一月二六日付、ロストック県のSED機関紙「オストゼー新聞」には、宿の貸し借りに関する広告が六件見受けられる。この個人広告を募集する広告会社に対して、県当局は「休暇サービス」向けの宿の賃借契約を減少させることになっているために、管理の徹底を図ることを要請した。また、七一年、この県では宿の闇貸しを禁止する通達を出して、貸し出し可能な部屋やベッドを把握するために、住民に届け出を提出することまで義務づけた。しかし、有名保養地の一つであるリプニッツ・ダムガルテンでは、登録可能とされているベッドのうちで実際に登録がなされたのは二六パーセントにとどまっていた。その際、地元住民は登録を行わなかった理由について、ベッドのやりとりは決して金銭関係が伴う契約として行われているのではなく、無償で交換をしているだけだと説明した。この行為は法律や通達で禁止されているものではないため、地元政府は無理やり空きベッドを「休暇サービス」のために使用させることはできなかったのである。

そのほかにも、保養地に居住する人々は、有利な条件で空き部屋・ベッドを貸し出すことができた。各企業は「休暇サービス」の割り当てが少なくなるなかで、自らの従業員のために宿泊施設を手に入れるべく、直接、保養地の住民との間に借り受け契約を締結した。むろん、この契約は法律違反でないばかりか、良い賃料を受け取れること、また、毎年宿泊先を確保しておきたい企業は、空き部屋が生じないように配慮をするなど、信頼関係を持続させるものであったことから、住民はさらに「休暇サービス」に対する貸し出しを拒むことになったのである。

(4)　キャンプ場の役割

東ドイツにおいては、斡旋方法が休暇旅行の個人化に対応できるものではなかったために、多くの人々は、申請が集中する「休暇サービス」の保養施設を利用できない可能性が大きかった。そこで、勤め先が保養施設をもっていない場合、各保養地のキャンプ場を利用した。キャンプ場が保養施設の不足を補完する役割を果したのである。

このキャンプ場の斡旋メカニズムには、「休暇サービス」は関与していなかった。当初、地元の郡当局がキャンプ場の利用申請の許可を与えていた。そこで、人々は郡をまたがっていくつかのキャンプ場に申請を出すことによって、旅行先を確保することを試みた。これは郡相互の連絡調整メカニズムを欠いていたために可能な方法であった。この結果、人気のキャンプ場は満杯になるものの、そうでないところにはハイシーズン中でも空きがあるという状況が生まれた。

この事態に対応するために、一九六二年に入り、ロストック県においては、県内のすべてのキャンプ場の斡旋を行う「バルト海・テント場斡旋機構」が設立された。これによって、各郡はキャンプ場の管理・運営を担うものの、斡旋申請には関与しなくなった。申請を一括して取り扱うことにより、キャンプ場の収容能力を確実に利用することが期待されたのである。しかし、現地のキャンプ場では正式の許可を受けないで訪れた人が、テントを立てる区画を占拠したため、本来、許可を受けた人が利用できなくなる事態が生じた。現地の管理人は、キャンプ場に空きがないように運営すべきとの指令を受けていたために、到着が遅い許可者を待つよりも、キャンプ場の空きを埋めることを優先した。この状況を改善するために、七〇年、ロストック県においては、この「斡旋機構」は「キャンプセンター」に改組されて、キャンプ場の割り当てを行うのみならず、その運営や管理、さらには施設整備の調整を担うこととなった。

なお、人々はキャンプ場の割り当てを得られない場合、黙ってあきらめたということはない。たとえば、四年連続で希望のキャンプ場を割り当てられなかった人が、どうして割り当てを受けられないのか苦情の請願を出したことがあった。その際、その人物は友人が連続して使用許可を受けているという証拠を提出した。この例はキャンプ場の割り当てを受けられた人と、受けられなかった人が、お互いに協力をして行政当局に訴えかけをしていることを示す。合理的な判断をするならば、キャンプ場の使用許可を受けた人は、来年の自分の申請のことも考えて、自分が不利になりかねないことを話す必要はない。この事例は、社会構成員相互の共助の関係が、経済的不足ないしは不公正というSED社会主義体制の失敗によって生み出されていたことを示している。

5　東ドイツの日常生活に潜む政治

東ドイツにおいても、一九六〇年代後半以降、余暇のもつ独自の意義が認識されるのみならず、余暇時間が増加したことによって、個人旅行に出かけられる可能性が高まった。第二次世界大戦後に西側社会において一般化した余暇活動の一つが、普及していったのである。しかも、人間一人ひとりの行動様式は、自己の利益を獲得することを目指したものであった点からみれば、余暇時間の増加は、五〇年代までの職業集団が日常生活の中心にあった構造を変化させて、社会の個人化を引き起こすことになった。それゆえ、東ドイツ社会も、社会の近代化・大衆化が進む世界史の流れのなかに位置していたのである。

旅行の斡旋は西側では、市場を通じてなされる経済関係であり、純粋に私的な問題として処理される。しかし、東ドイツにおいては、企業や労働組合が、法律上「勤労者の労働・生活条件の改善」や「保養の権利」を実現する責任を背負っていた。そのなかで、ＳＥＤは企業保養所の稼働率の低さを解消するために、「休暇サービス」に保養施設の斡旋機能を一元化しようとした。企業の協力があれば、この保養施設の不足は緩和される可能性はあった。

しかし、「休暇サービス」と企業は保養所の運営管理をめぐって競合状態に陥った。その原因は、企業が自己の従業員の利益を優先して施設稼働率が低くても、手元に管理権を残すことを望んだからである。それによって、従業員の要望にすぐに応えられるように備えていた。それゆえ、企業保養所には空きがあるにもかかわらず、社会全体でみれば、宿の慢性的な不足に悩むこととなったのである。その原因は企業保養所だけでなく、「休暇サービス」さらにはいくつかのキャンプ場にも旅行斡旋の申請を行い、保養場所を確保しようとする一般の人々の行動に由来していた。むろん、この行動は消費財の不足を見越して先回りをし、蓄積しようとする東ドイツ社会一般にみられたのと同じもので、一人ひとりの立場に立てば合理的なものであった。しかし、社会全体の視点で見てみると、同じ人の希望が違う回路を通じて表出されたために、非合理さが浮き彫りとならざるをえなかった。休暇旅行の斡旋をめぐる問題も、「不足の社会」を反映するものであった。

くわえて、この旅行の斡旋をめぐる「休暇サービス」と企業保養所の対立は、ＳＥＤ体制の政策が、必ずしも東ドイツ社会において円滑に機能していたわけではないことを示している。本来、東ドイツの社会組織は、ＳＥＤにとって、人々に政治体制の意図を忠実に伝える役割を担うはずであった。しかし、休暇旅行の斡旋にみられる日常の問題に関しては、労働組合にせよ企業にせよ、所属する人の利益を代表して行動していた。むろん、この行動をもってこれらの組織が西側の社会にみられる利益・圧力団体であったとみることはできない。しかし、東ドイツの人々が自らの属している社会組織を利用して、休暇旅行の斡旋が機能していないことがＳＥＤに伝えられたとき、それは一人ひとりの単なる苦情ではなく、その組織に属している集団の意見を表すものとなった。「保養政策」の経緯からは、ＳＥＤが計画した「休暇サービス」への保養施設の管理・運営の一元化が失敗したことが読み取れる。

ＳＥＤが生み出した「不足の社会」のなかで、私的利益を模索する人々は、宿の交換や個人間での貸し借りにみられる法律で違法にならない範囲で、独自の行動をした。このことが、ＳＥＤの政策に限界をもたらすことになったのである。

東ドイツの人々は日常の身近な政治問題については、責任を担っている政治体制に対して積極的に声をあげていた。このことは、西側の国々では私的な問題と位置づけられていた余暇が、社会全体の問題として議論される政治的な問題となっていたことを示している。抑圧的な社会主義体制下にあっても、政治権力と人々の間には交渉を行いうる空間が存在しており、そのために、ＳＥＤは自らの思い描く社会を一方的に実現できず、その意図は現実には脱構築されていったのである。

註

（1）職場現場において生産を行う際の最小単位であった作業班は、生産活動だけでなく、労働時間以外に文化活動を実践する機能をもち、日常生活における中心的存在であったことは、本書第Ⅱ部第四章から理解できる。一九五〇年代までは、労働時間が長かっただけでなく、厳格に労働時間と非労働時間とが分けられるものではなかった。そのために、職場においては、人々は「ゆとり」をもって一緒に過ごす時間が多く、労働者相互のつながりが強化されたといえよう。この国の労働時間の削減は、労働時間と非労働時間の間の区別を明確にするだけでなく、日常生活を送る中心が職場から家庭へと移行することを促した。そのことが社会の「限定的な個人化」を促したといえる。

第六章　高齢者と社会

川越　修

1　二〇世紀後半の東西ドイツ社会と高齢化

二〇世紀の工業化社会は、世紀前半の総力戦の時代を経て、戦後急速な経済成長を経験したあと、一九七〇年代以降少子高齢化の波に洗われる。そのうち高齢化についてみると、そのテンポ（開始時期や高齢化率の上昇スピード）は各国の歴史経路に規定されて一定ではないが、大ざっぱにいうと、表6－1が示しているように、欧米の工業国に比べ日本や東アジアといった後発工業国では高齢化の進行速度が極めて早いといえる。そのなかにあってドイツにおける高齢化の速度はちょうど両者の中間的な位置を占めているが、ここでは第二次世界大戦後社会主義国家となった東ドイツの高齢者や高齢者問題に歴史的にアプローチするのに先立って、まず東西ドイツ社会における高齢化の過程を概観することから始めることにしよう。

図6－1は、東西ドイツにおける高齢人口比率（六五歳以上人口の総人口に占める割合）を示したものである。それによると、一九五〇年代以降西ドイツを上回っていた東ドイツの高齢人口比率は一九八〇年代に入って西ドイツ

表6-1　高齢社会化速度の国際比較

	仏	スウェーデン	米	独	日	韓	中
高齢人口比率の到達年：7％	1865	1890	1945	1930	1970	2000	2001
〃　：14％	1979	1972	2014	1972	1994	2018	2026
所要年数	114	82	69	42	24	18	25

出典：健康長寿ネット http://www.tyojyu.or.jp/hp/page000000900/hpg000000880.htm（2014年7月）
韓・中は林・宣・住居［2010：123］。

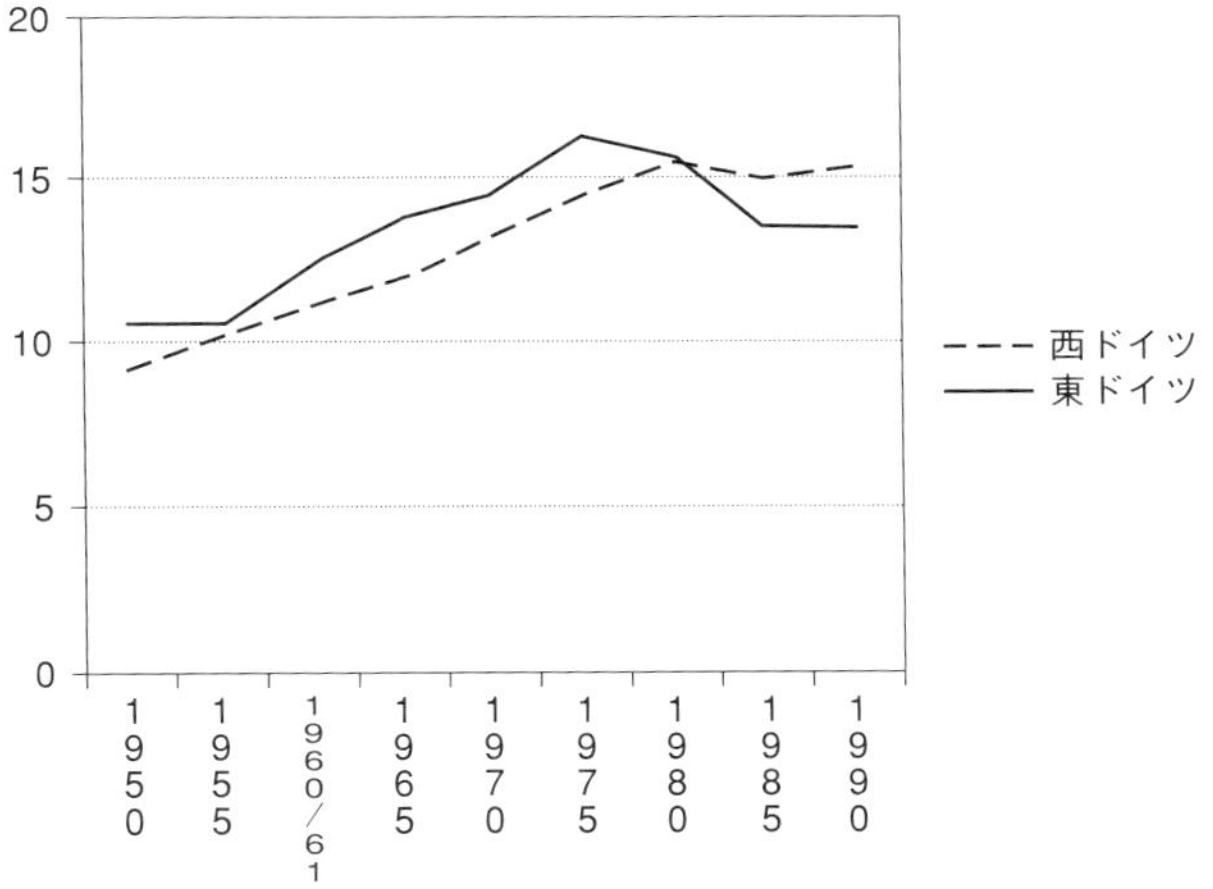

図6-1　東西ドイツの高齢人口比率

出典：Hubert［1998：289］をもとに著者作成。

を下回るに至るが、一九七〇年時点で他国のデータ（スウェーデン一三・七、英仏一二・九、米九・八、日七・五。［データは西川 2008：58による］）と比較すると、東ドイツ社会はすでにかなり高齢化の進んだ社会（日本の一九九五年に相当）であったことが浮き彫りになる。ただし両ドイツ社会の高齢化は八〇年代以降、一旦停止ないし減速する。

こうした、第二次世界大戦までの歴史経路を共有した両ドイツ社会における高齢化の動きの違いを比較するために、さらに図6－2では従属人口指数（〇から一四歳までの人口および六五歳以上人口の一五から六四歳人口に対する割合）という概念を用いて高齢化のプロセスを検証してみよう。なお、われわれが高齢化という問題を考える際に漠然と抱いているイメージを相対化するために、

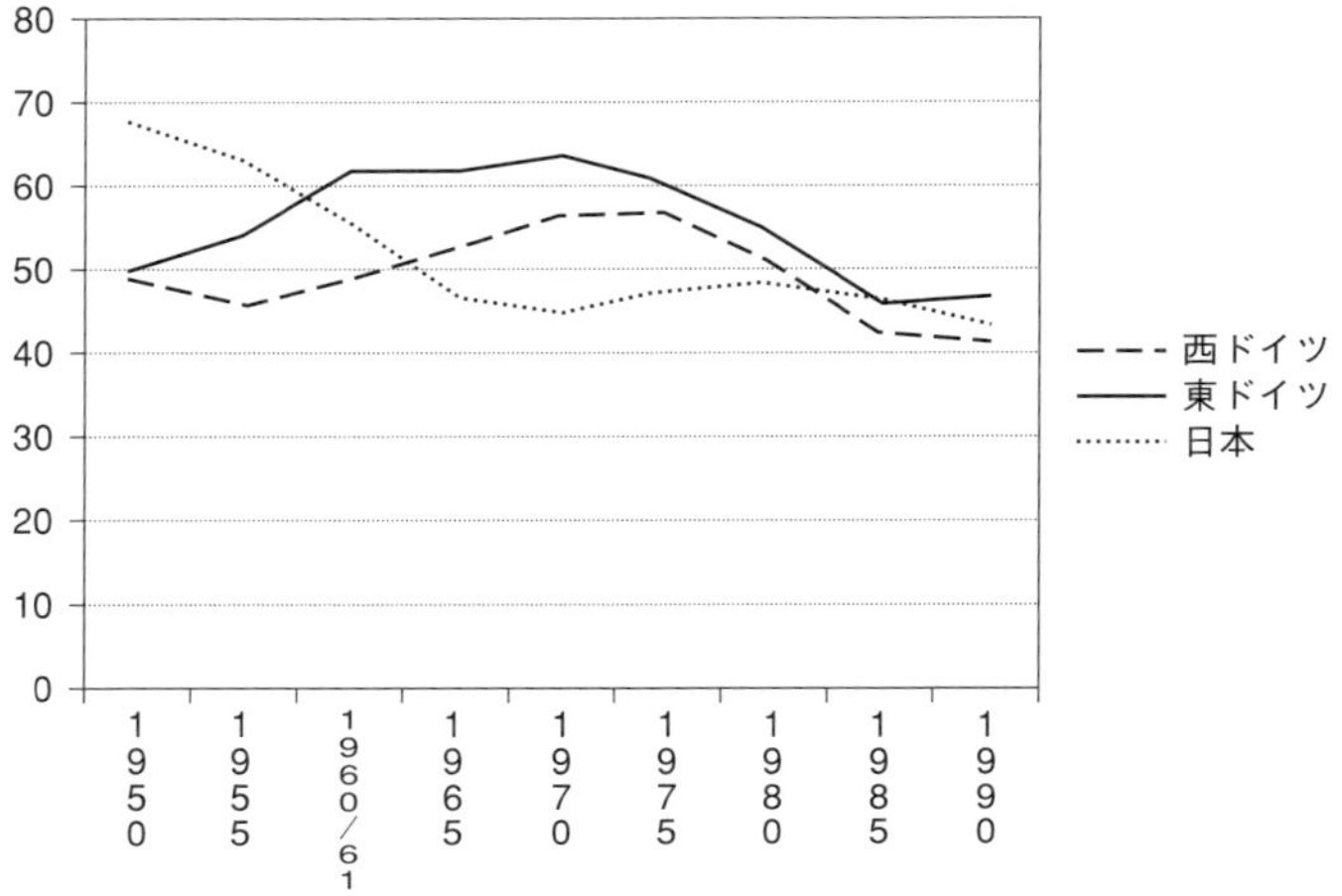

図6-2　東西ドイツおよび日本の従属人口指数　1950-1990

出典：Hubert［1998：289］（東西ドイツ）、国立社会保障・人口問題研究所『人口統計資料　2014年版』表2-6（日本）をもとに著者作成。

図には日本のデータも入れ込んである。本図からは東ドイツ社会では西ドイツに比べ従属人口の割合が一貫して高かったことが明らかになる。その原因の一端は、東ドイツにおいて一九五〇年からベルリンの壁が構築される一九六一年まで続いた人口流出（総計三八五万人に上るとされる［Hubert 1998：282f.］）、とりわけ就労年齢にある人口の流出に規定された人口減少社会であったこと（表6－2参照）にある。

さらに六五歳以上人口に限定した老年従属人口指数を示した図6－3をみると、先にも述べたように両ドイツの高齢化の進行が一旦止まり、さらには一九七〇年代後半から東ドイツの老年従属人口指数が西ドイツを下回るに至ることが明らかになるが、これには両ドイツの出生率の動向

表6-2　東ドイツと西ドイツの総人口　1950-1990年（単位1000人）

	東ドイツ	西ドイツ
1950	18,338	50,809
1955	18,059	52,382
1960	17,241	55,433
1965	17,028	58,619
1970	17,058	60,651
1975	16,850	61,847
1980	16,637	61,538
1985	16,644	60,975
1990	16,111	63,254

出典：Hubert［1998：280］.

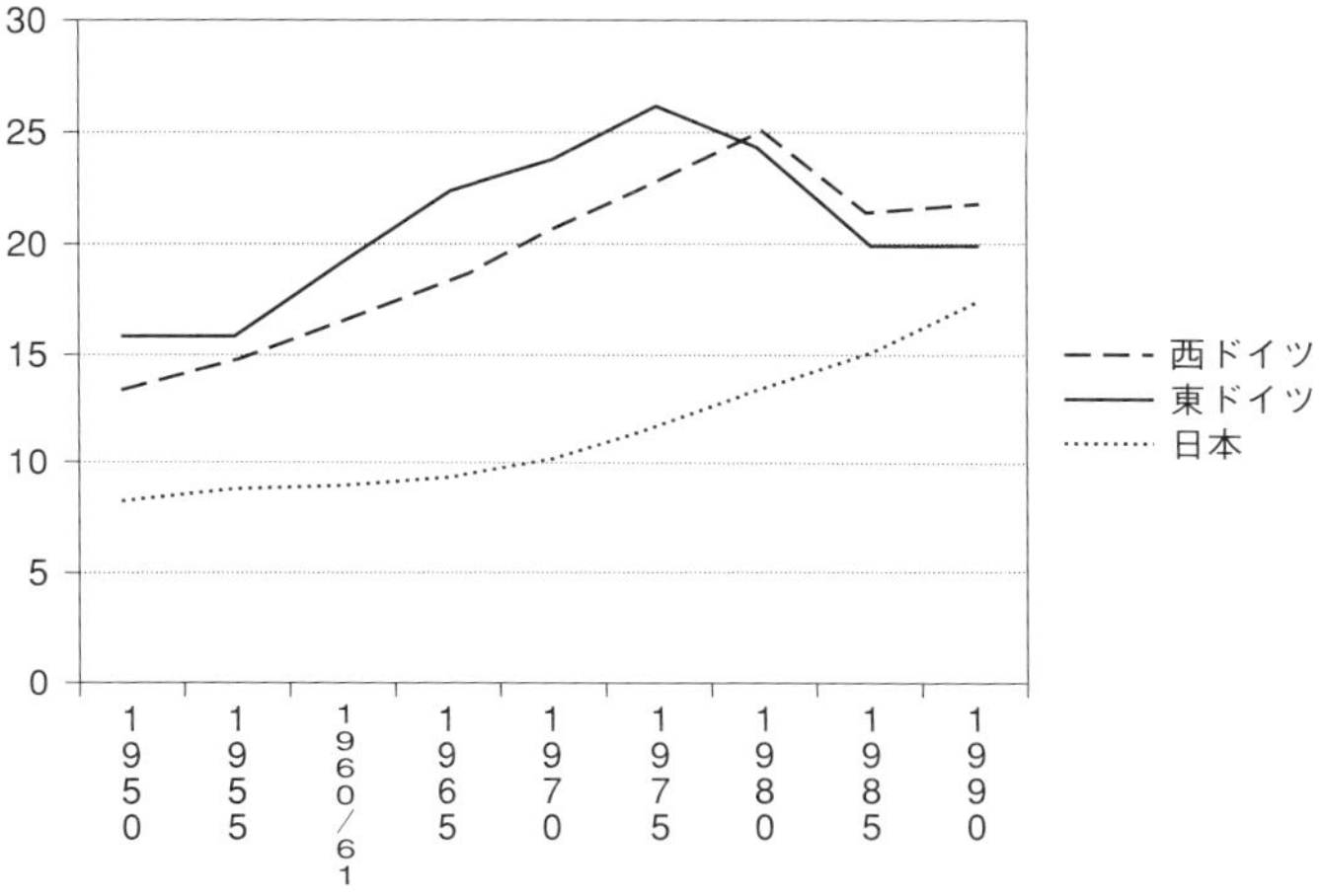

図6-3　東西ドイツおよび日本における老齢従属人口指数　1950-1990

出典：図6-2に同じ。

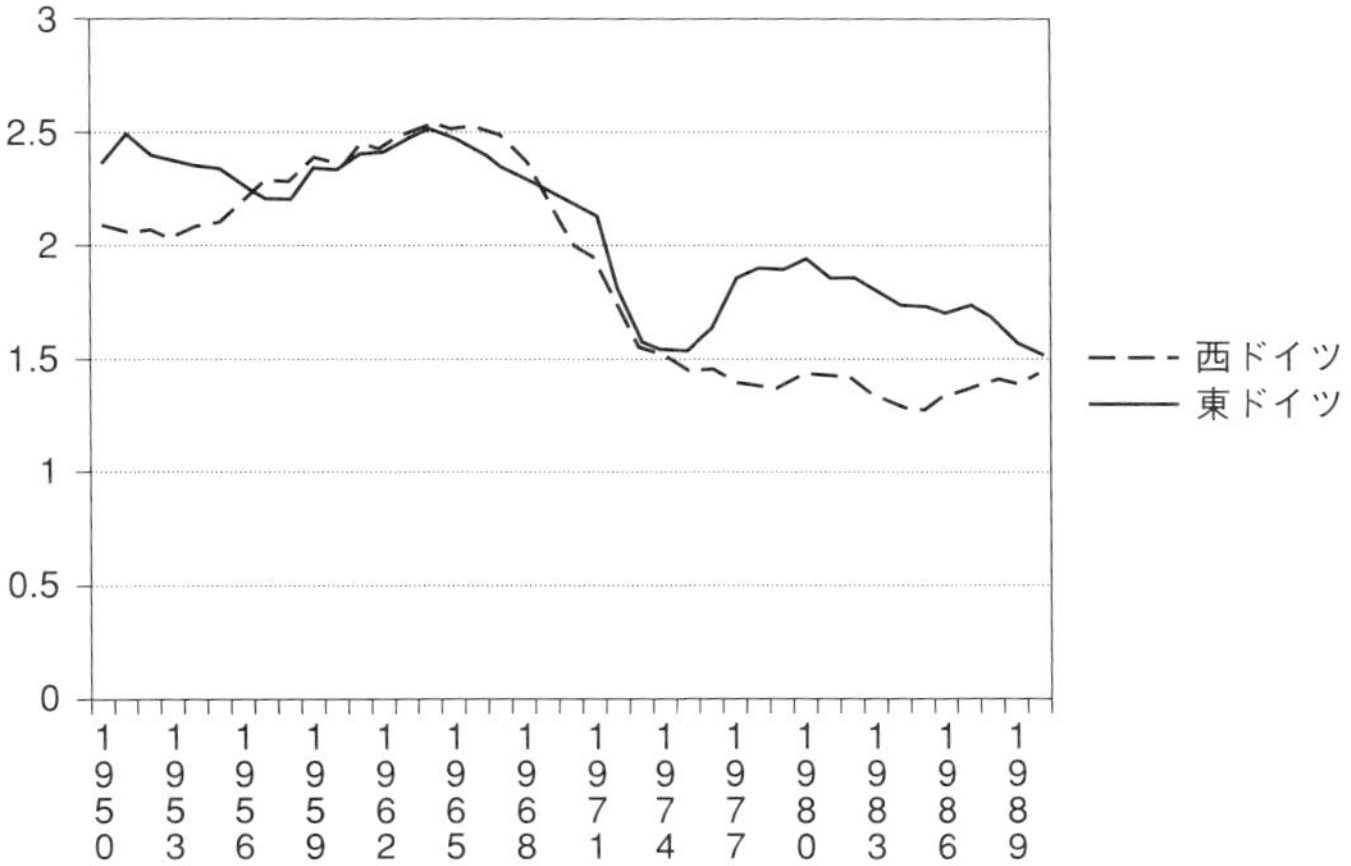

図6-4　東西ドイツにおける合計特殊出生率　1950-1990

出典：Hubert［1998：288］をもとに著者作成。

（図6－4参照）が関与していると考えられる。すなわち、東ドイツの出生率が西ドイツを上回っていた一九五〇年代半ば以降、西ドイツが遅れた小規模な「ベビーブーム」を経験することによって、両ドイツの出生率の動きは驚くほどパラレルに展開するが、一九七〇年代半ばを過ぎると一九七一年に成立したホーネッカー（E. Honecker）体制の家族政策の影響［川越 2008参照］を受けて東ドイツの出生率が西ドイツを凌駕するに至り、これが東ドイツにおける老年従属人口比率の低下をもたらしたと考えられるのである。

これらの諸点から確認できるのは、東西ドイツ、とりわけ東ドイツが一九六〇年代という早い時期に統計的には社会の高齢化という問題に直面していたこと、さらにはこうしたドイツの状況は、一九五〇年代以降長く人口ボーナスの時期（従属人口比率の低下期）を経験し、一九九〇年まで持続的ではあるが比較的緩やかな高齢化を経験してきた日本とは大きく異なっていたことである。ではその一九六〇年代の東ドイツにおいて、高齢者はどのような生活をし、高齢化はどのように社会問題化されていたのだろうか。そして七〇年代以降、高齢者を巡る状況に大きな変化はあったのだろうか。

2　東ドイツにおける高齢者

（1）　一九六〇年代における高齢者の生活状況

東ドイツにおける高齢者を主題として取り上げた出版物のタイトルには、しばしば「周縁」という言葉がみられる。例えば一九八〇年に出版された、高齢者へのインタビューを核としたヘルヴィッヒの著作［Helwig 1980］のタイトルは、東ドイツに限定されてはいないが、『社会の周縁で――両ドイツにおける老人と障害者』というものだし、東ドイツの年金生活者をテーマとした最近のホフマンの著作［Hoffmann 2010］には、より直截に『社会主義的労働社会の周縁で』というタイトルが付されている。このことが示唆しているとおり、一九六〇年代の両ドイツに暮らす高齢者、とりわけ東ドイツの高齢者の生活は、きわめて劣悪な状態にあった。

まず高齢者の生活を支える年金制度を例に取ってみよう〔以下、東西ドイツの年金制度に言及した最近の日本語文献として 福澤 2012を参照〕。東西ドイツの年金制度は、ドイツにおける「高齢者保障の領域」には、「ビスマルク（O. von Bismarck）からブリューム（N. Blüm：ドイツ再統一時の労働・社会秩序相）にいたるただ一本の発展経路のみが存在する」とされるなかで、東ドイツについては「多くの面でビスマルク・モデルから完全には離れられなかったとはいえ、当初からこの経路から外れていた」とみなされている〔Conrad 1998：104〕。すなわち、西ドイツでは一九五七年の年金改革によって、賦課方式に基づく年金制度が、給付に賃金スライド制が導入されたこともあって、世代間連帯という理念に基づく社会保険制度として定着していく。これに対し東ドイツでは、紆余曲折はあったものの、年金制度も職種による格差を是正すべく、職種の壁を廃し、各種の保険を統合する形で導入された「統一保険制度」（被保険者は月額六〇東ドイツマルク（以下単にマルクと略記）を上限に所得の一〇パーセントを拠出）に組み込まれることになったのである。その仕組みのなかでは、一定の基礎年金がすべての人に最低限保障されたものの、年金支給開始時期は男性六五歳、女性六〇歳に固定され、しかも加入年限の制約や就労時の所得の低さから実際は多くの高齢者（一九六二年末時点では年金受給者の五七パーセント）がこの最低年金額しか手にできず、「四〇から四五年の就業期間を有していても支払われる年金額は最低年金をわずかに上回る水準でしかない」のが現実であった〔Hoffmann 2010：36〕。

その基礎年金を含め、一九六〇年代の年金給付額自体も極めて低く設定されていた。一九七二年の改正直近の最低年金額は、加入期間一五年以下の場合一六〇マルク、それ以上でも一七〇マルクにすぎず〔Winkler 1989：172〕、この額は表6‐3に照らすと、平均賃金・給与の三分の一以下にすぎなかったのである。その結果多くの高齢者

表6-3　東ドイツにおける平均賃金と平均年金給付額　1960-1988年

	平均賃金・給与（マルク）		平均老齢年金			
	名目	手取り（税クラス２）	年金額（マルク）		平均手取り賃金・給与比%	
			FZR 無	FZR 有	FZR 無	FZR 有
1960	558	437.80	148.18		33.8	
1970	762	572.60	187.89		32.8	
1980	1,030	781.00	333.49	442.48	42.7	56.6
1988	1,280	974.70	375.99	478.51	38.6	49.1

FZR：Freiwillige Zusatzrentenversicherung（任意追加年金保険）
出典：Winkler, Hrsg.［1990a：336］.

表6-4　年金受給年齢*にある高齢者の就業率（%）
1972-1989年

	男女計	男性	女性
1972	22.7	29.2	15.3
1975	18.1	24.7	15.2
1980	13.0	16.6	11.5
1986	10.3	11.8	9.8
1988	9.9	11.0	9.5
1989	10.5	11.0	10.4

*男性65歳以上／女性60歳以上
出典：Winkler, Hrsg.［1990a：338］.

は、年金受給年齢に達したあとも、働き続けていた。年金受給年齢にある高齢者の一九七〇年代以降の就業率を示した表6-4はその一端を示しているが、実際には、この表で高齢女性の就業率が全体で一〇・四パーセントとされているのに対し、年齢別の就業率を提示している別の資料によると、六〇から六四歳の女性では六六・二パーセント、六五から六九歳の女性でも二三・〇パーセントが就業していたとされており［Winkler 1990b：188］、間接的にせよ一九六〇年代の高齢者の就業率の高さが浮き彫りになっているのである。これは社会主義国家の自画自賛的表現では「全ての人は年齢に関係なく有用な仕事に就く権利を有している」ことの結果とされるのだろうが、「社会保険制度で継子扱い」されていた「労働過程でもう必要とされなくなった

表6-5　平均的年金受給世帯（非就労）の家計支出構成（%）　1970-1988年

	単身世帯			二人世帯		
	1970	1980	1988	1970	1980	1988
消費支出計*	93.1	94.5	90.0	92.4	93.3	87.0
商品購入計	71.6	74.8	70.0	76.8	77.4	71.7
食品	41.4	34.6	33.4	43.1	33.3	29.3
嗜好品	9.0	10.5	10.3	12.9	11.5	12.8
衣料品	6.8	9.8	8.0	7.1	10.2	8.9
その他	15.0	19.9	18.3	13.8	22.4	20.5
サービス購入						
交通費	2.8	2.5	2.8	2.2	2.4	1.8
家賃	9.4	6.3	6.6	5.2	3.6	3.1
光熱費	2.6	2.7	2.9	2.2	2.0	2.3
修繕費	—	2.1	1.5	—	1.9	2.3
教養娯楽費	1.0	2.1	2.0	1.3	2.9	2.1
非消費支出	6.9	5.5	9.1	7.6	6.7	13.0
世帯手取り収入計	100	100	100	100	100	100

*消費支出計、商品購入計の数値は個々の項目の総和と一致しないものもあるが、資料のママ。
出典：Winkler, Hrsg. [1990a：337].

表6-6　国庫からの社会的補助支出（100万マルク）1971-1975年

	1971	1975
住居	2127	3649
物価安定	8527	11226
成人教育・職業教育	5836	7669
保健・母子支援・高齢者ケア	2518	3042
社会保険	6191	9541
余暇・文化・スポーツ	1054	1898

出典：Winkler, Hrsg. [1989：171].

高齢者、労働不能者、戦争犠牲者、障害者」たちが「完全な貧困に陥らずに済んだのは」、自らの労働と並んで「基礎的生活必需品に多大の補助がされていた」からにほかならなかった［リッター 2013：120］。事実、一九七〇・七一年の数字をみると、比較的安定しているかにみえる年金生活者の家計支出状況（表６－５参照）は、「住居」や「物価安定」等への多額の補助金支出（表６－６参照）によって支えられていたのである。

こうした生活状況のなかでも高齢者にとってとりわけ厳しかったのは、居住状況であった。年金受給者の居宅設備についての調査（表６－７参照）によれば、一九七一年時点で、年金受給者のうち「近代的暖房」（温水等を使った建物全体の暖房だと考えられる）設備のある住居に住んでいたのは四パーセントにすぎず、風呂ないしシャワー、さらにはトイレのある住居に住んでいる割合も四分の一程度であり、高齢者の多くが石炭ストーブ（高齢者にとっては石炭の運び入れが大問題となる）に共有トイレという古いタイプの住居に住んでいたことを窺わせているのである。さらに老人ホームや介護施設の整備も一九六〇年代には進んでおらず、一九七〇年時点でも、年金受給年齢の高齢者のうちこれら施設が受け入れ可能だった人数は三パーセントに満たなかったことも、一九六〇年代の高齢者の生活の厳しさを物語っているといえよう。

(2)　社会問題としての高齢者

こうした高齢者の厳しい生活状況は、前述の人口構造の問題もあって、一九六〇年代になると政策的にも放置できない問題だと認識されるようになった。それを端的に示しているのが、一九六八年四月の新憲法の制定であった。すなわちこの東ドイツが「マルクス・レーニン主義政党の指導のもと」に置かれた社会主義国であることをうたった憲法［斎藤 1997：471。なお本章における東ドイツの政治状況等に関する一般的な記述は、ほかに断りのない限り、この文献に依拠している］には、新たに「高齢および障害による就業不能者が社会的ケアを受ける権利」を定めた条項

（第三六条）が盛り込まれたのである。

さらにこれを受けて翌六九年五月に出された「高齢の市民に対する医療的・社会的・文化的ケアの改善と高齢者の社会生活への参加促進および、総合的老化研究に関する原則と対策」と銘打った閣僚評議会決議では次のように述べられている。

（本決議は）東ドイツにおける年金受給年齢の人口比率は一九七四年の二〇・八パーセントから一九八〇年には一八・六パーセントに減少するものの、平均余命の長期化もあって「世話や介護を必要とする高齢市民」の割合は上昇するという状況認識に立って、高齢者に対し「自己責任による健康の維持・増進」と「社会生活への参加」を求めることを「原則」に掲げる。そのうえで主だった「対策」として提唱するのは、「多彩で、相互に協調し連動する」一五項目の「対策」からなる「高齢市民のケアシステム」である。高齢者に対する「社会主義的道徳」としての「連帯」意識の醸成と高齢者自身の「自由意志による活動」機会の保障、人民連帯の「高齢者クラブ」や「年金受給者集会」への場所の提供、高齢者への「予防的」な健康管理の強化、「高齢者に対応した居住スペース」や介護施設の整備、要介護者への「家事援助サービス」の拡充、ケアの必要な高齢者への「昼食サービス」の拡充、人民連帯の活動の重点を「暖房燃料費や昼食費に対する一回限りの援助」から「継続的支援」に切り替えることなどである。(1)

この決議は、一九六〇年代後半の東ドイツで高齢化が社会問題化していることを認めたうえで、その解決を当事者としての「高齢市民」の自立・参加や中間組織の活動による状況改善に委ねようとしている点で、きわめて現代的な方向性を指し示しているとも読める資料であるが、この点についてはのちに検討することにして、ここではこの決議を受けて高齢者の生活状況がどのように改善されたのかについてみておくことにしよう。

(3) 社会政策的対応と一九七〇年代以降の高齢者の状況

一九七一年にウルブリヒト（W. Ulbricht）にかわって党第一書記に就任したホーネッカー[2]によって掲げられた「経済政策と社会政策の統一」という政策目標の下で、高齢者の生活も少なくとも統計数値でみる限り着実に改善されたかにみえる。

まず年金制度をみると、一九七一年に新たに任意の追加年金保険制度が導入された。これは被保険者が任意に選択した追加保険料（一〇から二〇〇マルク）と最終的には企業の拠出金（六〇〇マルクを超える賃金の一〇パーセント）とによって運営されるもので、翌七二年には加入有資格者の七一パーセントが加入したとされている［Hoffmann 2010：41ff.］が、それによって従来の最低年金額の四ないし五年ごとの引き上げ（一九七一年の一六〇〜一七〇マルクから一九八八年には三〇〇〜三七〇マルクへ［Schroeder 2013：686］）と相まって、高齢者の平均年金額の平均手取り賃金・給与に対する比率は大幅に改善されることになった（表6－3参照）。それにともない、高齢者の就業率は低下傾向をみせ（表6－4）、年金受給世帯の支出構成も、食品への支出割合が低下し、非消費支出の割合（現金保有、貯蓄などが含まれる）が高くなるなどといった変化がみられる。

ただしこうした数値の変化の背後では、国庫からの「社会的補助支出」が、表6－6に示された一九七五年以降も大幅に増えていたことを忘れてはならない。例えば住居関連の支出は一九八八年までに約八倍、食品価格安定化のための支出は六倍弱に増加し、総額（括弧内は一人当たり支出額）でみると一九七一年に二六二億五三〇〇マルク（一五三九マルク）だった支出は一九八八年には一一〇七億三〇〇〇万マルク（六六四四マルク）に膨れあがっているのである。のちに東ドイツ国家の命取りとなる「社会政策による経済への過剰負荷」（ちなみに一九八八年の国

表6-7　年金受給世帯の居宅設備（%）1971-1987年

	1971	1981	1987
「近代的」暖房	4	43	44
温水供給	10	41	—
風呂・シャワー	21	48	77
居室内トイレ	26	44	70

出典：Winkler, Hrsg. [1990a：344].

表6-8　老人ホーム・介護施設の整備状況　1970-1988年

	受け入れ可能数（介護施設の割合%）	年金受給年齢千人に対する供給率（‰）
1970	96,191（54.6）	28.9
1980	121,665（61.1）	40.4
1988	140,020（70.0）	52.2

出典：Winkler, Hrsg. [1990a：347].

家予算の支出総額は二六九六億九九一〇万マルクであった［Schroeder 2013：690］）の根はまさに、「東ドイツ福祉国家の全コスト」のうちに、すなわち「社会保険政策、生活に不可欠の商品やサービスに対する多額の価格補助金、厳しい解雇規制によって守られた労働権の直接コストと事後的コストの相乗効果のうちに、さらには労働コストを引き上げた母子に優しい労働時間規制によって生じるコストと事後的コストの企業への転嫁、そして最後に、生産性を引き下げる過度の賃金平準化およびそこから派生する無気力のうちに」存していたのである［Schmidt 2004：122］。

社会主義国家としての正当性を担保するためのこうしたバラマキ政策にもかかわらず、一見改善がみられたかに思える高齢者の居住環境（表6-7参照）も、老人ホーム（東ドイツでは終業を意味する単語を用いて退職者ホーム Feierabendheim と呼ばれた）や介護施設の供給率の低さが象徴しているとおり（表6-8参照）、実態としては大きな問題を抱えていた。これらの、多くはカリタスやディアコニーといった教会系団体によって運営されていた高齢者施設への入居待機者の数は、一九八九年時点をとると約一六万人に達したとされているし［Bundesministerium Hrsg.

2006 : 554]、仮に入居できたとしても、そこでの暮らしは悲惨であったとされている。一例として二〇一一年一月一二日の日付で『チューリンゲン一般新聞』のWEB版に掲載された、シュレーダー（[Schroeder 2013] の著者）による論評を引用しておこう。(3) これは、かつての東ドイツにおける年金生活者の状況は西ドイツよりも良かった、ないしはほぼ同等であったという「神話」（あるアンケート調査では「若者」の六六パーセントがそう考えていたとされる）に反論したものである。

東ドイツの多くの高齢者にとっては家計状態が劣悪だっただけではなく、彼らは老人ホーム・介護施設では部分的には非人道的な環境で暮らさなければならなかった。介護施設での状況は悲惨なもので、そこでは障害を持ったひとが老若を問わず四人から一〇人単位で一部屋に押し込められていた。要介護者一人当たりの職員の割合も国際的な水準には達していなかった。

多くの所では専門職員の不足から、一般的な医療ケアやリハビリも不可能な状態であった。こうした高齢者に対するケアや世話のこうした隠しようのない欠陥を少しなりとも緩和していたのは、人民連帯の賞賛に値する活動であった。

この人民連帯（Volkssolidarität）とは何かについては次節で検証するが、(4) その前に、東ドイツにおけるこうした高齢者の生活状況と並び人民連帯の活動が「賞賛」されることとなる背景を理解するために、東ドイツの高齢者が家族とどのような関係にあったかについて検討しておこう。

（4）高齢者と家族

ＥＵの財政援助を受け、ヨーロッパの八ヵ国（ドイツ、フランス、イタリア、クロアチア、オーストリア、ポーランド、ロシア、スウェーデン）における私的ネットワーク（家族および親族）と国家による社会保障との関係の変化を検証した共同研究の一環として、ドイツについての「歴史・社会学的」検討を行ったローゼンバウムらは、「これまであまり研究されてこなかった東ドイツにおける家族・親族のかたちと意味」について、次のようなまとめを行っている［Rosenbaum/Timm 2008 : 7. 97f.］。

連帯という政治的理想にもかかわらず、東ドイツにおいては家族・親族の私的なネットワークや援助ネットワークは政治的には奨励されなかった。というのも、国家社会主義的な政権はできる限り多くの人々を稼得労働に動員しようとしたからである。とはいえ、東ドイツにおいては高齢者に対する家族による介護機能が減退したわけではなかった。なぜなら、いわゆる「退職者ホームと介護施設」におけるケア提供といった、人民連帯によって整備され、組織化されていた、通いで受けることのできるサービスがカバーできたのは需要の半分にすぎなかったからである。

ローゼンバウムらは、その結果、東ドイツにおいても、「西ドイツと同様、一緒に住みはしないが、子どもたちのごく近くに住みたいと考える高齢者が増加した」と述べているが、こうした記述を裏付ける調査が存在している。それは註（2）で名前を挙げたヴィンクラー（G. Winkler）が所長をしていた「社会学・社会政策研究所」が一九八九年に東ドイツの大都市（ベルリン）、中都市（カール・マルクス・シュタット）、小都市（クリヴィッツなど）の計七四〇〇人の年金受給者を対象に行ったアンケート調査である［Winkler 1990a : 337］。その調査結果をまとめた表6

表6-9　都市に住む年金受給者の実子との同居希望（%）　1989年

	ベルリン	カール・マルクス・シュタット	クリヴィッツ
子供との同居（同一住居）	4.0	5.4	5.3
子供との同居（同一建物）	6.8	6.8	17.2
子供と近くに居住	78.3	54.7	61.6
子供と遠くに離れて居住	10.9	4.1	4.0

出典：Winkler, Hrsg. [1990a：346].

表6-10　高齢者の家事ないし食事の準備の手助けをしているのは誰か（複数回答）　1989年

	ベルリン	カール・マルクス・シュタット	クリヴィッツ
子供・孫を含む親族	77.9	64.2	75.4
隣人	30.4	17.7	24.3
友人・知人	36.6	8.2	8.8
人民連帯	60.5	14.9	33.3
ゲマインデ	17.4	4.8	8.8
ドイツ赤十字	2.4	0	0
その他	23.1	5.9	12.9

出典：Winkler, Hrsg. [1990a：351].

－9によれば、都市規模にかかわらず半数以上の高齢者が、子供からいわゆるスープの冷めない距離に住むことを希望しており、また「家事ないし食事の支度の援助」を頼るのも圧倒的に「子供や孫を含む親族」であり、人民連帯がそれに続いていること（表6－10参照）が明らかになる。

ここからは逆に、近くに住む子供のいない高齢者、とりわけ単身高齢者にとってはこの人民連帯はなくてはならない存在だったことが浮かび上がってくる。事実、ベルリンの壁が崩壊する直前の一九八七年に、当時の東ドイツでおおむね六〇歳以上の人々から聞き取りをした記録にも、単身の高齢者から人民連帯の提供する昼食のテーブルで話を聞いたという記述がみられるのである［Niethammer *et al.* 1991：136, 147］。では、この人民連帯とは、どんな組織だったのだろうか。

3　東ドイツの社会組織

(1)　大衆組織としての人民連帯

まず上から下へとピラミッド状に組織されていた東ドイツ社会における公認組織を概観することから始めよう(表6-11参照)。東ドイツには事実上の独裁政党であるSEDのほかに、複数政党制のかたちを保つ意味もあって四つの公認された政党があり、これらの政党は人民議会に代表を送り込む権利を持つ五つの大衆組織とともに、ブロック政党と呼ばれていた。公認の大衆組織にはこのほかに、人民連帯を含め六つの組織が存在していたが、これらはブロック政党と合わせ国民戦線として組織されており、さらにこの国民戦線に代表を派遣することのできる広範な団体が存在するというのが、東ドイツにおける社会組織をめぐる公的な布置状況であった。

これらの組織のなかにあって人民連帯は、表6-12に示されているとおり、第二次世界大戦終了直後のソ連占領地域(SBZ)において来たるべき厳しい冬を乗り切るための生活援助組織として産声を上げたあと、東ドイツ成立後に開かれた中央代表者会議で新たな組織活動の道を歩み出した。その後、活動に加わっていた教会系の団体が離脱するとともに活動の重点を高齢者の生活支援に置き、一九五六年には公認の大衆組織となった。その後は、ベルリンの壁の構築前後に、不足する労働力を補う活動を展開するが、先に述べた一九六八年の憲法改正(新憲法の制定)と一九六九年の閣僚評議会決議を受けて、高齢者に対する「継続的支援」と高齢者の「自由意志による活動」への参加を促す、「高齢市民のケアシステム」の中核的組織となった。その活動はホーネッカー体制の下で飛躍的に拡大するが(表6-13参照)、一九八九年のドイツ統一以後は、会員の意志によって、西ドイツの民間社会福祉頂上団体の一つである非宗派福祉連盟に加入し組織を継続させる道を選び、統一後の東ドイツ地域に

表6-11　国民戦線に所属する政党・大衆組織・団体

			主な組織のメンバー数 1987年（*1989/**1988）
国民戦線	ブロック政党	政党	
		・ドイツ社会主義統一党　SED	2,328,331
		・ドイツ自由民主党　LDPD	104,000
		・キリスト教民主同盟　CDU	140,000
		・ドイツ民主農民党　DBD	（1987：103,000）
		・ドイツ国民民主党　NDPD	110,000
		人民議会に代表権を持つ大衆組織	
		・自由ドイツ労働組合同盟　FDGB	9,600,067**
		・自由ドイツ青年同盟　FDJ	（1989：2,300,000）
		・ドイツ民主婦人同盟　DFD	1,500,000
		・文化同盟　KB	277,327*
		・農民相互援助連盟　VdgB	（1989：640,000）
		その他の大衆組織	
		・独ソ友好協会　DSF	（1988：6,400,000）
		・反ファシズム抵抗戦士委員会　KdAW	（1983：2,500）
		・人民連帯　VS	2,146,000
		・ピオニール団エルンスト・テールマン	1,440,385
		・東ドイツ作家連盟　DSV	（1989：931）
		・Domowina	（約6万人のソルビア人ないしヴェンド人を代表する組織）
代表者が国民戦線に所属する団体例			
・ドイツ体操・スポーツ連合　DTSB			3.659.000*
・DDR赤十字			706,000*

出典：Schroeder［2013：513］、＊Deutscher Bundestag［2002：28］、＊＊Frerich/Frei［1993：67］括弧内では、参考までに、Wikipedia【http://de.wikipedia.org/wiki/Nationale_ Front_（DDR）】(2014.9.8. 現在）から得られた数値を示した。

おける社会ステーション［その活動については村上 2014：第一章を参照］の整備にあたるとともに、統一以前の東ドイツの高齢者施設の運営を引き継ぐといった活動を展開することによって、統一後も「自力で、すなわち西ドイツの類似組織の財政援助を受けることなく生き残った、数少ない東ドイツの組織の一つ」となった［Angerhausen *et al.* 1998：121, 138, 140］。

統一以前の東ドイツにおける人民連帯を組織面でみると、その基礎単位は「最低五人の会員を擁するゲマインデないし居住区（Wohnbezirk）」に置かれた「地区グループ（Ortsgruppe）」であり、そこで選出された「地区

表6-12　人民連帯関連年表

1945.10.17.	越冬援助のための人民連帯設立の呼びかけ（ザクセン）
1946.5.	人民連帯中央委員会設立（ベルリン）
1947-49	種々の緊急援助活動を展開
1949.10.7.	東ドイツ成立
1950.4.	第1回中央代表者会議：「新コース」決定 ①西ドイツ活動家との連帯と国際的連帯　②自然災害援助 ③ボランティアによる要援助者（当面就業女性）・高齢者のケア ④駅頭活動（1956年に休止）
1954～	退職者ケアに重点
1956.6.	公認の会員制大衆組織に（会費＝月額25Pfennig）（人民議会への代表権なし） 人民連帯クラブの設置開始
1960'	労働力不足にともない「年金者部隊」組織
1968.4.	憲法改正（§36「高齢および障害による就業不能者が社会的ケアを受ける権利」）
1969.5.	「高齢の市民に対する医療的・社会的・文化的ケアの改善と高齢者の社会生活への参加促進および、総合的老化研究に関する原則と対策」
1971.5.	SED 中央委員会総会（ホーネッカー体制へ） ⇒「経済政策と社会政策の統一」／活動の量的拡大
1989～	社会主義的大衆組織から民間福祉組織への転換
1990初め	ドイツ非宗派福祉連盟（ドイツにおける民間社会福祉頂上団体の1つ）に加盟
1990半～	「新連邦諸州」における社会ステーション網の構築に参画

出典：Winkler［2009］、および Winkler［2011：50-55］、をもとに著者作成。

表6-13　人民連帯の活動

	単位	1960年	1965年	1970年	1975年	1980年	1985年	1988年
会員	人	1,142,808	1,563,270	1,601,366	1,786,947	2,029,387	2,093,260	2,145,591
人民ヘルパー（ボランティア）	人	103,474	115,412	112,515	128,732	165,606	185,648	200,448
居住区・地域グループ；地区委員会	数	7,409	8,715	9,683	11,739	13,625	14,395	14,990
VS クラブ	数	165	280	288	405	458	542	631
家事援助と隣人援助	1000時間	1,168	3,955	11,245	31,666	55,290	59,938	66,321
家事援助サービス受給者	人		16,571	13,736	49,000	74,353	78,000	86,888
退職者の社会的・文化的ケア	1000 Mark	10,376	29,585	33,253	106,930	195,014	226,744	277,927
昼食サービス	人分			29,000	130,000	210,400	193,000	214,800

出典：Winkler［2009：19, 26］をもとに著者作成。

委員会」が最終的には中央代表者会議（一九六三年以降は五年ごとに開催）につながる各上位委員会のメンバーを選出し、そこでの決定が下部の組織に降ろされてゆくというかたち（「地域原則」にたった、いわゆる「民主集中制原則」）がとられていた［Winkler 2009 : 18］。また人事政策面でみると、一九六〇年代には人民連帯指導部に占めるＳＥＤメンバーの割合が増加（四〇パーセントから六〇パーセントへ）し、さらに一九七〇年代になると「社会主義統一党幹部からの転出者」が増加したと述べられており［Winkler 2009 : 18］、人民連帯の組織としての「自律性」には大きな制約がかかっていたといえよう。こうした点をふまえ、統一後に中間組織（intermediäre Organisation）という観点からこの人民連帯の歴史と統一後の活動を分析したアンガーハウゼンらの研究では、統一前の人民連帯について、次のような結論が提示されている。

他の大衆組織と比べると人民連帯は大きな政治的意義を有していなかったものの、すべての面で国家のコントロールを受けており、とりわけ財政的には国家への依存度が高かった。指導的幹部が党の路線に忠実であればあるほど、人民連帯は個々の居住地区において政治的かつ社会的なコントロール機能を持ったのである。［Angerhausen *et al.* 1998 : 129］

こうした独裁制の下での大衆組織の有した、上層部の決定を下部に伝える「伝動ベルト」機能を強調する見方が人民連帯の組織的性格を言い当てているとはいえ、財政的な観点からみても、一九六〇年代をとると、各地区グループの活動費は地区グループの収入（会費と寄付金の三〇パーセント、記念切手収入の五〇パーセントおよび文書売上の全額からなる）で賄われており、家事援助者に支払う賃金が各自治体（郡）によって負担され、人民連帯全体の収支上の赤字の八パーセントが国家によって補塡されてはいたものの、会員制組織である人民連帯が完全に国家に依存していたというわけではない［Winkler 2009：17］ことも明らかである。一九七〇年代には一万を超えるに至る「地区グループ」によって展開された人民連帯の日々の活動は、アンガーハウゼンらのいわゆる「伝動ベルト」論では捉えきれない人民連帯のもう一つの姿を垣間見せてくれる。

（2）人民連帯の活動

再び表6-13に戻ろう。この表によれば、人民連帯の活動は大きく三つに分けられる。すなわち、第一に主として人民連帯に雇用された有給の家事援助者［詳しくは川越 2016 を参照］が提供した高齢者の「家事援助」活動（食事の用意、掃除など）および、これとは異なり無給のボランティアによって行われる「隣人援助」活動（ここには家事全般の手助けや、ちょっとした買い物や書類記入・提出の代行などが含まれる）、第二に「人民連帯クラブ」などで開かれたさまざまな催し（ここにはダンスやピクニックといった娯楽活動のほか、誕生会なども入る）を通じた「退職者の社会的・文化的ケア」、そして第三に一九七〇年以降、次第に大きな位置を占めてゆく「昼食サービス」（とりわけ単身高齢者に喜ばれ、必要に応じて宅配もされた）の三つである。

こうした活動についてサービスを受けた高齢者の側からの評価については、聞き取りなどによって調査する必要があるが、ここでは人民連帯の側から各々の活動がどのように意味づけられていたかについて紹介しておこう。用いる資料は、人民連帯の月刊機関誌『人民ヘルパー（*Volkshelfer*）』が一九七二年四月に掲載した「われわれの人道的活動の大きな成果」と題した記事である。この記事は先の統計表とは異なり、一九六九年の閣僚評議会決議を受けるかたちで、まず人民連帯が展開していた「社会的に有用な活動」の意義を強調する。

人民連帯委員会は、高齢の市民にまだ社会の役に立っているという意識を持たせることを、崇高な任務だと考えている。

人民連帯の指導部、地域の国家機関、国民戦線の委員会、企業、病院、その他のさまざまな公的機関が連携することによって、退職者の社会的に有用な活動の多様な可能性が明らかになった。高齢の市民や多くの人民ヘルパーが工業や農業部門、人民連帯クラブでさまざまな経済活動を行ったり、彼らがコンテスト（「わが町、わが地域の美化を共に進めよう」）に参加することによって大きな成果が得られた。

こうした活動にあてられた時間は一九七一年には総計七四〇万時間に達したと述べたあとでこの記事は、「家事援助」について、「これは退職者ホーム・介護施設における国家の事業にたいする重要な補完となっている」とその意義を強調し、有給の家事援助者の主たる任務がオフィシャルな観点からするとこれらの施設におけるケア活動（一九七一年には一日あたり約一万六〇〇〇人がケアを受け、サービス提供時間数は年間七六〇万時間に及んだという）にあったことを示唆している。そして最後に「人民連帯によって組織され、実施された隣人援助」を、「家事援助に対する重要、かつ欠くことのできない補完」となっており、ボランティアが担っていた「サービスの提供時間数の継続的な上昇」（一九六八年の三二〇万時間から一九七一年には四七〇万時間に増加）は「働く人々の高齢の市民に対する責任意識の高まり」を現していると称揚している。

もとよりこうした上からの視点だけで人民連帯の活動意義を捉えることは一面的であるにせよ、「なかでも再統一から利益を受けたのは、大多数の年金生活者である。彼らは東独時代には、生産活動に携わっていない他の人々と同じく、著しく不利な扱いを被っていたからである。東部の平均年金額は、一九九〇年六月に四七五マルクだったのが一九九四年七月には一二一四マルクへとほとんど二倍半に増加した」［リッター 2013：275］といった状況のなかで、高齢者を含む多くの人々が東ドイツへの郷愁（東にあたるドイツ語のオストとノスタルジーのドイツ語読みをつなげてオスタルギーと呼ばれる）を持ち続けた背景には、工場における作業班や地域の生活の場におけるさまざまな「連帯」的活動があったことは、否定できないであろう。

4　東ドイツ社会における高齢者の歴史からみえるもの

最後に、本章がここまで検証してきた東ドイツにおける高齢者をめぐる問題状況から浮かび上がってくる論点と今後の研究課題を、東ドイツにおけるこうした「連帯」活動をどのように評価すべきかという点を含め、三点に整理し章を閉じることにしよう。

体制が崩壊した東ドイツ社会は、当然といえば当然だが、その崩壊の原因とみなされた問題自体によって性格づけられがちである。本章でも取り上げた、高齢者や障害者の「周縁化」論、大衆組織をめぐる「伝動ベルト」論をはじめ、労働が権利というよりは義務となった「労働社会」の限界論やシュタージを頂点とする極限的な「監視社会」論、さらには一党独裁による全体主義社会論など、そうしたレッテルには事欠かない。しかし、そうしたマクロな社会構造上の問題によって、東ドイツ社会をほぼ二世代にわたって生きた人々のミクロな日常的生活空間とそこにおける社会的ネットワークを通じた人々の相互のつながり（ソーシャル・キャピタル）が存在したことを消し去ることはできない。社会主義社会を生きた人々の経験を、社会主義社会の美化に使うのでも、また「ホッと息のつける」空間を巡る単なるエピソードとして扱うのでもなく、二〇世紀社会とは何であったかを考えるうえで歴史的に検証されるべき重要な問題として捉えること。これが本章から浮上した第一の論点である。

それとの関連で本章から浮かびあがる第二の論点は、一九六〇年代の早熟的な高齢社会化を前に東ドイツ政府が取った対応と現代における日本をはじめとする各国の少子高齢化対策との比較検証を通じて、社会主義社会を含む二〇世紀型社会とは何かを検討する手がかりが得られるのではないかという点にある。「「社会主義的道徳」としての「連帯」意識の醸成」や「高齢者自身の「自由意志による活動」機会の保障」に支えられた「高齢市民のケアシステム」の構築を謳った一九六九年の「閣僚評議会決議」は、少し言葉を換えれば、現代の政策としても受けとめられうるものであり、逆に、そうした方向性を打ち出す一方で体制の正当性を維持するために国庫から多額の補助金を拠出し続け財政破綻に至った東ドイツ社会の経験は、いまだ二〇世紀の枠から抜け出せない現代社会にとっても多くの示唆を与えるものといえよう。

　そして最後に、こうした比較検証を二〇世紀社会論に結実させるためには、空間的・時間的比較を進めるための共通のツールが不可欠であることは明らかである。そうしたツールとして私はこれまで、第二次世界大戦後の西ドイツ社会を指し示す社会国家という概念を援用してきたが[5]、本章を執筆する過程で出会ったカザの『大衆動員社会』〔カザ 1999〕から、この社会国家概念のツールとして有効性を高めるための、具体的な示唆を得ることができる。カザのこの著作は、「大衆動員社会」という二〇世紀社会の共通の特徴は、「政党」や「利益団体」というこれまでの研究がもっぱら目を向けてきた「大衆の組織化に欠かせない二つの要因」によってのみかたちづくられているのではなく、「一党独裁政権や軍官政権によって支配される国」においても別のかたちをとって出現しているという。すなわち、「日本、イタリアおよびソ連の各国政府」が「第一次世界大戦を契機」として「創設」した「被管理大衆団体」というかたちをとってである。カザはそうした社会においては、「網状に組織された被管理大衆団体によって大衆動員社会がつくりだされ、当局者は、徴兵制度によく似た多数の社会領域〔カザ自身は「婦人、地域居住者、青年、さらには農業生産者や工業生産従事者の被管理大衆団体」を取り上げている：筆者註〕を組織してきた」〔カザ 1999：15以下〕ことに着目しているのである。

　東ドイツを生きた人々の軌跡を掘り起こす作業は、二〇世紀社会の共通性と差異性を比較によって明らかにするためのツールである〈社会＝国家〉概念にカザのこうした「大衆動員社会」という概念を組み入れることによって、「外国の福祉政策に関する日本研究のほとんどは、日本を比較研究から除外して」おり、「他方、日本についての研究は比較を行わないものになる傾向がある」［カザ 2014：3-4］という現状を突破する道筋を照らし出す可能性を秘めているのではなかろうか。

註

（1）Ministerrat der DDR, Beschluß über Grundsätze und Maßnahmen zur Verbesserung der medizinischen, sozialen und kulturellen Betreuung der Bürger im höheren Lebensalter und zur Förderung ihrer stärkeren Teilnahme am gesellschaftlichen Leben sowie über die Hauptkomplexe der Alternsforschung (Berlin, 30. Mai 1969). この資料は、Bundesministerium für Arbeit und Soziales und Bundesarchiv, Hrsg.［2006］に付されたCD-ROM資料集に収められている（資料番号：Nr. 10/2）。

（2）本章で紹介している統計データの大部分は、一九七四年から九〇年まで東ドイツにおける社会政策・人口学部門学術会議の議長の要職にあったヴィンクラー（G. Winkler：二〇〇三年からは後述する人民連帯の全国連盟会長を務めている。［Müller-Enbergs *et al.* Hrsg. 2006, Bd.2: 1093］）が編集した本からとられており、東ドイツの統計全体にいえるようにその信憑性に問題がないわけではないが、ここでは社会・経済統計を固有名詞の残らない庶民たちの生活を記録した「凍った涙」［ジョーンズ 2000：7］と捉え、なるべく多くの具体的数値を表のかたちで提示したうえで、その「解凍」（＝解釈）を通じて彼らの生活実態の理解の一助としたいと思う。なお本章で紹介している統計数値は、東ドイツの「歴史と構造」をめぐる最新のハンドブック［Schroeder 2013］やそこに示された多くの統計データの典拠となっているFrerich/Frei［1993］の数値とも基本的に一致している。

（3）http://www.thueringer-allgemeine.de/web/zgt/politik/detail/-/specific/Faktencheck-DDR-Seniorenheime-auf-unterstem-Niveau-1949413397. 二〇一四年九月四日閲覧。

（4）本章のこれまでの高齢者の状況を巡る記述および以下の人民連帯についての記述には、人民連帯の活動のうち特に「家事援助」活動に焦点を合わせている川越［2016］と重複する部分がある。

（5）川越［2008］などを参照。私自身はこの論文以降、社会国家概念を〈社会＝国家〉と記述することによって、家族や共同体ではなく、それらに補完されながら〈国家が国民の生活保障機能を担う社会〉という二〇世紀社会の共通の特質を表そうとしてきた。

第七章　東ドイツのポピュラー音楽の系譜

高岡智子

1　東ドイツのポピュラー音楽再評価

東ドイツという国がなくなって二五年以上になる。この国で、かつて英米に負けないポピュラー音楽がつくられていたことはそれほど知られていない。若者たちは、闇市で西側の雑誌やLPを手に入れたり、西側のラジオやテレビを傍受したりすることもできた。一九六一年にベルリンの壁が建設され、東西の行き来が自由にできなくなった後も、東ドイツの人々は社会主義イデオロギーにどっぷり染まったわけではない。外界への通路が閉ざされたことでむしろ、西側諸国の動向に敏感になっていたのだ。若者たちは、ジャズやロックを聴き、東ドイツ製の革ジャンを着て、ミュージシャンさながらの髪型でクラブに通う。英米のロックは若者たちの心を射止め、それに対抗するべく東ドイツは国策音楽さながらのポピュラー音楽をつくらなければならなくなったのだ。

東西ドイツ再統一後、すなわち国家がなくなった後、東ドイツのポピュラー音楽はどのような運命をたどったのだろうか。音楽産業界は、西ドイツの市場をそのまま踏襲したため、コネと市場による自由競争が幅をきかせていた。東ドイツ出身のミュージシャンの多くが、過酷な生存競争のなかで生き残ることができず、活動の場を失い、バンドの解散を余儀なくされた。ところが二〇〇〇年代に入ると、東ドイツのポピュラー音楽はドイツ語で「東のロック」を意味する「オストロック（Ostrock）」と呼ばれ、再統一ドイツでリバイバルする。

東ドイツのポピュラー音楽は、なぜ再統一後にリバイバルしたのか。その理由は、二〇〇〇年前後に起こった東ドイツへの郷愁、すなわちオスタルギーに端を発する。オスタルギーとは、ドイツ語で東を意味する「オスト（Ost）」とノスタルジーを意味する「ノスタルギー（Nostalgie）」を掛け合わせた造語だ。オスタルギーには次の二つのタイプがある。一つは、東ドイツ出身者が弱肉強食の資本主義に失望し、かつての東ドイツの安定した社会制度（年金や保険の制度、生活環境など）を肯定的に捉え、懐かしむこと。二つは、東ドイツで生産されていたモノ（家電製品、日用品、雑貨、デザイン）を「かわいい」モノとして新たな価値をみいだすことである。東ドイツのポピュラー音楽もまた、このオスタルギーの波にのってリバイバルを果たしたのである。

リバイバルのきっかけとなる動きは、音楽産業とファンコミュニティから起こった。二〇〇七年一一月、ベルリンのヴォールハイデで東ドイツのミュージシャンによるコンサート「オストロック・クラシック（Ostrock Klassik）」が開催された。同年三月には、ドイチェ・ムッゲ（Deutsche Mugge）というコミュニティが発足し、オストロックの普及をはじめる。このコミュニティは、もとは東ドイツと東欧などの旧社会主義国家のポピュラー音楽を中心に発信していたが、現在はドイツ語のポピュラー音楽に範囲を拡大し、イベントの開催、雑誌の発行、ネット上のファン交流サイトの運営をおこなっている。東ドイツのポピュラー音楽は、オスタルギーをきっかけに注目され、音楽産業とファンコミュニティという草の根的な活動によって再評価がすすんだのだ。

しかし、再評価された要因はオスタルギーだけでは説明がつかない。社会主義体制という特殊な状況下でつくられた音楽というだけでなく、東ドイツのポピュラー音楽は戦後ドイツの歴史的、政治的な問題を浮き彫りにしているからだ。ポピュラー音楽学者サイモン・フリスは、「ドイツのポピュラー音楽は、きわめて珍しいことに、あるはっきりとした国家的な文化形成のあり方を示している」と指摘する［Frith 1998 : v］。二〇世紀のドイツは、ヴァイマル共和国、ナチス・ドイツ、東西ドイツ、再統一ドイツと目まぐるしく体制が変化し、国家や国民のアイデンティティはその変化についていくことができなかった。東ドイツのポピュラー音楽は、新たに歩みだした再統一ドイツの国家や国民のアイデンティティを形成する手段の一つになっているのではないだろうか。

本章では、東ドイツのポピュラー音楽の成立過程と系譜をたどることで、「ドイツ人」、「ドイツ的」という戦後ドイツのアイデンティティをめぐる問題に対峙しつづけるドイツのポピュラー音楽のあり方に光をあてたい。第2節では、東ドイツの国民文化として期待されたオペラと、それに携わったユダヤ系亡命知識人たちの活躍について述べる。次に第3節では、東ドイツ特有のジャンルとして誕生した「娯楽芸術」を紹介し、この理論的土台をベースに考案されたロックンロールの代替物としての「リプシダンス」と、その失敗から誕生した国家公認のロックンロールについて考察する。第4節では、七〇年代後半から八〇年代にかけて、世界的な音楽シーンや政治の影響を受けるなかで、東ドイツのロックンロールが向かった音楽潮流を紹介する。最後の第5節では、このような東ドイツのポピュラー音楽が、再統一後のドイツで国家や国民のアイデンティティ形成とどのように関わってきているのかについて言及する。

2　国民音楽を求めて

(1)　アメリカ文化との闘い

東西ドイツが分裂した後も、ドイツ人の帰属意識は相変わらず「ドイツ」であった。一九五〇年代に入ってからも、「国家」、「国民」、「ドイツ」、「われわれ」という言葉は東西ドイツを意味していた［Stöck 2004 : 522］。この状態を変えたのが一九六一年に建設されたベルリンの壁だ。目に見えない国境ではなく、壁という目に見えるものによって空間が分断されたことで、東西ドイツの人々はようやく二つの国家、二つの国民という自覚を持つようになったのである。社会主義国家として新たにスタートしようとしていた東ドイツにとって、国民の帰属意識が「東ドイツ」ではなく「ドイツ」であったという事実は大きな痛手であった。

国家建設に向けて幸先のよいスタートをきれなかった東ドイツを襲ったのは、アメリカのロックンロールだった。一九五〇年代、エルヴィス・プレスリーがアメリカでデビューするやいなや、その熱狂は東ドイツへも伝播した。東ドイツでも、エルヴィスばりの髪型をした若者たちがエロティックに腰を振り、ダンスホールで踊りまくっていたのだ。ロックンロールは、社会主義体制を確立し、社会主義リアリズム文化を模索していた東ドイツにとって、危険因子でしかなかったのである。

この由々しき事態に東ドイツの二人の音楽批評家が異を唱えた。まず、ゲオルク・クネプラー（G. Knepler）は、アメリカで誕生したジャズのビバップを取り上げて次のように評した。「この音楽〔ビバップ〕はカオスを表したもの、カオスそのものであり、戦争準備というよりもむしろ戦争である。戦争を人間の脳に入り込ませようとしているのだ。」［Knepler 1951 : 25］（〔　〕内は訳者による）。たしかにビバップは即興演奏による激しいパフォーマンスを伴うため、聴き方によっては戦争を想起するかもしれない。クネプラーの過激で主観的な見解は、音楽批評としては問題があるもののジャズの時代性の一端を浮き彫りにしている。

国家との結びつきが強かった音楽批評家で作曲家のヘルマン・マイヤー（E. H. Meyer）は、ロックンロールに対して痛烈な批判を浴びせた。一九五二年刊行の『現代の音楽（*Musik in Zeitgeschehen*）』のなかで、マイヤーは次のように記述している。

今日の「ブギウギ」は、アメリカニズムという野蛮な毒を浸透させ、労働者の脳みそに麻酔をかける入口になっている。この脅威はまさに軍隊による毒ガス攻撃と同じくらい危険である。ルイサイトから身を守ろうとしない人などいるだろうか？［Meyer 1952：162］

「ブギウギ」は一九五〇年代のヨーロッパで用いられたロックンロールを指す言葉であり、「ルイサイト」は第一次世界大戦で使用された糜爛性毒ガスである。ロックンロールは脳みそを麻痺させ、その流行は「毒ガス攻撃」と同じくらい危険であるという。マイヤーは、毒ガスと同じくロックンロールからも身を守らねばならないと警告しているのだ。

二人の音楽学者に共通するのは、アメリカ文化を「戦争」と「脳」という言葉を使って批判している点だ。敗戦後まもない東ドイツでは、「戦争」は屈辱や恐怖の感情を呼びおこす言葉であった。また、「脳」という言葉は、ジャズとロックンロールが理性でコントロールできる音楽ではなく、神経に直接作用する本能的なものであることを示している。彼らの批評は、たしかに過激で主観的ではあるが、その見解からはむしろアメリカ文化への嫌悪感と恐怖心を見て取ることができる。しかし、アメリカ文化に陶酔する東ドイツの若者にとって、このような批判は何ら影響力を持たなかったのである。

(2)　帰ってきたユダヤ人とオペラ創作

東ドイツは、若者をアメリカ文化の誘惑から守るためにどのような対策をとったのだろうか。まずは敵国に対抗するための独自の文化をつくる、これが東ドイツの至上命題であった。ところが、戦後の東ドイツには働き手だけでなく、文化人も不足していた。ナチス・ドイツ台頭を機に、ドイツ語圏のユダヤ系知識人たちは各国に亡命し、戦後になってもドイツに帰ることはなかったからだ。東ドイツで文化大臣に就任した詩人のヨハネス・ベッヒャーは、この状況を改善すべくある政策を打ち出した。それは、共産主義に賛同するという条件付きで、各地に散らばったユダヤ系亡命知識人を東ドイツで優遇するという政策だ。

この政策は、ユダヤ系亡命知識人がふたたび故郷に戻り、成功を収める可能性を切り開いた。戯曲家のベルルト・ブレヒト、作曲家のハンス・アイスラー、パウル・デッサウの三人は、アメリカに亡命した後、戦後の東ドイツに帰還した数少ない文化人だ。三人に共通するのは、アメリカの文化産業への不満と左翼思想への共感である。ブレヒトとアイスラーはレッドパージを機に、デッサウは仕事に恵まれなかったことを理由に東ドイツに帰る道を選んだ。彼ら三人は、ベッヒャーの政策により東ドイツで歓迎され、よいポストを得たのだ(1)。そして彼らが手がけたオペラは、東ドイツの国民オペラとして期待されることになる。

一九四九年一二月一二日、デッサウはブレヒトのラジオドラマをもとにオペラ《ルクルスの審問（Die Verurteilung des Lukullus）》を完成させた。ところがオペラの上演が決定した矢先、ある問題が起こった。国民教育省の芸術文学主要部門部局長がこのオペラを調査すると言い出したのだ。教育省が送り込んできたのは、東ドイツの音楽界を牛耳っていた音楽学者エルンスト・ヘルマン・マイヤーとゲオルク・クネプラーであった。マイヤーとクネプラーは、不協和音と打楽器の多用を指摘し、デッサウの音楽をフォルマリズムに陥っていると非難した。デッサウは指示どおり音楽を改変し、オペラのタイトルも《ルクルスの断罪（Das Verhör des Lukllus）》に変更した。その甲斐あって一九五一年三月一七日、このオペラは自由ドイツ青年団（ＦＤＪ）とドイツ人民警察（ＤＶＰ）による厳重体制のなか上演された。しかし、《ルクルスの断罪》はその後も東ドイツで何度か上演の機会に恵まれたが、国民オペラとして受け入れられることはなかった。

デッサウの試みから半年後の一九五二年八月、アイスラーはオペラ《ヨハン・ファウストゥス（Johann Faustus）》

の台本を書き上げた。この時点では、ブレヒトの助言を受けた台本が完成していただけで、作曲には手がつけられていなかった。ところがこの台本は、作曲の完成を待つことなくジャーナリズムで大々的に取り上げられる。批評家エルンスト・フィッシャーが、雑誌『意味と形式（*Sinn und Form*）』でアイスラーの台本を高く評価したのだ。このオペラ台本は「偉大」で東ドイツの「国民性に合っている」とされ、完成すれば「一〇〇年来実現しなかったドイツの国民オペラ」になると大絶賛された［Fischer 1952 59, 73］。

また、同年一一月一日付の新聞『ノイエス・ドイチュランド（*Neues Deutschland*）』には「ドイツの国民オペラに向けて」と題する記事が掲載された。そこには「国家的統一と独立に向けた戦いに極めて意義のある課題を解決」するために国民オペラの創作が不可欠だと記されていた［Neues Deutschland 1952］。一九五〇年代はじめの東ドイツでは、東ドイツの作曲家による東ドイツのためのオペラ、すなわち国民オペラへの気運が高まっていたのだ。このようななか、アイスラーのオペラ台本が注目され、ある審議にかけられた。

一九五三年五月、アカデミー会員、国民教育省と中央委員会文化部門の職員、新聞記者などがベルリン芸術アカデミーに集結し、オペラ台本に関する審議がはじまった。ここで問題になったのは、アイスラーの台本にドイツの歴史への敬意が欠けていることだ。まず、ゲーテの『ファウスト』を題材としているにもかかわらず、主人公を肯定的に描いていない点が挙げられた。次に、台本全般にわたってドイツの歴史の悲惨さを強調していることが問題視された。この二つの要素によって、アイスラーの台本は国民オペラにふさわしくないと判断されたのだ。

国民オペラを求める声が高まるなかで、ブレヒト、デッサウ、アイスラーたちのオペラはどれも国家の介入によって国民オペラへの道を閉ざされた。ソ連のジダーノフ批判の影響が東ドイツに押し寄せ、社会主義リアリズムに則った文化統制がはじまったからだ。さらに東ドイツには、ソ連のショスタコーヴィチのように、表向きは体制派を装いながらも体制批判をするような作曲家はいなかった。東ドイツのクラシック音楽界は、国家主導の文化政策とそれに付き従う音楽学者のコントロール下に置かれたわけだ。国民オペラの失敗は、歓迎ムードで受け入れられたユダヤ系亡命知識人たちを失望させただけでなく、国家にべったりのクラシック音楽界の基盤をつくりあげたのである。

3　赤いポピュラー音楽の誕生

(1)　娯楽音楽必要論

国民音楽が不在のまま、東ドイツではアメリカ文化の影響がますます強くなっていた。ジャズやロックに熱狂する若者を目の当たりにして、知識人や芸術家のなかには東ドイツにも娯楽が必要だと考えるものもでてきた。しかし東ドイツでは、娯楽はブルジョワ的で退廃的な遊びであり、資本主義諸国の権化として疎まれてきた。にもかかわらず、娯楽の必要性が叫ばれるようになったのは、アメリカ文化の脅威に対抗するには毒を以て毒を制すよりほかに為す術がなかったからだ。

では、ジャズやロックンロールのような娯楽音楽は東ドイツでどのように解釈されたのだろうか。ハンス・ピシュナーはジャズについて興味深い見解を示している。ピシュナーによれば、国際的な音楽産業がジャズの本質を歪めているのであり、今日のジャズはかつての大衆性と黒人的な要素を失ったのだという。本来ジャズは「アメリカの南部都市に住む黒人と白人たちによる活気ある大都市の大衆的な生き方」を表す音楽であり、現代のジャズの聴き方を「博物館でジャズを「お勉強」する」ことにたとえ、「クール・ジャズ、ビバップ、プログレッシブ・ジャズ」など細分化されたジャズは聴くに値しないと言い切った［Pischner 1957 : 7. 30］。ピシュナーは、ジャズをダメにしたのは資本主義がうみだした音楽産業であると非難し、他方では大衆性や民族性というジャズの特徴を社会主義的な文脈から評価したのだ。このようにジャズは、アメリカ文化としてではなく東ドイツにふさわしい音楽として解釈され直した。

作曲家ハンス・アイスラーもまた、消極的ではあるがジャズを擁護した。一九五六年四月、自由ドイツ青年団の討論会の席でアイスラーは次のようなインタビューを受けている。「それではあなたはジャズがドイツのダンス音楽や娯楽音楽にとってまったく手助けにならないと考えているのですか？」、アイスラーは「ジャズがわれわれの助けになるかどうか、それはわからない」と答えた［Eisler 1973：248］。そして次のような言葉で締めくくった。「もし私が不快なジャズの歌とわれわれのくだらないタンゴあるいはレンシュタイクの歌のどちらかを選ばなければならないとすれば、わたしはジャズを選ぶだろうね」［同上］。レンシュタイクの歌とはチューリンゲン地方の歌謡曲である。ドイツのダンス音楽や娯楽音楽と比べれば、ジャズのほうがましだとアイスラーは言ったのだ。アイスラーがそれほど評価していなかったジャズを擁護するほど、ドイツの音楽事情は危機的な状況だったのである。

東ドイツでは、社交ダンスからロックンロールまで踊れる音楽全般を「ダンス音楽（Tanzmusik）」と呼んでいた(2)。東ドイツの音楽雑誌『メロディー&リズム（*Melodie und Rhythmus*）』は、一九五八年二月号にペーター・ツェルニーによるダンス音楽の論考を掲載した。中心的なテーマは、東ドイツのダンス音楽の今後の発展についてである。前半部分を要約すると、われわれ（東ドイツ）は西側のダンス音楽を頭から拒否しているわけではないのであり、重要なのは「よい面と悪い面を判別」することだという。「たとえ資本主義諸国の音楽であっても品がよく、自然で、優雅なダンス音楽」であれば、文句はないというわけだ［Czerny 1958：4, 5］。この論考からは、社会主義の文脈でよいと判断されれば、たとえ西側の音楽であっても受け入れ可能であることがわかる。

さらにロックンロールを「毒ガス攻撃」と非難した音楽学者ヘルマン・マイヤーは、ダンス音楽について次のような見解を示した。

われわれにもダンス音楽が早急に必要だ。しかしそのダンス音楽は偽物であってはならず、退屈であってもいけない。この課題を解決するために、われわれはすべてのエネルギーと能力を駆使して立ち向かわなければならない。（中略）そうすることによってのみエロティックで、ばかばかしく、毒々しいアメリカのキッチュをここから追い出すことができるのだ。［Meyer 1952 : 163］

マイヤーは、ロックンロールをこっぴどく批判しながらも、アメリカ文化に対抗する手段としてダンス音楽が必要だと説いた。マイヤーのような東ドイツのイデオローグが二枚舌を使わざるをえなかったのは、文化政策の方針が一貫していなかったことはもとより、娯楽には娯楽で対抗するよりほかになかったからだ。

一九五〇年代の知識人や作曲家は、ジャズやロックンロールを批判しながらも、熱心に娯楽音楽必要論を唱えていた。アメリカ文化に対抗するには、社会主義的な「娯楽」をつくるしかないことを彼らは認識していたのだ。だからこそ娯楽のなかにも社会主義の理念に反しないものがあると主張することで娯楽を正当化した。このような東ドイツ流の娯楽音楽解釈は、国民音楽をつくる理論的な土台となったのである。

（2）　リプシダンス政策

東ドイツがロックンロール対策として提唱したのはリプシダンス政策である。新しいダンスの制作を依頼された作曲家レネ・ドビアンスキ（R. Dobianski）とダンス教師ザイフェルト夫妻は、一九五八年、リプシダンスを完成させた。三人の出身地がライプチヒであることから、ラテン語表記でライプチヒを意味する「リプシア」にちなんでリプシとなった。そして一九五九年一月のダンス音楽会議で、リプシダンスはロックンロールの「オルタナティブ」として披露されたのだ。だが実際には、服装、ステップ、音楽どこからみても社交ダンス以外のなにものでもなかった（図7－1）。

東ドイツ出身のポピュラー音楽学者ペーター・ヴィッケはリプシダンスについて次のように回想している。国家によるリプシダンス政策は「まったく優れたものではなかったが、東ドイツの滑稽な出来事として記憶に残っているし、面白おかしいネタとして何度も使われている」[Wickel/Müller 1996：20]。ヴィッケが指摘するように、リプシダンスをロックンロールの代替とする突飛な政策は何かの冗談ではないかと疑いたくもなる。だが、一九五〇年代の東ドイツが大真面目にリプシダンス政策へと向かったのは、アメリカ文化と差別化できる独自の娯楽をつくるための苦肉の策だったのだ。

ペーター・ツェルニーは、リプシダンスの誕生を祝って次のように綴っている。「われわれには自分たちのダンス音楽があるのだ！　しかも新しいダンス、リプシだ。これは社会主義国家のみならず、デンマークやスウェーデンやイギリスなどの外国で大いに注目を浴びている」[Czerny 1959：7]。実態は社交ダンスさながらの代物ではあったが、リプシダンスは国家公認のダンスとして明るい未来を期待されていたのだ。

ツェルニーがリプシダンスを「自分たちのダンス」と言い切ったのは理由がある。リプシダンスの音楽はラテンアメリカのカリプソをモデルにしている。カリプソの拍子が四分の二拍子であるのに対して、リプシダンスは四分の六拍子である。四分の六拍子とは、四分の三拍子の「ワルツを二倍」に引き伸ばした拍子だ。リズムはワルツとは異なるが、拍子はワルツに近いのだ。また、ツェルニーはドビアンスキ以外の作曲家によるリプシダンスにも言及し、「メロディーにドイツ的要素がどんどん入り込み」、「われわれの国家的音楽に外国の要素が溶け込んでいく」と指摘する［Melodie und Rhythmus 1959a：3］。ワルツ風の拍子、ドイツ的なメロディーという特徴をことさら強調することで、リプシダンスはドイツ音楽の伝統を踏まえた東ドイツ国民にふさわしいダンスとして祭り上げられたのである。

では、リプシダンスはいったいどこで踊られ、どのように普及したのだろうか。発表から二ヵ月後の一九五九年三月、テレビ、デーファ（東ドイツの映画会社）の週間ニュース、ダンス競技会などでリプシダンスが紹介された。また、レストランやドイツ青年団の集会でもリプシダンスの導入が決まった。参加者は、雑誌『メロディー&リズム』やその他の解説書でステップを習得して本番に挑んだ（図7-2）。さらに、誕生から一年後の一九六〇年になると、リプシダンスは社交ダンスの発祥の地イギリス、スカンジナビア半島、西ドイツでも注目されるようになった。プラハでは、ダンス学校の授業にリプシダンスが採用された［Melodie und Rhythmus 1960：2］。

雑誌記事に見られるようにリプシダンスはしばらくのあいだ快進撃を続けていたが、一年ほど経つ頃には雑誌からもダンスホールからもリプシダンスの名前は消えていた。それもそのはず、一九五九年一一月二日、リプシダンスの名前の由来となったライプチヒで反対運動が起こったのだ。若者たちは「われわれにはリプシもアド・コール（リプシを演奏するオーケストラ）も必要ない。エルヴィス・プレスリーのロックンロールが必要なんだ！」というスローガンを掲げて行進した［W. 1959：2］。こ

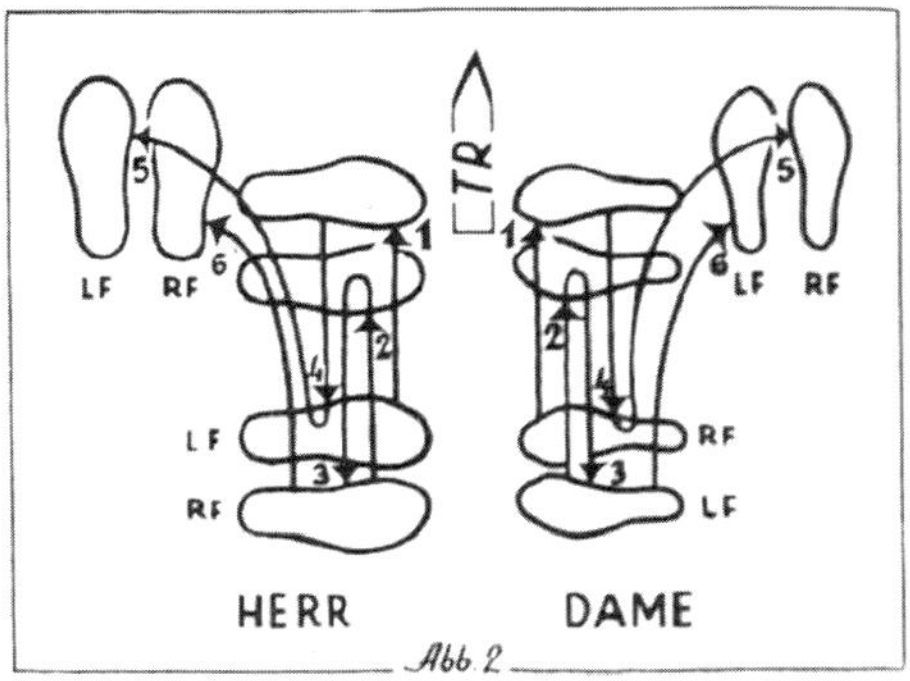

図7-1
リプシのステップには様々な種類があり、雑誌『メロディー&リズム』ではステップの詳細が事細かに説明された。Melodie and Rythmus［1959b: 20］

図7-2
音楽雑誌『メロディー＆リズム』1959年１月号２巻の表紙。

の反対運動は、ライプチヒとベルリンの中間に位置する小さな町ルッケンヴァルデにも飛び火した。ここでは若者が政治集会にポータブルラジオを持ち込み、大音量で西ベルリンのラジオ放送局（ＲＩＡＳ）の番組を流したため一五人が逮捕された。

娯楽を社会主義的に解釈するところまではうまくいったものの、ロックンロールの「オルタナティブ」として考案されたリプシダンスは、若者が求めるダンス音楽の実態にはそぐわなかった。よい娯楽についていくら理論武装したところで、リプシダンスにドイツ的要素があると力説したとしても、東ドイツの官僚はロックンロールのリズムとダンスに太刀打ちできなかった。リプシダンス政策は、国家の意図に反して若者のロックンロールへの熱狂をさらに増幅させる結果となったのである。

（3）　娯楽は芸術である！

一九七〇年頃になると、「娯楽芸術」という東ドイツ特有のジャンルが登場し、ロックンロールを含む娯楽全般がこのジャンルに入れられた。ブルジョワ的で退廃的な娯楽を「娯楽芸術」として再定義したことで、国家は社会主義的な芸術ジャンルとして大手を振って娯楽を奨励できるようになったのだ。「娯楽芸術」という不可思議なジャンルは、なぜ東ドイツで誕生したのだろうか。

まず、「娯楽芸術」という言葉はいつ頃から使われるようになったのだろうか。一九七一年、ホルスト・スロンマは、博士論文をもとに『娯楽の意味と芸術（*Sinn und Kunst der Unterhaltung*）』を書き上げ、社会主義にとって娯楽とは「永続的な社会的価値があり、社会主義に適した生活に内在する構成要素」であると定義した［Slomma 1971 : 40］。さらに彼は、社会主義と資本主義の娯楽は本質的に異なるのであり、社会主義国家にも娯楽は必要だと主張する。社会主義的な娯楽を肯定したスロンマの著書は、「娯楽芸術」という新しいジャンルを正当化し、普及させるきっかけとなったのだ。

一九七〇年に刊行された『文化政策辞典（*Kulturpolitisches Wörterbuch*）』は、「娯楽芸術」を次のように定義している。

> ダンス音楽、娯楽音楽、レビュー、サスペンス文学、犯罪映画、パントマイム、風刺画など、教育的に楽しむことができる芸術ジャンル・様式。楽しいだけのジャンル・様式とは異なる。［Bühl 1970 Hrsg. : 534］

音楽、文学、舞台、ダンス、映画、絵画など「娯楽芸術」に含まれるジャンルは多岐にわたる。ジャンルだけみると娯楽となんら変わりない。娯楽と異なるのは、「芸術ジャンル・様式」として定義づけされ、「教育的に楽しむ」ことができるという点だけなのだ。「娯楽芸術」という言葉を使うことで、東ドイツは西側諸国の娯楽を「娯楽芸術」として社会主義的に正当化することに成功した。

一九七一年、ウルブリヒトに代わってホーネッカーが指導者の座につくと、文化政策の方針もそれまでとは大きく変化した。「娯楽芸術」に位置づけられたロックンロールは、青少年政策と文化政策の重要なファクターとして国を挙げて支援する対象になった。西側からロックを輸入するのではなく、東ドイツ独自のロックを確立しようとしたのだ。東ドイツでは、ロックンロールは「ビート」や「ロック音楽」と呼ばれ、資本主義諸国の「単なるコピー」ではなく「芸術的に独立」したジャンルとして西側のものと区別された［Wicke 1987：12］。社会主義的文脈から理論的に正当化された娯楽は、実践の現場にも導入され、東ドイツにもようやくアメリカのロックに対抗する独自のポピュラー音楽を制作する土台がつくられたのだ。

(4)　東ドイツ製ロックの興隆

一九七〇年代の東ドイツでは、プディーズ（Puhdys）が国家肝いりのロックバンドとして活躍していた。彼らは、新しい指導者であるホーネッカーの文化政策方針とうまく折り合いをつけ、東ドイツの音楽制作の環境にも適応したのだ。一九八二年には、ロックバンドではじめて東ドイツの国家賞を受賞し、海外でツアーをするまでになった。プディーズの曲は、前ノリのリズムと口ずさみやすいメロディーが特徴で、ロックというよりもむしろフォークに近い。東ドイツのロックは、どのような文化政策と音楽制作環境のなかでつくられたのだろうか。

ホーネッカーは国家プロジェクトとしてロックを支援したが、誰でもどこでもロックすることを許容したわけではなかった。むしろ国家が定める条件をクリアしなければ、音楽活動をすることは容易ではなかった。

まず、クラシックであれポピュラー音楽であれ、どんなジャンルのミュージシャンも公的な場で活動するには国家が発行する職業資格証明書が必要だった（図7-3）。東ドイツの音楽大学に入学し、卒業試験をパスしなければならなかったのだ。卒業試験では、芸術性や技術力はもとより政治的立場が問われた。このミュージシャン認定制度は、東ドイツのポピュラー音楽にある特徴をもたらした。ミュージシャンたちは、望むと望まざるとにかかわらず音楽大学でクラシックやミュージカルなどの素養を身に着けなければならなかったのだ。(3) 東ドイツのロックがクラシック音楽と親和性があり、ロックとは名ばかりの牧歌的でフォーク的なリズムとメロディーをもつのはこのような教育制度に起因している。

東ドイツでは、プロデューサー、作詞家、作曲家、ミュージシャンたちが一堂に会して、音楽、テキスト、制作について議論しながら共同で作業を進めていた。共同制作には、さまざまな人から助言を得ることができるという利点だけでなく、検閲をかいくぐるための機能があった。たとえば、ラジオ局の音楽部長であり娯楽芸術委員会の議長代理であったホルスト・フリーゲル（H. Fliegel）は、ラルフ・ペーターセン（R. Petersen）というペンネームで作詞家として活躍していた。当局に近い人物を共同制作のメンバーに加えることができれば、彼の助言をもとに検閲にひっかからない安全な音楽を制作することができたのだ。

共同制作によるメンバー内での事前検閲は、検閲にかからない範囲で自由に制作することを可能にした。この制作環境を支えていたのは、レコード会社でありラジオ局でもあった「アミーガ（AMIGA）」だ。東ドイツの音楽制作の現場はこのアミーガに一極集中していたため、政府からアミーガに派遣される幹部たちは、ミュージシャンたちを監視するという任務を果たしながら、音楽制作の手助けをしていたのだ。この頃の東ドイツでは、このシステムに適応し、それを活用することさえできれば、ミュージシャンとして活動することはそれほど難しくなかった。

プディーズは、これらのシステムにうまく適応しただけでなく、メディアミックスによって成功を手にすることができた。東ドイツの大ヒット映画『パウルとパウラの伝説（Die Legende von Paul und Paula）』（一九七一年）に彼らの音楽が起用されたのだ。シングルマザ

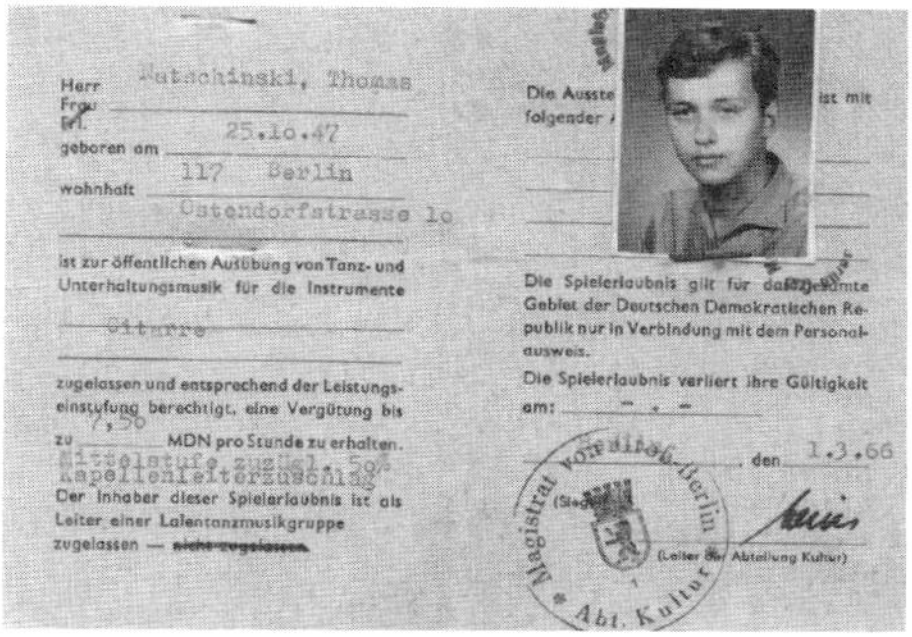
Herr Frau Frl. Putschinski, Thomas
geboren am 25.10.47
wohnhaft 117 Berlin
Ostendorfstrasse 10
ist zur öffentlichen Ausübung von Tanz- und Unterhaltungsmusik für die Instrumente
Gitarre
zugelassen und entsprechend der Leistungseinstufung berechtigt, eine Vergütung bis zu 7,50 MDN pro Stunde zu erhalten.
Mittelstufe zuzügl. 50% Kapellenleiterzuschlag
Der Inhaber dieser Spielerlaubnis ist als Leiter einer Laientanzmusikgruppe zugelassen — nicht zugelassen.
Die Spielerlaubnis gilt für das gesamte Gebiet der Deutschen Demokratischen Republik nur in Verbindung mit dem Personalausweis.
Die Spielerlaubnis verliert ihre Gültigkeit am: — . — . —
den 1.3.66
Magistrat von Groß-Berlin
Abt. Kultur
(Leiter der Abteilung Kultur)

図7-3

1966年に発行されたアマチュア・副業音楽家用の演奏許可書。Michael Rauhut, *Rock in der DDR*, Paderborn: Bonafatius Drock Buch Verlag, 2002, p. 13.

ーの主人公パウラはスーパーのレジ打ちで生計を立てている。パウラの隣のマンションに住む妻子持ちの国家官僚パウルは、パウラとディスコで出会い、情熱的な恋に落ちる。東ドイツの日常を舞台とし、若者の自由な恋愛を生き生きと描いたこの映画に合うのはクラシック音楽ではなかった。映画音楽を担当した作曲家のペーター・ゴットハルト（P. Gotthardt）は、主人公パウラにはロックが合うと考え、プディーズの起用を決定した［高岡 2011］。東ドイツの日常をポップな音楽にのせて描いたこの映画は、三〇〇万人という観客動員数を記録し、東ドイツはじまって以来のヒット作になった。

東ドイツのロックは、国家主導の文化政策によって誕生し、国家官僚とミュージシャンの特殊な関係性のなかで制作がすすめられた。その内実は、ロックという名には到底ふさわしくない「あらゆる極端を避けたバランスのよい平凡さ」［Hannover/Wicke Hrsg. 1994：20］を特徴とする音楽だった。ジャズやロックンロールに対抗できる「娯楽芸術」として、東ドイツがつくりあげたのは、東ドイツのロックとしか言いようのないポピュラー音楽であった。

同じ頃、西ドイツではクラウトロックが隆盛を極めていた。ファウストはノイズ音楽やインダストリアル・ミュージック、クラフトワークはテクノや電子音楽の分野を開拓し、ロックというよりもむしろ前衛音楽との結びつきが強かった。西ドイツではロックは、アンダーグラウンドで前衛的な文化に属していた。それに対して、東ドイツのロックは国家の支援を受け、ロックというよりもクラシック音楽や民謡に近い特徴をもつ音楽であった。東西交流がほとんどなかったとはいえ、西ドイツは管理国家として、東ドイツは敵国としてアメリカに対峙するなかでこれほど対照的な音楽文化をうみだしたことは興味深い。

4　新しい世代、アンダーグラウンド音楽

（1）平和のためのロック

一九七〇年代半ばになると、アメリカではパンク・ロックが、イギリスや西ドイツではニュー・ウェーブが音楽シーンを賑わすようになった。東ドイツでも、この新たな波に影響を受けたシティ（City）、パンコウ（Pankow）、シリー（Silly）といった新しい世代が登場した。七〇年代後半に活動をはじめた彼らは、七〇年代前半に活躍したプディーズと比較すると、苦しい状況に置かれていた。東ドイツの経済状況が落ち込むなか、以前にも増して厳しい環境での音楽制作を余儀なくされたのだ。

一九八二年、財政難に苦しむようになった東ドイツは、クラブと文化館の維持費を一〇分の一に削減し、ミュージシャンへの助成金も大幅に減らした。すると主催者たちはコンサートの回数だけは維持しようと、報酬料の安いミュージシャンを雇うようになる。これによって報酬料が高いベテランが影響を受けただけでなく、若手ミュージシャンの活動の場も減少した。新しい世代のミュージシャンたちは、国家による手厚い支援を受けるどころか厳しい音楽環境のなかで淘汰されていったのである。

一九八二年一月八日から一〇日の三日間、東ドイツではドイツ青年団（ＦＤＪ）と娯楽芸術委員会（Komitee für Unterhaltungskunst）主催の「平和のためのロック（Rock für den Frieden）」が開催された。平和を謳ったこのフェスティバルは、ソ連のアフガニスタン侵略によって冷戦の緊張関係が高まるなか、文化政策の成功を国内外にアピールすることを目的として企画された。

第一回「平和のためのロック」には、六〇年代から活躍するベテランのシュテルン・マイセン・コンボ（Stern

Meißen Combo）、七〇年代の黄金時代を築いたプディーズ、新しい世代のカラット（Karat）など東ドイツの一五のグループが参加した。その他、各国からミュージシャンが招聘され、フェスティバルの来場者は一万一〇〇〇人を記録した。「平和のためのロック」の開催は、国家の思惑とは逆に東ドイツのポピュラー音楽界に大きな変化をもたらすきっかけをつくった。

第三回「平和のためのロック」（一九八四年）には、西ドイツからケルンのバンド、バップ（BAP）が招待された。彼らはこのフェスティバルに参加するだけでなく、東ドイツの一二の都市をめぐるツアーも同時に企画していた。ところがフェスティバル開催直前になって、バップのメンバーは東ドイツデビューに合わせてプログラムに新しい曲を追加したいと言い出した。ケルンの方言を使った「だから私たちはここで弾く（Deshalv spill mer he）」だ。歌詞のなかには、「私たちがなぜここにいるかわかってもらえないかもしれない。たしかなのは、三〇年間の冷戦が西と東に植え付けた先入観をすっかり取り払うには、一曲の歌では足りないということなんだ」というフレーズがある。自由と平和、体制がおしつけた価値観への疑念を鮮やかに謳ったこの歌詞が、東ドイツの検閲の目にとまらないわけがなかった。

バップのフェスティバルへの出演は即座に中止され、彼らは西ドイツに送り返された。数日後、東ドイツは「平和のためのロック」に関する覚書を変更し、西ドイツからのミュージシャン招聘を制限すること、将来的には各国からの客演そのものを廃止する旨、内容を修正した。この措置に反対したのが、シリーをはじめとする新しい世代のミュージシャンたちであった。「平和のためのロック」にとっても、東ドイツのポピュラー音楽界の未来にとっても、この措置が望ましいはずがないとして、政府のイデオローグであったクルト・ハーガー（K. Hager）に異議を申し立てたのだ。この提案をのんだハーガーは、覚書をもとに戻すことを承諾した。

東ドイツ、あるいは冷戦構造までをも音楽で変革しようとしたのは、西ドイツから来たバップであった。東ドイツの新しい世代のミュージシャンたちは、音楽シーンにも社会にもそれほどインパクトを与えなかったようにみえる。だが、彼らは国家の措置に抵抗するという行為によって、東ドイツのポピュラー音楽界の未来に一石を投じようとしたのだ。

（2）「ディー・アンデレン・バンズ」

一九八〇年代後半になると、若者たちは東ドイツのポピュラー音楽に関心を示さなくなった。東ドイツの若者を対象とするアンケートがその激変ぶりを明らかにしている（表7－1）。一九七九年の時点では、四九パーセントの若者が東ドイツのポピュラー音楽を好きな曲に選んでいた。ところが八四年は三一パーセント、八五年は二二パーセント、八七年には一一パーセントにまで落ち込んだのだ［Felber/Stiehler 1987：57］。これと反比例して増加したのは、資本主義諸国のポピュラー音楽を好きな曲に選んだ割合であった。一九七〇年代後半、少なくとも二人に一人が東ドイツのポピュラー音楽を好きだと答えていたのが、わずか八年間で一〇人のうち一人へと減少したのである。

東ドイツの音楽制作の環境も時代とともに変化した。一九八七年の音響機器に関する調査によれば、カセットレコーダーとラジカセを所持している割合は七五～九五パーセント、ラジオが約七〇パーセント、レコードプレーヤーが七〇～九〇パーセント、携帯ラジオが六〇～七〇パーセント、テープレコーダーとウォークマンが約三〇パーセントであった［Felber/Stiehler 1987：5］。多くの人々が日常生活で音楽を楽しむ環境が整ってきたのだ。さらにテープレコーダーの普及は、ミュージシャンの新たな可能性を広げた。国家が提供するラジオ局やレコードスタジオに頼らなくとも、自宅やプライベート・スタジオで録音できるようになったからだ。

一九八六年、ラジオ局のプログラムＤＴ64のディスクジョッキーであったルッツ・シュラム（L. Schramm）は、

表7-1　好きなポピュラー音楽がどの国でつくられているかに関するアンケート調査。

	東ドイツでつくられた曲	資本主義国家でつくられた曲	その他
1979	49	51	—
1984	31	69	—
1985	22	71	7
1987	11	89	—

Holm Felber,/ Hans-Jörg Stiehler, *Das Verhäötnis Jugendlicher zur populären Musik:* (*POP 87*); *erste Ergebnisse der Untersuchung*, ed. Zentralinstitut für Jugendlforschungm, 1987, Leipzig, p. 57.

「パロクティクム（Paroktikum）」という番組を企画した。[4] 一九八〇年代後半になると、東ドイツでもアンダーグラウンドで活躍するミュージシャンが増えてきた。自宅録音が可能になったため、国家の支援に依存せず音楽活動を展開することができたのだ。ミュージシャンたちは、音楽、歌詞、活動のあらゆる面で反体制的な傾向をもつようになっていた。シュラムは、「ディー・アンデレン・バンズ[5]（Die anderen Bands）」と呼ばれる東ドイツのアンダーグラウンドのグループを積極的にラジオで紹介した。なかでもフィーリング・ビー（Feeling B）やサンドウ（Sandow）は八〇年代の東ドイツを代表するインディーズバンドへと成長していった。

「ディー・アンデレン・バンズ」に属するミュージシャンたちは、警官に見守られるなか野外やバーでライブをした。彼らに熱狂する若者たちは、親の反対を押し切り、電車にのって野外ライブに押しかける。[6] 東ドイツで生まれ育った若者たちは「ディー・アンデレン・バンズ」に魅了され、そこで新しい価値観を見つけたのである。東ドイツの反体制的なバンドの歌詞について、ペーター・ヴィッケは「公式イデオロギーをけなすことで、一九八九年にベルリンの壁が突如として崩壊するというステージを準備することに貢献した」と評している［Wicke 1992：204］。この指摘は言い過ぎかもしれないが、間違いとは言い切れない。

東ドイツのポピュラー音楽は、三つの潮流に分類することができる。まず、七〇年代の黄金時代を飾るプディーズをはじめとする東ドイツ製ロック、次に七〇年代後半から八〇年代初頭のパンクやニュー・ウェーブから影響を受けた新しい世代、八〇年代後半の「ディー・アンデレン・バンズ」の三つである。前者二つの潮流は、国家主導の文化政策を基盤として、特殊な制作環境のなかでつくられたポピュラー音楽だ。対照的に、「ディー・アンデレン・バンズ」は、このようなポピュラー音楽をとりまく状況に対するアンチテーゼとして登場した。ベルリンの壁崩壊後、これら三つのポピュラー音楽はそれぞれ異なる運命をたどる。東ドイツ製ロックと新しい世代は、どちらもオスタルギーをきっかけに東ドイツのロックとして再評価された。一方、「ディー・アンデレン・バンズ」は解散に追い込まれるか、新たにアンダーグラウンドのミュージシャンとして活動するかいずれかの選択を迫られたのだ。

(3)　ドイツ語の歌詞

東ドイツでつくられたポピュラー音楽のほとんどがドイツ語で書かれている。一九八四年に西ドイツからやって来たバップは、「だから私たちはここで弾く」の歌詞が問題視され、西ドイツに追い返された。東ドイツの検閲は歌詞を中心におこなわれていたのだ。七〇年代までは、国家によるミュージシャン認定制度が効力を発揮していたし、公的に活動できるミュージシャンの数も限られていたため、取り締まりにそれほど苦労することはなかった。それが「ディー・アンデレン・バンズ」の世代になると、パンクやニュー・ウェーブやプログレッシブ・ロックなど様々なジャンルの音楽から影響を受けるようになる。彼らを取り締まるためには、シュタージ（秘密警察）が新しい音楽シーンの動向に精通している必要があった。例えば、パンクの若者たちは、髪型や服装、活動の場所などの外見や行動範囲で判別することができた。そのためシュタージは、パンク、ヘビメタ、スキンヘッド、ポッパーの若者たちを髪型、服装、態度などで判断するためのリストを作成しなければならないほどであった。[7] このようなシュタージによる心もとない検閲をあてにするよりも、歌詞で判断するほうが確実だったのだ。

ドイツ語で歌詞を書くのは、もちろんシュタージのためではない。ドイツ語で書くことで、ミュージシャンは

表7-2　ポピュラー音楽の歌詞に興味を持つ理由に関するアンケート調査。

	ドイツ語だから興味がある	ドイツ語でなくても興味がある	歌詞に興味がない
全体	41	52	7
大学生	23	76	1
研修生（大学入学資格有）	31	65	4
会社員	50	50	0
研修生（大学入学資格無）	43	47	10
労働者	47	44	9
学生	30	52	18

Holm Felber,/ Hans-Jörg Stiehler, *Das Verhältnis Jugendlicher zur populären Musik:* (*POP 87*)*; erste Ergebnisse der Untersuchung*, Ebenda, p. 46.

メッセージをダイレクトに伝えることができたのだ。東ドイツの人々がポピュラー音楽の歌詞にどれほど興味をもっていたかを示すアンケートがある。一九八七年のアンケートでは、ドイツ語であれば興味があると答えた人は四一パーセント、ドイツ語でなくとも興味があると答えた人は五二パーセント、歌詞に興味がないと回答した人は七パーセントであった（表7－2）。この結果は、東ドイツ人の九割以上がポピュラー音楽の歌詞に興味があることを示している。ドイツ語の歌詞でなくても興味があると答えた人が五二パーセントもいるのは、レコードやカセットが普及し、英語の音楽に触れることができるようになったからである。東ドイツの人が歌詞をじっくり吟味するのは、多くのポピュラー音楽に触れる機会がなかったからだろうか。その内実はわからないが、彼らの関心が歌詞にあったことは確かだ。

ミュージシャンたちは、歌詞にどのようなメッセージを込めていたのだろうか。プディーズの「生きるということ（Wenn ein Mensch lebt）」、新しい世代のシティの「壁と壁（Wand an Wand）」、「ディー・アンデレン・バンズ」のサンドウによる「沈黙とスローガン（Schweigen und Parlen）」を例にとり、歌詞の一部を比較してみよう。

プディーズの「生きるということ」は、映画『パウルとパウラの伝説』のオープニングと挿入歌に使われた。

早世したら、早すぎる死だと言われる。彼女が動くまで起こしちゃいけないよ。ぼくは彼女の影のなかで眠っていたんだ。彼女は美しかった。ぼくが起きると彼女は出て行った。彼女が動くまで起こしちゃいけないよ。ぼくは彼女の影のなかで眠っていたんだ。

次にシティの「壁と壁」を見てみよう。

二〇センチしか離れていないのにぼくたちはわかり合えない。会いたかったらこの家を出ていかなければならない。きみが笑うと向こうの国から笑い声が聴こえてくるみたいだよ。壁と壁、壁と壁。

最後にサンドウの「沈黙とスローガン」の歌詞の一部を見てみよう。

ぼくがキスするときみは目覚めた。きみは手懐けられたままだ。きみの舌はけだもののよう。争いを避けるきみは無気力だ。この沈黙は大きくなる。沈黙とスローガン。叫び声とピストル。眠りと意志。そしてエゴと完全なる静けさ。

プディーズ、シティ、サンドウと時代を経るごとに歌詞が過激になっていくことがわかる。「生きるということ」の歌詞は、映画の主人公が子どもを産んですぐに死ぬことを暗に示している。「彼女の影で眠っていたんだ」という箇所を「彼女」を「東ドイツ」に置き換えると、東ドイツで生きる人々が国の影で生きている様を表しているると解釈することもできる。だが、映画の内容、歌詞全体から考えると、それほどの深読みは意図されていないだろう。一方、「壁と壁」は明らかに東西ドイツを分断するベルリンの壁を指している。「ぼく」と「きみ」、すなわち東ドイツと西ドイツが通じ合えないのはベルリンの壁があるからだというのがメッセージだろう。さらに「沈黙とスローガン」の歌詞は、穏やかではない主張を含んでいる。「沈黙」や「静けさ」という言葉と、それとは対照的な「けだもの」や「ピストル」や「意志」といった言葉を並列して使うことで、抑圧された現状を打破したいという欲望を表している。とはいえ、何を言わんとしているかはっきりしないのは、「メタファーを入れることで検閲から逃れる」ことを狙っていたからだ［Wicke 1999a：324］。

このように東ドイツのミュージシャンは、彼らの立場を歌詞で表明し、メッセージを伝えようとした。東ドイツで誕生した三つのポピュラー音楽の潮流は、時代や音楽的特徴で区分することもできるが、彼らの立場をより端的に表しているのは歌詞だ。東ドイツのミュージシャンに共通する特徴がドイツ語の歌詞であり、彼らのアイデンティティにもなっている。一方、国際的に活躍した西ドイツのクラフトワークは、海外向けに英語で歌詞を書いている。ドイツでは現在、ドイツ語で歌詞を書くミュージシャンが増えている。ドイツ語の歌詞にアイデンティティをみいだした東ドイツのポピュラー音楽の伝統は、現在のドイツ音楽シーンにも継承されているのではないだろうか。

5　ドイツ音楽になった赤いポピュラー音楽

東ドイツでは、社会主義体制のもとで三つのポピュラー音楽が花開いた。七〇年代の東ドイツ製ロック、それに続く七〇年代後半から八〇年代前半の新しい世代、八〇年代後半のアンダーグラウンド音楽である。現在、東ドイツのポピュラー音楽として再評価されているのは、東ドイツ製ロックと新しい世代に属したミュージシャンたちだ。ソ連や東欧諸国などの旧社会主義国でもポピュラー音楽は制作されていたが、体制崩壊後はほとんど顧みられていない。チェコスロヴァキアのロックバンド、オメガ（OMEGA）は本国のみならず東ドイツでも活躍し、現在もドイツで活動している。しかし、オメガなど東欧のポピュラー音楽は自国でリバイバルしているわけではない。東ドイツのロックだけがベルリンの壁崩壊後、再評価されるようになったのだ。

東ドイツにポピュラー音楽が誕生したのは、アメリカのジャズやロックに対抗するためであった。ポピュラー音楽という形態に落ち着いたのは、国家主導によるさまざまな試みが失敗した結果である。はじめは国民オペラを創作することで東ドイツ独自の音楽文化をつくり上げようとしたが、それがうまくいかず、社交ダンスさながらのリプシダンスを考案したが、これも成功しなかった。娯楽を拒絶しては埒が明かないことを悟った東ドイツは、「娯楽芸術」というジャンルのなかにロックを位置づけることで東ドイツのポピュラー音楽を支援しはじめた。「赤いポピュラー音楽」はこのように誕生したのだ。そして八〇年代になると、経済困窮のなかで新たな世代が台頭し、平和運動を契機に国家の意図に反して反体制的な音楽活動をするミュージシャンが登場した。

このように社会主義体制のもとで多様なポピュラー音楽が誕生したことは、ソ連やその他の東欧諸国と比較しても例をみない。アルバート・O・ハーシュマンは、ベルリンの壁が崩壊したことで、東ドイツでようやく西側への「退出」と国家への「告発」が起こったと指摘する［ハーシュマン 2004 : 14］。東ドイツの人々は国家を「告発」しなかっただけでなく、亡命による「退出」すらなかったのだ。一九六一年に壁が建設されるまでは、東ドイツの人々が西側へ「退出」することは容易であったし、その後もトラバントに隠れたりパラシュートを使ったりして亡命する方法もあったはずだ。だが、東ドイツに残った人々はそれを選択しなかった。彼らが暮らした東ドイツは、シュタージによる監視国家ではあったが、ソ連ほど徹底した文化統制がなされていたわけでもなかった。国家は日和見的な文化政策を施行し、作り手も受け手もそれに反発するでもなくなんとなくその状況を受け入れ、そこから東ドイツ特有の文化が誕生したのだ。東ドイツのポピュラー音楽は、このような国家による文化政策と東ドイツから逃げもしなければ反発もしない「消極的な」国民の順応力からうまれた。

東ドイツ製ロックと新しい世代の音楽は、フォークソング的であり、歌詞も反体制的ではない[(8)]。英米とは異なり、東ドイツでは「ロック」と銘打った音楽が社会体制や現状に対する抵抗としては機能せず、国民オペラの代替、あるいはジャズやロックンロールに対抗する国民音楽として受容された。「東ドイツロック（DDR-Rock）」と称される東ドイツのポピュラー音楽は、「ロック」という名前を借りたドイツ音楽だったのである。だが、八〇年代後半に登場したアンダーグラウンド音楽のミュージシャンは、音楽で国家に意義申し立てしようとした。その点で彼らの動向は、国際的なポピュラー音楽の潮流とそれほど違いはない。ところが反体制的でも国際的でもなかった七〇年代、八〇年代前半の東ドイツのポピュラー音楽が、再統一後のドイツでふたたび注目を浴びている。ロックとしてよりもむしろドイツ音楽や国民音楽として、東ドイツのポピュラー音楽は再統一後の国家と国民のアイデンティティ形成に必要とされているのではないだろうか。国がなくなった今も、東ドイツのポピュラー音楽は淘汰されるどころか、新しい音楽として受容され、うまれかわろうとしているのである。

註

（1）　ブレヒト、アイスラー、デッサウはそれぞれ一九四八年に東ドイツに戻った。東ドイツの国歌「廃墟からのよみがえり」は、文化大臣を務めた詩人ベッヒャーの詩にアイスラーが作曲したものだ。この功績により、ベッヒャーとアイスラーは東ドイツの国家賞を受賞した。

（2）　この言い回しは、七〇年代にロックという言葉が公式に使われるようになってからも雑誌や会議のプロトコルのなかでも頻繁に使用された。ロックンロールはそのほかに「ビート」、「ロック音楽」とも呼ばれていた。

（3）　一九六一年に結成されたジャズバンド、テオ・シューマン・コンボのリーダーであり、作曲家で編曲家のテオ・シューマン

(Theo Schumann) は、ドレスデン音楽大学でクラシック音楽を専攻していた。歌手や女優として活躍したヴェロニカ・フィッシャー (Veronika Fischer) も、ドレスデン音楽大学でシャンソンとミュージカルを学んでいる。一九六九年に結成されたドレスデン発のロックバンド、エレクトラ (electra) もまたメンバー全員がドレスデン音楽大学の出身者であった。

(4) 番組は土曜の夜二二時から二四時までの二時間であった。シュラムはラジオ番組を放送するだけでなく、その放送をＬＰにするために録音した。

(5) ディー・アンデレン・バンズとは八〇年代に活躍したバンドの総称で、フィーリング・ベー (Feeling B) やアーゲー・ガイゲ (AG Geige)、ハードポップ (Hard Pop) などのバンドが含まれる。ニューウェーブ、エレクトロ、パンクなどジャンルは多岐にわたり、体制批判的なテクストが特徴になっている。

(6) 八〇年代の東ドイツのインディーズバンドの活動状況については、ドキュメンタリー映画『囁きと叫び (Flüstern & Schreien)』[DVD. Icestorm Entertainment GmbH. 2002] に詳しい。

(7) シュタージの職員たちはパンク、スキンヘッド、ヘビメタル、ニューロマンティックなどの項目に分類し、名称のドイツ語訳、服装、髪型、社会的出自、思想、態度、特筆すべきことの七つの項目についてそれぞれ特徴を記載し、若者たちの取り締まりに活用した。[Rauhut 2002：116]

(8) プディーズは、「ドイツを想う (Denk ich an Deutschland)」のタイトルに東ドイツではタブーであった言葉「ドイツ」をあえて使った。だが、一九八四年に発売されたレコードでは「ぼくは忘れたくない (Ich will nicht vergessen)」というタイトルに変更している。東ドイツの国家公認アイドルであったプディーズでさえも、八〇年代に入るとこのような行動に出たことは忘れてはならない。

第八章　東ドイツ「平和革命」と教会

建設兵士の活動を中心に

市川ひろみ

天国は、一粒のからし種のようなものである。ある人がそれをとって畑にまくと、それはどんな種よりも小さいが、成長すると、野菜の中でいちばん大きくなり、空の鳥がきて、その枝に宿るほどの木になる。

（マタイによる福音書　第一三章三一―三二節）

1　静かに準備されていた「平和革命」

一九八〇年代末の東ドイツ市民による抗議・民主化運動の帰結として、ホーネッカーSED第一書記の退陣から「ベルリンの壁」の開放、自由選挙へとつながった体制転換は、のちに、「平和革命」と名づけられた。東ドイツ「平和革命」については、「ベルリンの壁」が「崩壊」した一一月九日が注目されがちであるが、体制変換の平和的な進展を決定づけたのは、それに先立つライプチヒで大規模なデモが行われた一〇月九日だった。本章では、ライプチヒのこの「決定の日」にいたる人々の活動に注目する。

東ドイツでは、ＳＥＤ体制を転換させることは壁崩壊の直前まで、非現実的であった。個人の良心・自由を尊重しない抑圧的な権威主義体制下では、人々の自由意思による活動は極めて制限されていた。それでもなお、自らの良心に従って生きていくことができないと感じた人々は、よりよい社会を求めて活動していた。最も早い時期から「平和革命」に至るまで継続的に活動していたのは、建設兵士（Bausoldaten）ら兵役拒否者（Kriegsdienstverweigerer）(1)であり、彼らの多くが、キリスト教信徒、牧師、神学者など教会に関わりをもつ者だった。彼らは、国家権力の統制から自由な活動を展開し、限られた空間ではあったが、社会主義の公式イデオロギーによらない公共圏を形成した。彼らは、分断国家における平和を包括的に捉え、自分たちの住む社会をよりよいものにするために、少人数のグループで活動した。彼らは、教会による保護の下に、自由な議論の場とグループのネットワークをつくりあげた。よりよい社会をつくりだそうとした彼らの営みは、特に一九八〇年代後半以降、多くの人々の不満や要求を集約する場を提供することとなった。

東ドイツでは八九年に至るまで、組織化された反体制運動は見られなかった。それにもかかわらず、短い間に各地で一斉に平和的な抗議行動が可能であったのは、四半世紀に及ぶ地道な活動と人びとのネットワークがあったからである。六〇年代半ばから運動を担っていた人たちは、社会主義体制を打倒し、自らが権力の座につこうとしたのではなく、「革命」を望んでいたわけでもない。もとより、西ドイツの体制を選ぼうとしたのでもない。デモをはじめとする抗議活動に参加した多くの人々は、自分たちの国の主人公として、自らの意見を主張し、社会に参画することを求めたのだった。

2　「社会主義のなかの教会」による「自由な空間」

（1）「社会主義のなかの教会」

東ドイツにおいて、教会は特殊な地位を得ていた。ＳＥＤは、政治、経済、文化、スポーツにいたるあらゆる社会分野の組織を、国家のイデオロギーを伝え、統制するための「大衆組織（Massenorganisation）」として再編した。唯一、教会のみが人事や機構について自ら決定する権利を保持し、国家の統制から自立した空間を維持することができた。教会が伝統的に所有していた森林や土地についても、土地改革、農業集団化の対象から除外された。教会は多くの病院や老人ホーム、養護施設、保育所などを運営しており、その大部分については国家が職員の給与を支払っていた。

東ドイツ地域ではルター派の伝統が強く、福音教会は、東ドイツ全土に七〇〇〇以上の教区を有し、建国当時の一九四九年には、住民の八〇パーセントが福音教会に属していた(2)。東ドイツの福音教会は、かつて、ナチスの体制に迎合して多くの信者を戦場に送り込んだ反省から、ナチス政権下の「告白教会(3)（Bekennende Kirche）」の伝統をその拠り所とした。国家に追随することなく自らの精神的な独立を貫いた告白教会にならい、東ドイツの福音教会は、宗教を否定する社会主義国にあって、教会の精神的な自由を守り、教会独自の「自由な空間」を確保することを自らの最も重要な課題とした。福音教会はその神学的、歴史的特性から社会的な問題へ関与することを自らの使命とみなしていたのに対し、カトリック教会は社会問題にあまり積極的には取り組まなかった。本章では、福音教会に的を絞って論じる。

ドイツでは、歴史的に教会と世俗権力との密接な関係があった。教会の収入源である教会税は、国家が徴税を肩代わりしたり、学校での宗教教育をその地域の牧師が行うこともあった。しかし、社会主義国家である東ドイツ建国直後の教会政策を特徴づけていたのは、無神論的プロパガンダであり、聖職者らの逮捕や国外追放が相次いだ。教会税の国による徴収、学校での宗教教育は廃止され、大学の神学部では無神論の授業が必修とされた。そのような東ドイツでは、信仰をもって教会の下に生きることは、自らを社会的に不利な立場に置くことを意味した。

スターリン死後のソ連の政策転換を受けて、東ドイツの教会政策にも変化が見られるようになった。一九五三年六月に福音教会と国家のトップ会談が行われ、以後、ＳＥＤと教会は交渉を重ね、安定した協調関係を模索する。教会は、宗教を否定する社会主義政権下でキリスト者が信仰をもって生きることを自らの目的とした。そして、一九七一年、「社会主義と無関係の教会でも、社会主義に反対する教会でもなく、社会主義社会における教会（アルブレヒト・シェーンヘル A. Schönherr）」としての「社会主義のなかの教会（Kirche in Sozialismus）」を提唱した。(4) 教会は、国家との建設的な連帯はするが、国家の大衆組織とはならないとするものだった。

この「社会主義のなかの教会」は、政治については国家、宗教に関しては教会という「棲み分け」を前提としており、それぞれの活動の範囲を逸脱しなければ、国家と教会の協力関係は可能であるとされた。教会指導部は、ＳＥＤとの協調関係を構築することによって、教会独自の「自由な空間」を守ろうとした。ＳＥＤもまた、教会が党の方針に完全には同調しないことを、社会統合の手段として利用しようとした。ＳＥＤは、自らが「反体制的」とみなす人々を、教会のなかに閉じ込めることで管理し、彼らを教会指導部が統制することも期待したのだった。教会が「宗教の枠」を超えることは許されず、政治と宗教の境界線をめぐって、ＳＥＤと教会は頻繁に交渉した。

教会内での展示会や集会、セミナーなどの催しは、当局の許可は不要で、そこでの討論に制限は加えられなかった。一九七〇年代から教会内では、小規模なグループが、人権や平和問題に取り組み、セミナーなどを開催していた。キリスト教の信者に限らず、芸術家や作家も、教会を作品の発表の場とした。このような活動が可能であったのは、「社会主義のなかの教会」による教会とSEDの協力関係の下に教会内に限定された「自由な空間」があったからである。「宗教の枠」を超える活動をしたとみなされたグループのメンバーは、逮捕・拘留された。その際に国家と交渉したのは、当事者であるグループのメンバーではなく、教会指導部だった。一九八三年に、イエナの平和グループのメンバー二〇名が国外追放されたが、これは、このグループが教会から離れて活動しようとしたため、教会の保護が及ばなかったからだと考えられている。

(2)　対抗公共圏（Gegenöffentlichkeit）の形成

情報統制の厳しい東ドイツにあって、教会は、情報センターの機能も有していた。教会が入手できた国家の統制によらない情報は、一般の人々にとって大変貴重であった。東ドイツの教会は、西側諸国の教会（特に、西ドイツの協力提携教会）との情報交換を日常的に行っていたのみならず、教会指導部の人々には、西側諸国への公用旅行が頻繁に許可された。一般の市民は西ドイツにいる親戚や家族に会いに行くことさえままならなかったことと比較すると、教会は格段に西側の情報を得やすい立場にあった。教会内では、西側の新聞なども読むことができた。

印刷機はもとよりコピー機までもが国家によって管理されていた厳しい情報統制にあって、「教会内の使用に限る」と明記された小冊子やビラは検閲の対象外だった。これらの印刷物は、教会の外でも回し読みされていた。八〇年代後半以降は、教会で活動するグループによる出版が活発になされ、党による公式の情報とは異なる情報や考え方を人々に提供するのに重要な役割を果たした。例えば、一九八五年から「平和・人権イニシアティブ

（ＩＦＭ：Initiative für Frieden und Menschenrechte）」によって発行されるようになった『国境事件（*Grenzfall*）』（九〇〇部）や、一九八六年からの「環境文庫（Umweltbibliothek）」の『環境通信（Umweltblätter）』（一〇〇〇部）には、グループの活動内容や、平和、人権、環境問題、旅行制限、西側や東欧諸国の民主化運動の情報が掲載された。

東ドイツでは、党の方針に反対したり、外れたりする言動は、国家から「反体制的」「敵対的」とみなされ、進学や就職、昇進に差し障りがあった。人口約一七〇〇万人の東ドイツで、一九八九年秋の時点で、秘密警察である国家保安省（ＭｆＳ：Ministerium für Staatssicherheit）職員が九万一〇〇〇人および非公式協力者が一七万五〇〇〇人だったことに象徴されるように、人々は厳しい監視にさらされていた。(5) 国家保安省は、その頭文字から「シュタージ（ＳＴＡＳＩ）」と呼ばれ、人々から恐れられた。人々は、身近にいるかも知れないシュタージや密告者を恐れて、社会主義やＳＥＤに批判的な発言を注意深く避けるようになっていた。公の場では自由に発言することを慎まねばならず、自分の本心を語れない息苦しさを感じる人々も少なからずあった。そのような社会にあって、教会内においては、自由な議論が可能であった。

自由な雰囲気のなかで、公私の使い分けなく率直に話すことは、特に若者にとって大切だった。教会内のグループの活動に、非キリスト者の若者も多く参加するようになった。教会にとっても、たとえ信仰をもたない人であっても、若者たちが教会で活動することは歓迎すべきことであった。東ドイツにおいては、社会主義政権による信者への抑圧的な政策によって、また、世界的に進行していた社会の世俗化によっても信徒数は減少していたからである。

教会内では、芸術展示会や、自費出版活動、署名活動や抗議活動、ビラの作成や、討論会、セミナー、ワークショップの開催、私設文庫や資料館の設置などによって国家に支配されない「第二の公共圏」が形成されていった。教会は、さまざまな「別の文化」、「別の生き方」を求める人々の「オアシス」［Olivo 2001：71］となった。ライプチヒにあるニコライ教会のクリスティアン・フューラー（C. Führer）牧師によれば、教会内の集まりには、一つの考えを押しつけられることなく、それぞれが自分の意見を表明できる開放的な雰囲気が生まれていた［Führer 2009：113-115］。若者らは、仲間と率直に話し合い、自発的に活動した。

また、教会でのこのような活動のほかに、人々は、公的なイデオロギーが及ばない私的な空間へと引きこもり、個人的な空間で活動していた。出版が許可されない作品の朗読会や展示、私設文庫、音楽、演劇、コンピュータークラブ、カフェなど多彩であった。ＳＥＤは、人々が私的な日常生活にこもることで、政治から目をそらすことを期待していたが、これらの活動は、若者を国家による文化的思想的な影響力から引き離す効果があったと考えられる［井関 2009：78］。これらは、エリートの文化人・知識人とは距離をおく、手づくりの小さな公共圏であり、その特徴は、開放的で、ヒエラルキーや権威主義的な構造への拒否、非暴力、精神性、公と私の良心の一致、近代産業社会への批判があげられる［Olivo 2001：87-88］。

教会内と私的な空間に形成された人々の営みは、国家イデオロギーとは別の考え方を示し、一人ひとりが安心できる居場所だった。そこで、人々は、安定、安全、暖かさ、慰め、励まし、安らぎを見出すことができ、自己を表現することができた。これらの活動に携わっていた人々は必ずしも政治的な動機があったわけではないが、国家は、彼らの活動を「反体制的」であるとみなした。そのため、これらの「第二の公共圏」は「対抗公共圏」としての性格を帯びることとなった。

3　建設兵士らによる平和を求める活動[6]

(1)　建設部隊の設置

一九六一年八月一三日に「ベルリンの壁」が構築された直後の八月二八日、徴兵制の導入が決定された。人々の間には、第二次世界大戦の記憶もまだ生々しく、徴兵制への反対は強かった。六二年春の第一回の召集に際して二三一名、第二回の六二年秋には二八七名が兵役を拒否した。この事態に、ＳＥＤは対応を迫られた。二度の世界大戦を引き起こした反省から、西ドイツは、武器をもってする戦争役務を拒否することを絶対的な権利として、一九五六年の兵役義務法以前の四九年建国当初から基本法に規定している[7]。これに対抗し、東ドイツも人権を尊重する態度を示す必要があった。政府は六三年から審議し、六四年九月「国防省下に建設部隊（Baueinheiten）を設置することに関するドイツ民主共和国国防評議会指令」を施行した。これにより、信仰・良心のために武器を手にすることができない人が、武器をもたない建設兵士（Bausoldat）の任務につくことが可能となった。徴兵にあたって、このような個人の内面の自由に配慮する制度は、他の東欧諸国にはない[8]。

しかし、東ドイツ国内では建設部隊指令は公表されなかったため、その存在を知る人はほとんどいなかった。徴兵の対象となった若者が召集される際にさえ、建設部隊があることは教えられず、武器をもつことを拒否すると表明した場合にのみ、建設兵士となるための手続きがとられた。建設兵士となったのは、ほとんどがキリスト者だった。一九六四年から八九年までの二五年間に、二万七〇〇〇名が建設兵士を選択し、そのうち一万五〇〇〇名が建設部隊での任務を果たした[9]。七九年まで毎年およそ一一〇〇～一二〇〇名が建設兵士となった。この人数は、徴兵検査にあたっている青年総数の〇・七～〇・八パーセントにすぎない［Widera 2004 : 158］。ＳＥＤは、兵役拒否者を、「反体制派」とみなしており、彼らを、建設部隊として人民軍に取り込むことで管理しようとした。

冷戦の最前線にあった東西両ドイツにおいて兵役は、多くの当事者にとって切実な問題であり、東西ドイツのどちらの福音教会内においても、兵役拒否は盛んに論じられていたテーマの一つだった。一九六九年まで東西ドイツ教会の統一組織であったドイツ福音教会連盟（ＥＫＤ：Evangelische Kirche in Deutschland）は、五五年に「兵役拒否者保護のための法制化への助言」を公表し、直接両ドイツ政府に対して武器をもたない兵役に代わる役務の導入と、良心に従って兵役を拒否する人を保護するための立法化に向けての提言を行った。徴兵制導入後の六三年三月八日には、東ドイツの福音教会指導部協議会（ＫＫＬ：Konferenz der Evangelischen Kirchenleitungen）は、「教会の自由と奉仕のための一〇ヵ条」を発表し、良心・信仰による兵役拒否者への法的保護を要請している。さらに、六五年一一月にＫＫＬは、兵役につく兵士よりも兵役拒否者と建設兵士とを、より明確な信仰的証言とみなすと発表した［河島 2011：219］。

東ドイツの福音教会は、平和を積極的な意味で捉え、社会において自己決定と個人の人格展開の自由が保障されることが平和の条件であると考えた。政治的意思決定過程に市民の参加が極めて限定されている社会にあっても、個々人の直接的な「平和を創造する行動」は可能であるとした［Kuhrt 1984：102ff.］。教会は、人々に建設部隊についての情報を提供し、兵役拒否者に神学的な支援を行った。しかし、教会指導部の対応は、兵役に直面して苦悩する若者を十分に支援するものではなかった。ＳＥＤと教会指導部による度重なる会談では、建設部隊について取り上げられることはなく、兵役拒否について公式に論じられる場はまったくなかった。それゆえに、兵役拒否者自身が活動する必要があった。

（2）「いかがわしい妥協（fauler Kompromiss）」から平和を求める活動へ

自らの良心・信仰に基づいて兵役を拒否し、建設部隊を選んだ若者は、建設兵士となったことで、新たな困難に直面し苦悩した。建設部隊の制度は、良心に従って兵役を拒否することを基本的人権として認めるものではない。建設兵士は、文字通り国家人民軍兵士であり、建設兵士は、突撃、行進、作戦訓練などの軍事訓練には、他の兵士同様に参加しなければならなかった。武器はもたないが、上官に服従し、軍務に配置され、東ドイツの防衛政策を強化するための存在だった［Eisenfeld 1984：21］（写真８－１、２）。宣誓の文言中にある「敵」と「無条件の服従」は、多くの建設兵士に良心の問題を引き起こした。

さらに、建設兵士となった若者は、部隊内でさまざまな嫌がらせを受けた。徴集年齢上限の二六歳近くになってから召集されることが多く、既婚者や子どもをもつ兵士の割合が高かった。結婚式の翌日に召集された人もあった。自分より若い上官から、「怠け者」「犯罪者」などと日常的に誹謗された。他の兵士とは異なり、居住地から離れた場所に駐屯させられたため、週末を家族とともに過ごすことはできなかった。そのうえ、しばしば休暇が恣意的に取り消され、幼い子どものいる家庭には耐えがたい苦痛をもたらした。建設兵士の多くはキリスト教徒であったにもかかわらず、教会関係者が彼らを兵舎内に訪ねることもままならず、彼らの信仰は尊重されなかった。兵役期間を終えて除隊してからも、教育や職業選択の際に厳しい差別を受け、大学への進学はほぼ不可能だった。建設兵士経験者はシュタージによってつねに監視された。

建設部隊でのこのような体験は、建設部隊を選択した若者を個人的な決心から社会に目を向けさせる機能を果たした。彼らは、建設兵士を選択したことから、東ドイツ国家体制の問題点を先鋭なかたちで体験し、抑圧的な体制下にある東ドイツ社会において、積極的な平和に向けて活動する必要に迫られたのだった。「建設部隊での時間は、私にとって大学のようなものだった」と、建設兵士としての経験を、自分が成長する機会であったとし

Foto: Gerhard Müller, Quelle: Matthias-Domaschk-Archiv
Sommer 1965, wahrscheinliche Alteno, 1. Baueinheit der NVA beim Flugplatzbau

写真8-1　1965年夏、空港建設の任務につく建設部隊員
（撮影：Gerhard Müller、出典：Matthias-Domaschk-Archiv）

Foto: unbekannt, Quelle: Matthias-Domaschk-Archiv
Alteno bei Luckau 1966, Unterbringung von Bausoldaten der NVA,
die für den Flugplatzbau eingesetzt sind

写真8-2　1966年、ルッカウ近郊アルテノにて空港建設の任務につく建設部隊員の宿営施設
（撮影者不明、出典：Matthias-Domaschk-Archiv）

て振り返る人も少なくない［Kluge 2004：84f.］。完全に兵役を拒否することによる国家との摩擦を避けるために「いかがわしい妥協」として、建設部隊を選択したことによる悔恨の思いも、彼らを活動へと導いた。

さらに、建設部隊は、東ドイツ各地から来た若者が出会う場ともなった。多様な考え方や経歴をもつ若者が、仲間として兵役期間の十数ヵ月間を兵舎でともに過ごした。軍隊内での経験、上官からの嫌がらせや罵倒される経験から、互いに連帯するようになっていた。彼らは、毎週のように集まって平和、人権、信仰などさまざまなテーマについて語り合った。一九六六年四月、最初の建設部隊が任期を終える前に、継続的な共同作業グループが確立され、のちの平和運動の基礎となった。彼らの一部は除隊後の一九六六年、ライプチヒに集まり、全国元建設兵士年次大会を開催した。地方レベルの大会も、主に南部のザクセン地方で多く開催された。第一回目の集会からすでに社会問題についての議論がなされ、平和のための活動が組織的に始められた。

最初の建設兵士の一員であったドレスデン出身のハラルド・ブレットシュナイダー（H. Bretschneider）は、除隊後に青年牧師であったとき、建設部隊の経験者と現役の建設兵士、入隊前の若者とが交流できる場を、年二回の召集直前の五月と一〇月に設けた。そこでは、これから入隊する若者に、どのようなものを兵舎内に持ち込むことが許されるのかといった実務的な助言もあったが、「何より、お互いが勇気づけ、武器に反対する意思決定が正しかったということを確認する意味」があった［Pankau 2010：1］。

一九七三年以降、ケーニヒスバルデ（Königswalde）において年に二回開催されるようになった平和セミナーでは、若い徴兵対象者への助言や、非暴力の活動についてガンジーやキング牧師を手本として話し合われた。このセミナーは、建設兵士であったハンスヨルク・ヴァイゲル（H. Weigel）が、除隊後、地元に戻って始めたものである。彼の言葉によれば、平和への奉仕は、建設部隊の期間に限定されるものではなく、「建設兵士は一生涯続くのだった［Kluge 2004：94］。建設兵士は、各地で活動し、相互につながり、ネットワークを構築していった。

建設兵士の多くは、現役の服務期間中から、「政治的」な行動をとっており、選挙では批判票を投じていた。東ドイツの選挙は、党が作成した統一リストへの信任を問うという方法で、ＳＥＤは、常時一〇〇パーセント近い得票率を発表していた。投票所には投票用紙に記入するためのキャビネットが備えられているが、これは不信任投票する人のみが使用する。キャビネットを使用した人は、「反体制的」として当局のブラックリストに載せられると考えられていたため、ほとんどの人は、投票用紙を受け取るとそのまま投票箱に投入していた。建設兵士が集中していた地区で、五〇〇名の建設兵士が統一リストに投票しなかった場合も、ＳＥＤは得票率を九九・八パーセントと発表した。この結果から建設兵士は、一九八四年には、リューゲンにある投票所の選挙結果が操作されていたことを明るみに出すことができた［Pankau 2010 : 1］。

（3）徴兵制の変革を求める活動

建設兵士らによる活動が活発化するのは、一九七〇年代末である。七六年にはソ連は中距離核ミサイルＳＳ20を東ドイツ国内に配備した。七九年にはＮＡＴＯによる「二重決定」がなされた。これは、ソ連が新型の中距離弾道ミサイルをヨーロッパに配備する場合には、ＮＡＴＯも新中距離ミサイルを配備するというものである。さらに、八一年にはレーガン米大統領が「限定的核使用戦略」の可能性を示唆したことから、米ソの対立によって東西ドイツが核攻撃の対象となるという差し迫った危機感が人々の間に強まった。同じ時期、ＳＥＤは、東ドイツ社会への西ドイツの影響力の浸透を恐れ、双方の社会のコミュニケーションを困難にする「隔絶政策（Abgrenzung）」を展開していた。七二年の両ドイツ基本条約締結後の東西の人的交流の増大、通信状況の改善にともない、東ドイツ市民が西側と接触する機会が増加することを警戒したためである。とりわけ重視されたのが、青少年に「敵味方思考」を植え付けようとする教育だった。

一九七八年には、一四～一六歳の生徒への軍事教科が義務化された。小口径ピストルの射撃訓練も含まれていた授業に参加しなければ、大学進学にも支障をきたした。しかも、生徒たちには、建設部隊のような選択肢はなかった。この教科で成績のよくなかった生徒は、校長から警告を受けたり、退学させられることもあった。女生徒も当事者となり、また、家族にとっても重大な関心事となった。娘が軍事教科の授業に出席しなかった牧師の両親が、連日警察に出頭させられた例もある。軍事教科を拒否した生徒は少数であったが[10]、人々の間に強い反発を引き起こした。生徒の親たちによる国家や党、管轄する省への請願は、二五〇〇通に及んだ。

この軍事教科の義務化に、教会は強く抗議し、七八年八月には「平和のための教育（Erziehung zum Frieden）」キャンペーンを展開した。このように明確な態度を示したことで教会は、軍事教科を拒否した生徒にとっての拠り所となった。ある生徒は、「教会の集会に来ると、ああ、ぼくは人間として迎えられている、と思います」と語っている［カミンスキー 2010：8］。教会内にあった徴兵対象者らのための相談窓口は、生徒たちに法律上の助言や、公表されてこなかった建設部隊についての情報を提供した。武器をもつことを拒否した「先輩」たちの存在も、生徒たちにとって重要な指針となった。元建設兵士や完全拒否者は、彼らのネットワークや情報を提供して生徒たちを支援した。

一九八〇年一一月に第一回平和旬間が、西ドイツでの取り組みと並行して開催された。このときの合言葉は、「武器なしに平和をつくる――剣を鋤に（Schwerter zu Pflugscharen）」であった。「剣を鋤に」の運動は、兵役拒否の問題を国家の平和・軍縮政策と結びつけたものである。一九八一年には、ドレスデンの牧師であったフリーダー・ブルクハルト（F. Burkhardt）とクリストフ・ボネンベルガー（C. Wonnenberger）が中心となって、建設部隊に代わる「社会平和役務（ＳｏＦＤ：Sozialer Friedensdienst）」を求める運動を提案した。この運動は、社会のさらなる軍事化が進められる一方で、病院や老人ホーム、障害者支援、中毒患者や服役者の社会復帰といった分野では

写真8−3　「剣を鋤に」の図柄

人手が不足しているという認識を示し、社会のなかで最も助けを必要としている人のために具体的に貢献することを目指した。兵役に代わって病院などで勤務するＳｏＦＤの導入を求めた請願には、約六〇〇〇人が署名した。この提案には、先述の建設兵士経験者ブレッドシュナイダーも協力した。ドイツ民主共和国福音教会連盟（ＢＥＫ：Bund evangelischer kirche in der DDR）も八一年九月のギュストロウにおける教会総会で、平和の保障は軍事力によって達成されるべきではないとして、政府に対して兵役の代役としてＳｏＦＤの導入を要請した。

　ＳｏＦＤを求める運動は、「剣を鋤に」の運動と結びついて大きな広がりをみせた。この運動では、旧約聖書ミカ書第四章第三節(11)から剣を鋤に打ち替えている男性の姿を描いた「剣を鋤に」の図柄が使用された（写真８－３）。このデザインは、一九六一年にソ連が国連前の広場に寄贈した彫像をあしらったものである。ブレッドシュナイダーは、印刷許可が必要な紙にではなく、許可を必要としない布に印刷することを思いついた。当初、フェルト生地のしおりとして作成されたが、若者は、上着に縫い付けワッペンとして身につけるようになった。教会で指導的な立場にあったゴットフリート・フォルク（G.Fork）は、「剣を鋤に」のワッペンをつけて国家の代表者を訪ね、若者と連帯することを明確に示した。八二年のドレスデンでの平和フォーラムには、約五〇〇〇人がこのワッペンをつけて参加した。これに対し、ＳＥＤはワッペンを突然禁止し、逮捕者が続出した。

　ＳｏＦＤは、政府の軍拡政策、東西ブロック対立の政策を批判し、積極的な平和を求めるものであり、もとより、個人の信仰・良心の問題に留まるものではなかった。ＳｏＦＤを求めるグループは、一九八一年九月一三日月曜日にライプチヒのニコライ教会で「平和の祈り」を始めた。八二年九月二〇日以降は、毎週月曜日に続けられた。八三年には、特に多くの若者が「平和の祈り」に参加するようになり、一一月には、初めて市内でデモを行った。このとき、数十人の若者が逮捕された［Schwabe 1998 : 2］が、ＳｏＦＤは、その後も繰り返し国家に要求された。

4 「平和革命」

（1）「社会主義のなかの教会」の破綻

一九七〇年代から八〇年代には、建設兵士経験者を中心とするグループによる教会内での活動に、信徒ではない人々も多く参加するようになった。そのようなグループの活動に対する福音教会の評価は一様ではなく、個々の教会によっても態度は異なっていた。教会にとって、それぞれの教会内で活動するグループにどう対応するかは、大きな課題であった。

教会指導部は、国と教会の「棲み分け」を超えるグループによる活動が国家からの介入をまねき、教会が国家との協調関係によって維持してきた「自由な空間」を失うことを恐れた。教会指導部にとって、国家政策に批判的なグループの活動は受け入れがたい存在になりつつあり、グループに対して、「社会主義のなかの教会」の枠から逸脱しないことを求めた。グループで活動している若者は、教会指導部が彼らを「禁治産者」とみなし、彼らの「後見人」としてふるまっていると感じていた(12)。一九八九年に「平和の祈り」の内容を開始三〇分前までに報告するよう教会指導部が求めたことは、グループにとっては、国家による検閲の「延長された腕」だった。グループは、そのような教会指導部の態度をSEDの支配体制の一部と捉えた。教会内部においても、指導部のSEDとの良好な関係の維持を優先させようとする姿勢に批判的であった牧師らは、自らを教会の「底辺部」と位置づけ、グループとともに活動するようになった。彼らは、一九八六年に、「下からの教会（Kirche von unten）」を提起し、グループの自主性を重視した。八七年に開催した「下からの教会会議」には、一二〇〇名を超える参加があった。

グループによる活動は、次第に教会指導部が管理することのできないものになっていった。そのことは、「社会主義のなかの教会」による「棲み分け」からの逸脱を意味し、SEDにとっても許容しがたいものであった。ついに、一九八七年一一月二五日、ベルリンのシオン教会内にあった「環境文庫」が、夜間捜索され、七名が逮捕された。他の都市においてもグループへの捜査、尋問、拘留が相次いだ。それまで安全と思われていた教会内への権力による直接の介入であった。このことは、グループにとって大きな衝撃であり、全国規模の連帯行動へのきっかけとなった［Rüddenklau 1992 : 114ff.］。各地のグループは互いの距離を縮め、グループで活動していた人々は、弾圧しようとする権力側の思惑とは逆に、連帯することで自信を強めた［Schwabe 1998 : 3］。ライプチヒのグループも、ベルリンでの不寝番等の抗議行動に参加しており、その経験を自分たちの活動に活かすことができた。

八〇年代末には、教会指導部にも変化がみられるようになる。一九八九年四月にカトリック教会も参加したドレスデン世界教会会議で、教会指導部も建設部隊に代わる民間代替役務を公式に要求するにいたった。一部の教会指導部とSEDは、「社会主義のなかの教会」による関係を維持しようとしていたが、もはやその破綻は避けられなかった。

（2）出国希望者の急増

東ドイツでは、「ベルリンの壁」の構築以降もつねに出国希望者は存在した。一九八〇年代にはその数が増加し、比較的若く、高い教育を受けた人々が多かった。[13] 西ドイツを訪問した人々[14]は、西側の豊かな消費生活を体験し、東ドイツとの落差を実感することとなった。恒常的な物資の不足、値上がり、労働規律の低下、悪化する環境問題、社会・産業の基盤施設の老朽化などによって、人々の不満は蓄積していた［Dale 2010 : 223］。一九八五年にソ連でゴルバチョフの改革が始まり、ハンガリーやポーランドで民主化が進むなか、東ドイツ国内でも改革への期待が人々の間に高まっていた。そんななか、八七年四月、SED幹部のクルト・ハーガー（K. Hager）がソ連東欧の改革について「隣人が壁紙を張り替えたからといって、自分の部屋の壁紙を取り替える理由はない」と発言したことが報じられた。改革の必要性は差し迫っていたにもかかわらず、SEDにはその意思のないことがはっきりした。人々の失望は大きく、東ドイツ国家の将来への希望をもてなくなった人々も少なくなかった。出国申請者は増加したが、許可はされなかった。

八〇年代末には、東ドイツを脱出したいと考えた人々の多くが、出国の手段として、教会内のグループの活動に参加するようになった。SEDは、七〇年代末から八〇年代にかけて、グループのメンバーを「反体制的」であるとして国外に追放していたからである（八四年には四万一〇〇〇人、八五年には三万人）。東ドイツに絶望し国を去ろうとする人々が、東ドイツに留まり、よりよい社会をつくりだそうとするグループの活動に参入することは、多くのグループにとって悩ましい課題であった。出国希望者は、グループから閉め出されることが多かったが、ライプチヒでは受け入れるグループもあった。ニコライ教会は、「すべての人に開かれています（Nikolaikirche-offen für alle）」という看板を入り口に掲げていた。自国を去ろうと思わざるをえない状況をまねいた原因は、教会にもグループにもないが、問題を十分に直視してこなかったことには、その責任の一端があると考えたのだった。フユーラー牧師は、東ドイツに残ろうとする人々と、出国希望者との意見交換を促そうとしていた。八八年には、ニコライ教会の「平和の祈り」に参加していた人々の多くは出国希望者で、ほとんどが非キリスト者だった［Vollnhals 2009 : 253］。出国希望者が参加することで、「平和の祈り」の出席者は一〇〇〇人にまで急増した。このことは、後述するように西ドイツのメディアの注目を集めることに大きな役割を果たした。

一九八九年五月二日にハンガリーがオーストリアとの国境を開放したことによって、何万人もの東ドイツ市民がオーストリアを経由して西ドイツに出国した。ブタペストやプラハ、ワルシャワ、ソフィアなど東欧諸国の西ドイツ大使館にも、多くの東ドイツ市民が殺到した。五月の選挙不正に加えて、六月四日の北京天安門での民主化運動の武力による鎮圧を東ドイツ政府が歓迎したことで、人々の体制への批判はさらに強まり、東ドイツ各地で、抗議活動が行われるようになっていた。この頃には、ほとんどの人々は、同僚や親戚、友人など身近な人が出国していなくなる経験をするようになっていた。出国した人々は、医療従事者をはじめ専門職を中心としており、東ドイツの経済・社会状況の混乱と悪化に拍車をかけた。

混沌とした状況に直面し、人々は、自らの個人的な意思決定を迫られるようになった。

（3）ライプチヒ、教会から路上へ

東ドイツでは、厳しい情報統制がなされており、自国メディアが党の広報機関でしかないとことは人々にとっても明らかだった。東ドイツでは、西ドイツのテレビ番組を視聴することは許されていなかったが、西側のテレビ放送は、東ドイツの広い地域で受信することができた。人々は、公共放送では報道されない情報への渇望から、日常的に西ドイツのテレビ番組を視聴していた。

教会で活動していたグループにとって、西ドイツのテレビ放送は、彼らの活動を、多くの東ドイツの人々に知

らせる貴重な広報手段だった。ニコライ教会は、西ドイツテレビ局の報道によって、人々が国家に対する不満や怒り、改革への要求が集約され表現される場として広く知られるようになった。その一方で、西側メディアがグループの活動に弊害をもたらした側面もある。グループ内で誰がインタビューに応じるかといったことから諍いをまねいたり、西側メディアが望むような発言に注意が向くあまり、地道な活動がおろそかになることさえあった。とはいうものの、西側メディアは、彼らの活動にとっては重要な存在だった。外国報道機関のジャーナリストの存在は、デモへの当局による弾圧を抑制させる効果もあったからである。ライプチヒには、国際見本市会場があり、見本市の期間中は、西ドイツを含む外国メディアが取材に訪れていた。八九年春の国際見本市の期間中、「平和の祈り」に続いて約三〇〇人が、「自由・人権」、「シュタージは出て行け」などのプラカードをもって市内中心部でデモを行ったが、逮捕されることはなかった。治安当局は、国内外からの批判をおそれて、デモの排除を控えたのだと考えられている［Schwabe 1998 : 9］。

一九八九年六月一〇日にライプチヒで開催された路上音楽祭（Strassenmusikfestival）は、ライプチヒ市民が自分たちの主張を示すことに自信を深めたことを示す重要な出来事だった。この音楽祭は、八八年からグループが準備していたもので、東ドイツ各地から、シュタージの目をかいくぐって一〇〇〇人以上の音楽家と聴衆が参加した。プロの音楽家たちは、当局から演奏許可を剝奪するとの警告があったため参加しなかった。音楽祭では、六月四日の天安門事件で殺された市民を想起して喪章がつけられた。警察は、路上で楽器をもっている人々を拘束したが、ライプチヒ市民は、一緒に歌ったり、座って演奏を聴いたりして音楽家たちとの連帯を表した。逮捕された音楽家が移送されるのを阻止しようと、警察車両によじ登る人もあった。このような人々の自発的な連帯行動は、グループにとって予想していないことだった。

翌月には、ライプチヒで大規模な教会大会が予定されていた。ＳＥＤは、教会に対して教会会議は宗教的な内容に限定されるべきであって、グループの主張の場になってはならないと要求した。このSEDからの圧力に、教会指導部は、グループを公式の教会大会から閉め出した。そこで、SoFDを提唱したヴォネンベルガー牧師の責任によってルーカス教会での「教会大会の代わり（statt Kirchentag）」がグループを中心に開催された。これには、他の都市からの人権活動家らも含め約二五〇〇名が参加した。一部の参加者は、五月の選挙不正と天安門事件の流血に対する抗議のプラカードを掲げるなど「宗教の枠」を超える内容であったが、国家と教会指導部から黙認された。

教会大会のあとの夏休み期間に、SEDから教会役員会に、国際見本市開催期間である九月四日に「平和の祈り」を執り行わないようにという要求があったが、教会はこれを拒否した。「平和の祈り」では、「大量脱出に代わって旅行の自由を」、「われわれはここに留まる！」といったプラカードが掲げられた。翌週九月一一日の「平和の祈り」のあと、ニコライ教会の中庭が当局によって完全に封鎖され、警察は多くの参加者を逮捕した。この事態に対応して、当日の夜には、二四時間対応できる窓口が教会内に開設され、他のグループや教区、メディアとの連絡を可能にした。グループは、逮捕された若者の親族へのケアを提供し、法的な助言も行った。逮捕者の家族のなかには、それまで教会とは接触はなく、教会を中心に行われる活動に懐疑的であった人々もいたが、この件をきっかけに活動にかかわるようになった。

東ドイツ各地の都市で、逮捕された人々のための礼拝が執り行われ、募金が集められた。チェコスロバキアの「憲章七七」のメンバーも連帯を表明するなど、国内に留まらず、大きな連帯の波が起こった。九月二五日には、ニコライ教会に五〇〇〇人を超える人々が、逮捕者の釈放と政治改革を求めた。一〇月二日の「平和の祈り」のあとには、二万人もの人々が集まった。同日夜に市の中心部に向かおうとしていた一五〇〇人に、警官が、警察犬をもって襲いかかるという事件があった。それでもなお、路上へと出て行こうとする人々を教会内に留めることはできなかった。

(4) 一〇月九日

一〇月七日は、東ドイツ建国四〇周年の記念日だった。前日の六日、『ライプチヒ人民新聞(*Leipziger Volkszeitung*)』に、武力発動について示唆する指揮官からの「必要とあらば、武器を手にしても」という手紙が掲載された。人々の間にはSEDが、「(天安門事件のような)中国式解決」を、ライプチヒでも行うのではないかという懸念があった。翌日、「平和の祈り」は執り行われないにもかかわらず、ニコライ教会中庭にはおよそ四〇〇〇人の人々が集まっていた。国家当局は、これに放水、警察犬をもって応じ、約二〇〇人を逮捕した。人々の活動を抑え込もうとした当局の意図に反して、人々は萎縮することなく、むしろ、逮捕者への連帯を強めた。

次の「平和の祈り」が執り行われる月曜日であった一〇月九日のライプチヒには、何が起こるか予想できない緊張感があった。市の周辺地区には装甲車が配備されていたし、ライプチヒの病院はベッドと輸血用血液を準備するよう要請され、学校や職場では、この日の夕方には市内に出かけないよう指示があった。それにもかかわらず、この日の夕方、これまでにない多数の人々が市内に集まってきた。他の地域からの約五〇〇〇人も含まれていた。初めてデモ行進に参加する人も少なくなかった。このとき、恐怖を感じながらも人々は互いに励まし合いながらローソクを手に静かに歩いた。プラカードには、「われわれはここに留まる」、「私たちは人民だ」、「大量脱出の代わりに旅行の自由を」、「私たちは乱暴者ではない」などと書かれていた。赤信号ではデモ行進も止まるなど、当局の介入による流血の事態とならないよう細心の注意が払われた[Pollack 2009a : 192-193]。この日、およそ七万人が、ライプチヒ市内の環状道路をデモ行進した。

この未曾有の事態に際して、SEDは、状況を判断し適切な決定を下せる状態にはなかった。中央から地方への命令系統も混乱していた［Pollack 2009a : 196］。「ブレジネフ・ドクトリン」は放棄されており、ソ連が武力介入しないことは明確であった。もとより、デモ参加者が多数であったために、武力による鎮圧は、実行不可能だった。しかもこの頃には、公務員の間でさえ、当局への不信が広がっていた⑮。治安要員の動員も十分に行えない状態だった。例えば、ある部隊の動員は半分程度に留まった。隊員に連絡できなかったケースが多かったが、出動を拒否した人もあった。おびただしい数の人々が市の中心部をデモ行進し、数々の体制批判的なプラカードが掲げられていたにもかかわらず、当局からの介入はなかった。もはや、SED政権が求心力を失っており、党の方針に従わない人々を抑圧する能力を失っていることは明白であった。このときのデモの様子は、東ドイツ市民によってビデオ撮影されていた。その映像は、翌日の夜、西ドイツのテレビで放映され、多くの東ドイツ国民の知るところとなった。

こうして一〇月九日は、「ベルリンの壁」崩壊から体制転換にいたるその後の平和的な推移を決定づける日となった。全国に広がったデモや政治集会、スト、不寝番などの人々による活動は、一九八九年八月から九〇年四月の間に三一一五を数えた［Schwabe 1998 : 17-18］。最も参加者が多かったのは、一一月第一週で、シュタージによると、全国で二一〇の抗議活動に、東ドイツの人口の一〇パーセント近くに相当する一四〇万人が参加した［Timmer 2011 : 83］。

このように、各地で多くの人々が抗議行動に一斉に参加するようになったことに、職場の人間関係も重要な役割を果たしていた。職場においても、党の方針を人々に浸透させ、社会統合を強めるための管理体制が組織されていたが、作業班には、一定の自律性が許容されていた⑯。作業班のメンバー間には、個人的な心配事も打ち明け協力し合う緊密な関係があった。社会が大きく動揺するなか、職場での人間関係は、人々が情報を共有し、相互に力づける役割を果たした。多くの職場では、仕事のあと、集まってデモについて話しをすることも稀ではなかった。ニコライ教会の「平和の祈り」に参加した人が、翌日職場で同僚に経験を語って議論をしたり、職場での仲間が連れだってデモに参加することもあった［Dale 2010：226–227］(17)。

一一月四日、ベルリンで五〇万人を超える規模のデモがあり、SED体制の弱体化は決定的となった。この五日後、混乱するSED指導部によって、「ベルリンの壁」は開放された。教会内のグループで活動を続けてきた人々は、政治の変革期にあって、人々と政府との仲介者、提案者としての役割を果たすことが求められた。彼らは、円卓会議の場で政治の表舞台に登場したが、彼らが目指してきた社会主義社会の刷新という目標は達成されなかった。急激に進展した「革命」とその後の自由選挙、西ドイツへの編入による統一は、活動を続けてきた人々にとってもまったく予想しなかった展開であった。

5　非暴力の「種」となった建設兵士の活動

東ドイツでは、人々は監視され、公式のイデオロギーに沿う言動が求められていた。そのような社会で、人々には、人として本音でつきあえる関係、偽りのない自己表現への渇望があった。「社会主義のなかの教会」によって守られた教会内の「自由な空間」は、ほかに可能性が極端に制限されていたことから、公式のイデオロギーによらない別の考えをもつ人々の「オアシス」となり、「対抗公共圏」となった。教会は、人々に党による統制を受けない情報を提供する重要な役割も担うことになった。

徴兵制導入にあたって、自らの内面の自由が尊重されることを望んだ人々を、SEDは「反体制的」であるとみなした。彼らを国家人民軍に取り込むために設立された建設部隊は、しかし、合法的に「反体制勢力」が集合する場となった。建設兵士を中心とするグループは、教会の保護の下に、自らの日常生活から平和を考え各地で継続的に活動していた。当初、これらの活動に携わっている人々はごく少数で、東ドイツ社会では極めて周縁的な存在だった。八〇年代後半になって、参加者が急増したが、それでも八九年秋までは少数に留まっていた。一九八八年に、全国でおよそ五〇〇のグループが活動しており、メンバーの人数は、四〇〇〇～六〇〇〇人であったと推計されている。これらのグループには、強力な指導者がいたわけではなく、彼らの活動は、非公式のネットワークという非中央集権的であることに特徴づけられる。グループの活動は、政治的な大衆運動ではなく、人々の個人的な経験――当惑や狼狽といった――と、社会的な状況に対する不満、国家への不信が結晶化したものであった［Widera 2004：151–152］。

彼らの活動が、体制変換に至った背景には、権力が弱体化していたことがある。ＳＥＤは、権力を安定化させるため、西ドイツとは異なる社会主義のイデオロギー政策を採用していたが、一九七〇年代以降、イデオロギーの効果は望めなかった。国民が家族や友人たちとの私的な日常生活に引きこもることは、政治から目をそらす効果があると期待された。しかし、七〇年代末の東西軍事対立の激化に続く軍事教育の義務化、八〇年代には経済状況・環境汚染が悪化し、人々は私的な空間に引きこもっていられなくなった。しかし、社会の課題を直視して問題解決に取り組むための公式な回路はなかった。改革への希望はもてず、抑え込まれていた人々の不満は蓄積するばかりだった。八〇年代後末には、それまでに築いてきた生活基盤を捨てても国を立ち去ろうとした人が急増した。東ドイツに希望を失った多くの人びとは、よりよい東ドイツを求める人々が続けてきた活動に加わり、路上に出かけた。改革を求める活動は、その規模が厖大になったことで国家が抑圧することは不可能となった。

人々に、非暴力による抗議の枠組みを提供したのは、教会で活動してきたグループだった。彼らは、六〇年代半ばから非暴力による活動を続けていた。政治に参加しようとする数多くの人々が、非暴力に徹したことで、体制変換への平和的な進展が決定づけられた。「平和革命」の「種」は、二五年前に東ドイツ国家によってまかれていたとも言えよう。建設兵士らが始めたグループの活動は、――彼らが意図したことではなかったが――静かなかたちで「平和革命」を準備するものとなった。

註

（1）Kriegsdienstverweigererを逐語訳すると、戦争役務拒否者となる。本章では、日本で一般的な兵役拒否者とした。東ドイツでは、徴兵の際に武器をもたない建設部隊を選んだ人と、それをも拒否した完全拒否者を指す。

（2）東ドイツ地域にある福音教会は、一九四九年の建国後も、東西両ドイツ地域の教会から構成される組織であった福音教会連盟（EKD：Evangelische Kirche in Deutschland）に属していた。一九六九年に、東ドイツ地域の教会は、ドイツ民主共和国福音教会連盟（BEK：Bund evangelischer Kirche in der DDR）として独立、分離された。BEKとEKDは、強い連帯意識をもつ「特別の共同体」として、緊密な結びつきを維持し続けた。特に平和問題について積極的に協調して活動した。西ドイツの教会は、東ドイツの教会を財政的に支援し続けた。カトリック教徒は、東ドイツ住民の一二パーセントにすぎなかった。

（3）告白教会は、一九三四年五月の「バルメン宣言」に基づいて、社会における精神的自由を護り通した。当時の福音教会に一般的であった神の創造した秩序としての国家観を否定し、国家を人間の秩序として捉え、教会の政治的責任を宣言した。「教会は……統治者と被統治者との責任を想起せしめる」として、教会が政治権力の担当者と民衆に対する警告者、批判者の役割を演じうることを確認するものであった［河島 2011：73］。

（4）「社会主義のなかの教会」については、市川［1995a：48-63］他。

（5）国民一〇〇〇人あたり五・五人、ソ連は一・八人、チェコスロバキアでは一・一人。［近藤 2010：38］

（6）建設部隊および建設兵士らによる平和運動については、市川［1995b］および、市川［1997］参照。

（7）ドイツ連邦共和国基本法第四条三「何人も、その良心に反して武器をもってする戦争役務を強制されてはならない」、第一二a条二「良心上の理由から武器をもってする戦争役務への従事を忌避する者には、代替役務への従事を義務として課すことができる」。ドイツ民主共和国憲法では、第二〇条一「良心の自由および信仰の自由はこれを保障する」としていた。

（8）東西ドイツでは、それぞれ東西両陣営では最も先進的な兵役拒否の制度があった［市川 2007 他］。

（9）一九八九年には建設部隊を選択しようとする人が急増したため、推計である。東ドイツでは、およそ六〇〇〇人が、建設兵士も含め兵役を完全に拒否したと推計される。そのうち約半分は、禁固刑の判決を受けた。約二七〇〇名は、エホバの証人だった

[Widera 2004：213]。
(10) 軍事教科義務化の年には、全国で一〇一名の生徒が拒否した。このほぼ三分の二は、ザクセン地方の都市（ライプチヒ、ドレスデン、カールマルクスシュタット）に集中していた［Widera 2004：179］。
(11) 旧約聖書ミカ書四章三節「……彼らは剣を打ち替えて鋤とし、その槍を打ち替えて鎌とし、国は国に向かって剣をあげず、再び戦いのことを学ばない」。
(12) 人権活動をしていたベアベル・ボーライ（B. Bohley）は、のちに「私たちは（国家との）交渉に際して、教会指導部からパートナーとしてではなく、対象物として扱われました」と一九九八年十月の『環境通信』で語っている。
(13) 一九四五〜八九年に東ドイツ（ソ連占領地域だった時期を含む）から出国した人は、三六〇万人。八九年上半期には、一二万五四二九人が出国申請した。最も出国希望者の割合が高かったのがドレスデンで、人口は全体の一一パーセントであるのに、出国希望者に占める割合は一五〜二二パーセントだった［Völz 2009：60-61］。
(14) 東ドイツ国民の西ドイツへの訪問許可数は、一九八二年の四万六〇〇〇人から八七年には一三〇万人へと急増した［Pollack 2009：183］。
(15) 一九八九年には党員の離党が三万人に及んだ［ノイベルト 2010：23］。
(16) 作業班については、本書第四章参照。
(17) 当時の様子はドキュメンタリーフィルム、*Leipzig im Herbst* に観ることができる。デモ参加者、警官、牧師、徴集兵、党役員らへのインタビューも収録している［Voigt 1999］

第Ⅲ部　歴史としての社会主義

第九章　思想としての社会主義／現に存在した社会主義

植村邦彦

1　思想としての社会主義

ドイツ民主共和国は、一九七三年以降、自国の体制を「現に存在する社会主義」と自称していた。これは同年五月のSED第九回中央委員会でホーネッカー（E. Honecker）が初めて使用し、その後は公式発表のなかで東ドイツの社会的諸関係を特徴づけるために繰り返し使われた用語である。一九七〇年代後半以降は体制批判派の側からも広く使われるようになるが、たいていの場合、「社会主義を詐称している」と批判され［Bahro 1977：199：バーロ 1980：186］、「真の社会主義」がそれに対置された［Fehér *et al.* 1983：298：フェヘール 1984：308］。東ドイツに限らず、他の東欧「社会主義」諸国の内部でも、社会主義とは何かという問題が、程度の差はあれつねに問われ続けていたのである。

私たちもあらためて問う必要があるだろう。社会主義とは何か、社会主義とは何だったのか。

東ドイツの政権党が前提としていた「社会主義」は、もちろんマルクス（K. Marx）の思想に基づくものである。

東ドイツでは、一九五六年から一九九〇年まで、ＳＥＤ中央委員会付属マルクス＝レーニン主義研究所が編集したドイツ語版『マルクス・エンゲルス著作集』（全四三巻。略称ＭＥＷ）が刊行され続けていた。そこに収められたマルクスの主要著作を参照すれば、誰でも次のことを確認することができた。

マルクスが資本主義社会の次に到来するはずだと考えていたのは、「生産手段の共有を土台とする協同組合的社会（die genossenschaftliche, auf Gemeingut an den Productionsmitteln gegründete Gesellschaft）」［Marx 1962b：19：マルクス 1968：19］であり、そこでは「自由な協同的労働（die freie und assoziirte Arbeit［free and associated labour］）」による「協同組合的生産（die genossenschaftliche Produktion［co-operative production］）」が行われ、「協同組合の連合体（die Gesamtheit der Genossenschaften［united co-operative societies］）が一つの共同的計画に基づいて全国の生産を調整」［Marx 1962a：342-343：マルクス 1968：319］する、ということである。

この『著作集』は、マルクスが英語やフランス語で書いた文章は、原文ではなく、エンゲルス（F. Engels）によるドイツ語訳を収録するという方針を採っており、右の引用でカギ括弧に入れて示したのは、マルクスの英語原文での表現である。マルクスは、熟年期の自分の主要著作では、来たるべき社会システムを表現するのに「協同組合（Genossenschaft, co-operative society）」という言葉を多用していたことがわかる。つまり、社会主義とは、労働者の「自由と協働」を基礎とする「協同組合」的社会のことであった。

他方、それとは対照的な社会主義のとらえ方もドイツには存在していた。それが、「官僚独裁による統制経済」というウェーバー（M. Weber）の社会主義論である。ロシア革命の翌年、ウェーバーはウィーンのオーストリア軍将校団の前で「社会主義」についての講演を行った。そこで彼は、「長年にわたる専門的訓練、不断に進展する専門分化、およびそのように教育された専門官僚群による管理の必要という事実は、社会主義といえども考慮に入れなければならない」［Weber 1924：498：ウェーバー 1980：36］ことを指摘し、ロシアで進行しつつあるのは「労働者の独裁ではなく、官僚の独裁」［Ebenda 508: 65］であり、「おびただしい数の競争的企業家を擁した旧い経済が、国家の官僚によって規制されようと、官僚参画下のカルテルによって規制されようと、それにはかかわらず、一つの統制経済に漸次成長を遂げてゆく」［Ebenda 510: 69］ことを予測した。

ウェーバーは、マルクスに対抗する形で、次のように断言している。「私は、平時における生産管理の能力を、労働組合員自身のうちにも、サンディカリスム的知識分子のうちにも認めません」［Ebenda 514: 79］。ウェーバーのこの講演は一九二四年出版の『社会学・社会政策論集』に収録されており、ヴァイマール共和国時代のドイツではそれなりに広く読まれていた。今から見れば、ウェーバーのこの講演は、「現に存在する社会主義」の実態をかなり正確に予言するものだったと言うことができるだろう。

その後の「社会主義」諸国、特にマルクスとウェーバーの母国（の半分を占める）東ドイツでは、政権党の政策もそれに批判的な知識人たちも、マルクスの提示した「協同組合的社会」の理念とウェーバーの予言した「官僚独裁による統制経済」の現実との間で、揺れ動くことになる。

2　現に存在した社会主義

それでは、ソヴィエト連邦をはじめとする「社会主義」諸国に現実に存在したのはどのようなシステムだったのか、そのなかでの東ドイツの特殊性はどのようなものだったのか。この問題については、すでに塩川伸明による周到な理論的考察がある。

塩川伸明は、「社会主義」諸国のなかにも経済システムの多様な類型があったことを述べたうえで、理念と現実との乖離の問題に関してこう述べている。「「自由な協同組合の連合」という分権的イメージは、ユートピア構想としては社会主義思想の中に一定の位置を占めたが、特定のデザインに依拠して社会全体を改造しようとする以上、中央集権的な組織化をとりあえずの媒介として利用する以外の道はなかった。換言すれば、社会主義は理念としては指令経済に尽きるものではないが、現実的に推進される改造政策とその所産としての体制においては、指令経済を基本とせざるを得なかったのである」［塩川 1999：110］。

したがって、「現に存在した社会主義」の経済システムは指令経済だったということになるが、塩川は、実際にはそれがもっと重層的なものだったことを指摘している。「公式制度としての指令経済（再分配）」だけでなく、その裏には「事実上の市場（交換）の要素」が存在し、さらに「事実上の互酬の要素」も存在した。つまり、「現存した社会主義は、実は「計画」によって全面的に統制されていたのではなく、計画外の要素と計画とのからみあいを通して、それこそ「自生的」にできあがっていたのである。それが種々の非合理性をはらんでいたことは紛れもない事実だが、同時に、そうした「自生性」が部分的にもせよあったからこそ、人々がその状態に「馴染む」ことがあり、またそれゆえに今日の体制移行に際しても一種の「慣性」が働いて、移行を複雑化しているという点も押さえておかねばならない」［同：116–117］。

このように「計画経済／指令経済」の下で自生的に成立する「交換」と「互酬」に着目することは、最近の東ドイツ研究の一つの焦点であり、それをどう評価するかが「社会主義」そのものの評価にもかかわることは、次節以降で見ていくとおりである。

さらに他の東欧諸国と比べた東ドイツの特殊性については、塩川はそれを次のように三点に整理している。第一は、分断国家であること。「そのことは、他の社会主義国に比べても一層統制度の高い国内体制がつくられる一因となった。厳しい国際緊張・対峙という条件下では、強度の統制はたとえ正当化されないまでも、ある程度自然とみなされた」［同：366］。第二は、「西ドイツへの流出という可能性が国民に意識されていたという点」である。「こうした出国可能性の存在は、体制が相対的に安定している時期においては一種の「ガス抜き」効果をもたらし、他の国に比べ異論派運動を弱める要因となった」［同：367］。そして第三は、一九六〇年代末以降の西ドイツの「東方政策」がもたらした「西ドイツとの経済関係の密接化」である。「東西ドイツ間貿易は国内商業扱いされるため無関税となり、東ドイツは西ドイツを通してEC諸国へ無関税輸出ができるようになった。こうした特殊事情は、東欧諸国内で相対的に良好な経済実績と、それに裏打ちされた社会の保守的安定の一因となった」［同：367］。

このように東ドイツは、他の「社会主義」諸国に比べて経済的には相対的に恵まれた状態にあったが、他方、政治的には統制の強度が高く異論派が弱いという状態にあった、ということになる。そこでは、人々の「自由と協同」はどのような形で実現され、あるいは抑制されることになったのか。東ドイツの人々の具体的な生活経験に関する最新の研究成果に基づいて、彼らにとって「社会主義」とは何であったのかを見ていくことにしたい。

3　理念と現実のはざまで――農業生産協同組合と作業班

最初に、足立芳宏による東ドイツ農村の社会史的研究を見ることにしよう。周到な資料研究を通して足立が行ったのは、戦後歴史学が想定したような、「土地改革による「ユンカー的土地所有」の廃棄とその分割を通して、主として土着のグーツ（農場）労働者層が「勤労農民」に転化され、彼らが新たな労農同盟の担い手となって戦後東ドイツの市民社会を担う」という革命神話の解体である。足立によれば、「現実にはそうした事態はほとんど生じなかった」［足立 2011a：584］。

実際に起きたのは、たしかに「農業構造の抜本的改革であり、かつ大土地所有者の村落追放に象徴されるように――名望家層によるパターナリズム支配の終焉を意図する――、農村社会支配の根底的変革でもあった」〔同：5〕。しかし、この過程は一国内の社会革命というより、ソ連軍占領下の東欧全体を巻き込む戦後処理の一環でもあった。「土地改革が東方ドイツ人難民の大量流入抜きにはまったく理解できないことや、あるいは一九五〇年代の農業集団化が、いわゆる「〔西ドイツへの〕共和国逃亡」問題……と表裏一体の関係にありつづけた点に、そのことが端的に示されている」〔同：5-6〕。

現実に進行した農業集団化の過程も、それによって設立された「農業生産協同組合」の規模や構造も、地域や村ごとにきわめて多様であるが、それが「下からの自発的運動によるものでは毛頭なく、上からの物理的・精神的な暴力の行使があってはじめて可能であった」〔同：577〕ことは言うまでもない。しかし、それだけではなく、経営者が逃亡した農場に残った労働者たちを担い手とする「農業生産協同組合」設立はむしろ少数派であり、全体としては農業集団化は、東方からの引き揚げ難民のうちの有力農民を中心とする「「入植型社会主義」ともいうべき性格を帯びていた」〔同：314〕のである。

このようにして成立した農村での集団的生活は、労働条件の過酷さや生活水準の低さから、一方で「「共和国逃亡」の頻出、耕作放棄や農業荒廃の深刻さなど」を引き起こしながらも、他方で「個人農への明確な逆転は起きず、農民たちの抵抗も相対的に小さいままに」定着していった〔同：578〕。それだけでなく、東ドイツの農村社会に深く刻印されたこの「変化の不可逆性」は、現在も継続しているという。一九九〇年のドイツ統一直後には、「東ドイツの「農業生産協同組合」（ＬＰＧ）は解体の運命にあるとすら目されていた」にもかかわらず、「統一後二〇年を経た現在、当初意図された西ドイツ的な家族制農業構造への移行が主流となるにはほど遠く、旧ＬＰＧ末端組合員の大量失業を伴いつつ、旧ＬＰＧ幹部層を主体とした「農業協同組合」――農業法人経営の一形態である――への転化が基調となっているのが現状」〔同：6〕なのだという。

たとえば、ブランデンブルク州では、「ＬＰＧの継承経営である農業法人企業が州農業経済の基盤となっているという厳然たる事実」があり、「ブランデンブルク州農民連盟は、同じくドイツ農民連盟の傘下にありながら、旧西ドイツ諸州の農民連盟とは異なり、旧ＬＰＧ系譜の農業法人経営の結集体」となっていて、かつての「ＬＰＧ組合長」だった人物が「現在は州農民連盟の議長職を務めている」［同：48］。

農業集団化と農業生産協同組合の実践は、けっして人々が自分から望んだものではなく、敗戦後の危機的状況を生き延びるために適応せざるをえないものであった。そもそもマルクスが想定した「協同組合的生産」は、資本主義的生産様式の下で、企業内部での労働者の「協業」と生産能力の「開発＝搾取」が行われていることを前提としていた。しかし、東ドイツの農村にはそのような生産様式的前提は存在していなかった。したがって、農民や農場労働者に「社会主義」への移行の自発性（心の準備）がなかったことは、いわば自明である。それにもかかわらず、四〇年近くにわたって現に存在した「協同」の経験は、東ドイツに生きる人々によって完全に否定されているわけではないのである。

それでは、資本主義的生産様式がすでに確立していた工業部門ではどうだったのか。それを検討したのが、東ドイツの造船業を対象とした石井聡の研究である。

農業部門と工業部門との違い、つまりは農民と工業労働者との階級的意識の決定的な違いは、敗戦直後に目に見える形で現れる。敗戦後の東ドイツ地域では、大部分の企業所有者が戦犯追及を恐れて逃亡したが、見捨てられた工場では労働者たちが自主的に「経営協議会」を組織したのである。これはまさに革命であった。石井によれば、「一九四六年七月に四万四千の企業に存在した経営協議会は、工場管理者や企業指導部を任命し、工場の修理、生産の再開のための活動の中心となった。終戦直後のザクセンでは、工場管理者の約半数は労働者階級の出身者であった」［石井 2010：73］。

この革命は、まもなく国家権力による上からの組織化に取って代わられ、経営評議会も一九四八年には解体されることになる。しかし、戦後の出発点で示された労働者の自主性は、その後も企業現場では失われることはなかった。その制度的な支えとなったのが「作業班」である。作業班は一九五〇年に全国有企業に導入された「生産の最小単位」であるが、非公式で限定的ではあれ「労働者の利益代表としての機能」をもつようになる。特に、労働ノルマ引き上げへの抵抗として勃発した一九五三年の六月蜂起の後には、「作業班長を先頭に、主に労働ノルマ設定水準について工場長や企業指導部と非公式に交渉する組織となっていた」［同：164］。

それだけではなく、特に一九五九年に「労働作業班」が「社会主義的労働の作業班」に名称変更された後は、「班員への余暇活動の提供」も作業班の役割となった。具体的には、「作業班による旅行、遠足、登山、「作業班の午後」や「作業班の夕べ」（観劇や映画鑑賞、作家の朗読会、読書会、スポーツ、ダンス、おしゃべり等）が開催された」［同：231］。その結果として、作業班は「労働者の人間関係の基盤となり、相互の家族も含めたコミュニケーションの場となっていった」［同：232］のである。

したがって、農村において農業生産協同組合が果たした役割に対応するのが、都市における企業の作業班だった、と言うことができるだろう。石井によれば、「そもそも作業班の導入自体が、社会主義イデオロギー教育や社会主義的競争の強化を目的とし、また班による余暇活動の提供とそれへの家族の参加は、「社会主義的人間の形成」のためだとされていた」のであるが、上からのそのような方向づけに順応しながらも時には抵抗するという「利害代表としての機能」を持つことによって、作業班は「職場における仲間意識や相互の助け合い精神を醸成させた」のである。石井はそれを「労働者コミュニティ」の再生と表現している［同：235］。

それと同時に、東ドイツの計画経済では、「生産計画の遅れや変更、原材料・部品供給の遅れと質の悪さ、電力供給の不安定さなど、「たとえ労働者の多くが労働規律の必要性を意識したとしても、自然と規律が乱れてしまうような条件が存在」していた」ために、「労働者が「勝手に作業速度を決定」していたり、遅刻、早退、欠勤、仮病、怠業、労働時間中の買い物が許される職場……や、労働者の質よりも高すぎる賃金等級分類、さほど無理をしなくても達成できる労働ノルマなど」という形で、「労働の自律性」の余地が存在していた〔同：175-176〕。その結果、「こうした「人のつながり」のなかで労働者にとって一種の「いごこちの良さ」が生まれ」たこと、そしてそれが「ＤＤＲという国家の存続に寄与していたこと」を、石井は指摘している〔同：238〕。

ただし、一九九〇年のドイツ統一以降、農業生産協同組合が（社会的組織としての意味と内実は変化しながらも）経営体としては存続したのとは異なり、作業班のほうは、組織としても社会的人間関係としても完全に消滅した。統一後に民営化され、あるいは再編されて生まれた資本主義的企業には、労働の自律性や非効率性を許す余地はないからである。その結果、作業班での生活は東ドイツの人びとの記憶のなかで浄化され、郷愁の対象となった。石井によれば、「「昔はよかった。いまは決してより良くなっているわけではない」。「当時は、どの労働者も自分が影響力をもっていると感じていた」。そうした思いの源の一つは、市場経済下にはない作業班における生活である。「多くの旧東独国民の思い出のなかでは、例外なく作業班に対して高い評点が与えられている」」〔同：239〕。

このように、現実の「社会主義」国家はそれが理念としたものとはほど遠く、むしろそれと矛盾した側面を多く持つ存在であったことは確かだとしても、そのなかに暮らした人々は、農業生産協同組合や作業班という形で、上からの制約に適応しつつ時には抵抗しながら、労働者の「自由と協同」をそれなりに経験していたのである。

4　西側との同時代的共通性——個人化、ロック、兵役拒否、高齢化

しかし、人々の暮らしは農業生産協同組合や作業班がすべてではない。そこに収まらない生活の個人的側面に

ついての研究も見ていくことにしよう。

東ドイツにおける集団と個人との関係の歴史的変化について考察した河合信晴は、賃金政策に関して次のことを指摘している。一九六三年に「計画と指導のための新経済システム」が導入された当初には、「収入を個々人の業績と結びつけようという方向性」は一般に「労働強化の一環」として見なされて「ストライキが多発した」〔河合 2011：85〕こと、一九七〇年代半ば以降に導入された「基本給」でも、「ノルマ達成の責任者は、従来のコレクティブや作業班といった労働現場の基礎集団ではなく、個々人とされた」が、この方針は「労働現場の基礎集団の陰に隠れ、責任から逃れることが可能であった労働者の既得権益を脅かした」〔河合 2015：76〕ということである。

要するに、「SEDの賃金政策は、賃金を（個人を単位とする）生産性向上のための手段として位置づけながらも、社会主義社会における平等を実現するという目的をも担っていたため、二律背反の状況に陥った」〔同〕というのである。したがって、「SEDは、個々人の私的利益追求を容認することによって、かえって社会内部の所得格差を広げ、社会主義体制が掲げる平等という理念と、経済発展という現実の要請との間にあって、絶えずその乖離に悩まされることになった」〔同：78〕という。

河合が指摘するのは、賃金を生産性向上のためのインセンティブにしようとした東ドイツの賃金政策が、集団としての労働者からは反発を受けながら、結果的に個々の労働者の所得向上につながり、とりわけ消費生活や余暇の「個人化」を推し進めた、という事態である。その点で、東ドイツは、コミュニティの衰退と私生活主義の浸透（消費社会化）という歴史的傾向を西側資本主義諸国と共有していた、ということになる。

ただし河合は、週休二日制の導入や最低有給休暇日数の法定に支えられて「保養活動の個人化・家族化」〔同：213〕が進行する一方で、公的機関による旅行斡旋や保養所提供の不平等に対して「人びとが社会主義の理念を根拠にして批判を加えたために、SEDはそれぞれの個別事情が深刻な場合には、介入して決着を図らざるをえなかった」［同：224］ことをも指摘している。東ドイツの「ふつうの人びと」は、体制や国際関係に関わる「高度な政治」には沈黙を守っても、「身近な政治」には苦情や請願という形で積極的に関与していた［同：227］。つまり、西側とは異なる形で公共圏が成立していたことになる。

東ドイツでの日常生活が、国家政策の意図に反する形で西側との共通性をもつにいたった過程は、音楽についても当てはまる。高岡智子によれば、一九五〇年代の東ドイツでは「社会主義構築を基本とした新しい社会主義的な国民文化」を作り上げることが政策的に求められたが［高岡智子 2011：23］、国民からの反発や需要に妥協を強いられる形で、一九七〇年代初めにはロックが「青少年政策と文化政策の重要なファクター」として公的に支援されるにいたった［同：31］。「娯楽芸術」として公認されたロックは、管理当局と音楽家との間の微妙な交渉のなかで「国民音楽」として成長を遂げ、統一後も二〇〇六年以降ベルリンで毎年開催されている東ドイツ・ロックコンサートに代表されるように、「現在もなお「国民音楽」として享受され続けている」［同：37］という。

このような日常生活とは異なる特殊な側面でも、西側との共通性が見られるものがある。東ドイツには徴兵制に基づく国家人民軍があったが、良心的兵役拒否の権利を基本法で保証した西ドイツとの対抗上、東ドイツ国家も「信仰に基づく良心的兵役拒否の可能性」を否定することはできなかった。市川ひろみによれば、一九七一年に国家と教会との間で「政治については国家、宗教に関しては教会という「棲み分け」を前提として、それぞれの活動の範囲を逸脱しなければ、国家と教会の協力関係は可能である」とする合意が成立した［市川 2007：111］。

その結果、「実際には、教会関係者は徴兵検査に呼び出されないこともあった」［同：114］という。

さらに一九六四年には、「兵役拒否に配慮する態度を世界に示すことと同時に、あくまでも兵役は全国民に課せられるものであり、社会主義は平和と同義であることを国民にアピールできる」制度として、「建設部隊」が設置された［同：119］。実際には、兵役を拒否した人数はわずかだが、「武器を持たないという選択は、東ドイツ政府に対するある種の「異議申し立て」として理解され、差別や逮捕を覚悟して決意した、彼らの存在を「市民的勇気」の象徴であるとする人たちもいた」［同：140］。こうして東ドイツにおける兵役拒否者は、「党によらない「別の考え方」を人々に示し、国家に対して「否」と言うことが可能であることを示した。政治参加が極端に限定されており、多様な議論がなかった社会にあったため、かえって彼らの行動は大きな意味をもつことになった」［同：140］。

ちなみに、市川によれば、西ドイツでの兵役拒否の申請者数は、一九七六年に約四万人だったが、申請手続きが簡素化された一九七七年には七万人にまで増加し［同：156］、「一九九九年にはついに、兵役に就く若者よりも多くの若者が民間役務に従事するようになった」［同：160］という。したがって、兵役拒否がもつ社会的な意味づけは東西で違っていても、兵役拒否者や平和運動参加者の増加という傾向は、冷戦の最前線での危機的状況への反応として、体制を問わず東西で共通していたと言うことができるだろう。

他方、川越修が明らかにした「人民連帯」については、これらとはむしろ逆のことが言えるかもしれない［本書第六章］。たしかに「高齢者の生活支援」そのものは体制を問わず東西で共通する問題であり、西ドイツにも類似組織が存在する。しかし、そのような社会福祉的活動と組織そのものが、必要に迫られて資本主義社会に外部装着された「社会主義的」なものだと言えなくもないからである。

別の言い方をすれば、高齢者の「家事援助」と「隣人援助」活動、「退職者の社会的・文化的ケア」、そして「昼食サービス」は、体制を問わず社会が社会として存在するためには必要不可欠な活動であり、それが「人民連帯」と名付けられたことが象徴するように、人々の「連帯」なくしては、そもそも社会は存続しえないのではないか、ということである。

その意味で、「高齢者を含む多くの人々が東ドイツへの郷愁（東にあたるドイツ語のオストとノスタルジーのドイツ語読みをつなげてオスタルギーと呼ばれる）を持ち続けた背景には、工場における作業班や地域の生活の場におけるさまざまな「連帯」的活動があったことは、否定できないであろう」という川越の指摘には、「現に存在した社会主義」への郷愁というだけでなく、人間の社会には本来必要不可欠であるはずの「社会主義」的要素への欲求が込められているのではないか、とつけ加えておくことにしたい。

5　東ドイツの「市民社会」をめぐる言説

これまで見てきたように、作業班や人民連帯といった組織は、上から導入された公認の制度の枠組みのなかで、実質的に人々の自主性や協同が機能したものであった。市川によれば、公的制度の外側では「福音教会は東ドイツにあって社会組織として唯一自律的な地位を維持することができた」［市川 2007：111］ものであり、一九七〇年代以降は「対抗的公共圏」あるいは「第二の公共圏」を形成していったという［本書第八章］。それでは、教会以外には人々の自主的な連帯の組織化はまったく行われなかったのだろうか。

一九八〇年代のポーランドやハンガリーの反体制派の間では、自主管理労働組合「連帯」のような国家に抗する非公認の自律的組織を指して「市民社会／市民団体」という言葉が使われたが［植村 2010：271-274］、東ドイツで非宗教的かつ反体制的な市民団体が公然と姿を現すのは一九八九年九月のことである。ベルリン郊外で結成された「新フォーラム」が公表した「民主的対話」への参加呼びかけ文書に応じて、各地で賛同署名が集められ、「新フォーラム」の支部が結成された。ベルリンで一〇〇万人規模のデモが行われ、「ベルリンの壁」が破壊されるのは、その二ヵ月後である。

当事者の記録によれば、「新フォーラム」創設の中心は一九八二年から「平和を求める女性」運動に参加してきた女性たちで、一九八七年以後バーロ（R. Bahro）などの影響も受けて「現に存在する社会主義」の早急な「民主化」が必要だと考えた人々だった［Kukutz 2009：30］。「正義、民主主義、平和、ならびに自然の保護と維持への願い」に基づく「私たちの社会の変革」［Ebenda：338-339］への参加を呼びかけた文書は、当時東ドイツの一市民だったメルケル（A. Merkel＝キリスト教民主同盟党首、現ドイツ連邦共和国首相）やティールゼ（W. Thierse＝ドイツ社会民主党幹部、前ドイツ連邦議会議長）も賛同者に含むほどの広範な影響力をもった［Ebenda：58］。「新フォーラム」は、壁崩壊後の一九八九年一一月末には「東ドイツの経済改革」に関する国際会議を主催して、「社会主義的市場経済の創設」を提案するにいたるが［Neues Forum 1990：11］、統一後には分裂し、急速に影響力を失った。

この「新フォーラム」に参加したベルリン演劇大学の非常勤講師で、後に東ドイツを代表する知識人と目されるようになり、二〇〇五年にはこの演劇大学の学長に選出された、エングラー（W. Engler）という人物がいる。

エングラーによれば、東ドイツでは、「社会的自治の諸器官全体が切断され、あるいは権力に同調して機能しなくなってしまい、（決して権力中立的ではない）親密関係、友人関係、交友範囲以外には、個人と権力中枢との中間に位置して後者の無理な要求を緩和することのできるものがほとんど存在せず」［Engler 1992：36］、「国家と市民、党中央と下部党員との間に進み出ることができたはずの中間物、市民社会の諸機関がほとんど完全に欠如していたことが、市民や下部党員を権力の介入に直接さらすことになった」［Ebenda：116］。

その結果、労働者には上からの指令に順応する「租税請負人的心性」が醸成されることになるが、しかし、その裏側で見られたのは「自然発生的な集団的自己組織の能力の驚くべき発展であり、それが経済の崩壊を何度も何度も阻止した」［Engler 1995：47］という。他方、東ドイツの「市民社会、すなわち社会のなかの社会」ついては、エングラーはこう指摘している。「終焉へと向かうＤＤＲには、ひとが知識人としてそれに語りかけ、またそれについて語ることができたかもしれない、社会のなかの社会は、もはや存在していなかった。そのようなものは西ドイツに引っ越してしまっていた」[Ebenda : 153]。

このようなエングラーの見解は、足立や石井の研究成果とも符合すると言うことができるだろう。こうした東ドイツ社会のあり方をエングラーは、「労働者の社会」ではない「労働者的な社会」と名付けている。「（一九五三年の）労働者蜂起以後は、社会的に重要な決定や政治的変更には、つねに労働者の非公式な同意が必要になった。こうした閉塞状態から逃れようと、野心的な改革者や経済・行政の専門家たちがあれこれと試してはみたものの、結局はすべてうまくいかなかった。こうしてドイツ民主共和国は、「労働者的社会」としての歴史を歩んでいくことになる」[Engler 1999 : 84 : エングラー 2010 : 97]。

ただしエングラーは、河合と同様に、生活の個人主義化（私生活重視）の傾向をも指摘している。「もちろん労働はあいかわらず重要だったし、作業集団はまぎれもなく生活の基準点だった。労働のない、作業集団から離れた生活など、以前もいまも考えることすらできず、けっして望ましいものではなかったのである。だが、優先順位はあきらかに変わっていた。「労働は大切だが、一番重要なわけではない。肝心なのは生活を充分に楽しみ、いろいろと思い切り試してみることだ」」[Ebenda : 288 : 329]。

このような体験を共有してきた東ドイツの人々は、現在どのような意識をもって暮らしているのか。統一後に西側の豊かさが享受できるようになることを期待した人々が実際に経験したのは、工場閉鎖や企業再編に伴う失業であり、経済格差の顕在化であり、東ドイツ地域をお荷物扱いする西側からの差別的視線であった。そのような状況のなかで、数度にわたる社会意識調査の結果が示しているのは、かつて「ＤＤＲの住民」だった人々は、統一直後の一九九二年には自らを「連邦共和国国民」と見なしたが、一〇年後にはむしろ「東ドイツ人」という自覚のほうが優勢になった、という事実である［Engler 2002 : 15–20］。

この意識調査の結果を踏まえたうえで、エングラーは、「東ドイツ人はまさに市民として、また労働者として作業班に束ねられていたので、社会的集団を思考と行動のほとんど自然な準拠枠として感じており、彼らにとってチームワークは、ひとがわざわざ回心させるまでもない、きわめて馴染みのある実践だった」[Ebenda : 83] ことを指摘し、そのような「東ドイツ人」が現にもっている「歴史的使命」を次のように述べている。

自由と平等は起源を同じくする近代の要求であり、均衡するものであって、共産主義の下での社会的平等が市民的・政治的自由を犠牲にして拡大したということが本当だとしても、だからといって、社会的平等がそのことを恥じて、いまや反対に自由に服属しなければならないということにはけっしてならない。／そもそも東ドイツ人が自分の出自と世界における現在の立場によってまさに自分独自の課題だと把握できる歴史的使命があるとすれば、それは平等と自由を相互に和解させることである。[Ebenda : 33]

エングラーの言うこの「歴史的使命」の実現可能性をどう考えるかは、現在の東ドイツ地域における市民運動や市民団体をどう評価するかという問題とも関連する。連邦交通・都市開発省が行った社会調査は、次のように述べている。「東ドイツの市民社会は一九九九年と二〇〇四年の間に力強く発展しており、この活力は西ドイツにおけるよりも高かった。……東ドイツでは市民社会が機能するために不可欠な前提が明白に改善されてきた。その一つは市民の公共的活動のネットワークであり、もう一つは社会参加に積極的な住民の基本態度である」[Gensicke *et al.* 2009 : 17]。これとは異なる視点から、東ドイツ出身の若手研究者ヘンツェ（S. Henze）は、「東ドイツの市民社会」は「外見上非政治的社会」に見えても実は「「異様に」政治的な社会」であり、「東ドイツにおける将来社会には東ドイツでの国家拒否と市場拒否が刻み込まれている」のであって、「だからこそドイツにおける将来の市民（諸）社会の前衛となりうるかもしれない」［Henze 2009 : 8］、と述べている。

このような評価がどれほど事実に即しているのかは判断が難しいが、ドイツの現状を見れば、東ドイツの人々が一定の政治的存在感を示していることは確かである。

6 「社会主義」に未来はあるか

現在のドイツでは、ヒトラー政権時代を「国民社会主義」、SEDの支配体制を「国家社会主義」と呼ぶことが一般的になっており、歴史の時代区分としての「社会主義」という言葉にはマイナスイメージが刻印されている。しかし、他方で一九九八年から二〇〇九年まで政権与党だったドイツ社会民主党（SPD : Sozialdemokratische Partei Deutschlands）は、一九九八年の政権獲得時に提示した「社会的労働の公正かつ公平な分割、民主的公共性と参加」などの「社会主義的理念の諸原則」［Schöler 1999 : 332］を撤回したわけではない。さらに二〇〇五年には、「社会的公正」を強調するSPDの左派が離党して東ドイツの地域政党である民主社会党（PDS : Partei des Demokratischen Sozialismus）と政党連合「左翼党（Die Linke）」を結成し、これは二〇〇七年に正式に合併して単一政党となった。

合併前のPDSは、綱領自体はSPD左派や緑の党と大差ないが、PDSだけが「DDR時代の社会状態は今ほど悪くなかった」という「東ドイツ的慣用句を名人芸的に完璧に、他のものにかき消されることなく使いこなしている」［Engler 2002 : 37］と言われていた。「東ドイツ人」の心情を汲み上げることに一定程度成功していたことは明らかだろう。

このような「東ドイツ人」的心情をさらに正当化する役割を果たしたのが、二〇〇八年のリーマンショックとその後の世界的大不況だった。この事件が資本主義への広範な幻滅を引き起こした結果、ドイツではかつての「社会主義ジョーク」に代わる「社会主義／資本主義」ジョークが新たな流行をみた。それらを収集したジョーク集で最初に紹介されているのは、「社会主義では銀行は最初に国有化され、その後で破産する。資本主義では銀行は最初に破産し、その後で国有化される」という、二〇〇九年にメルケル首相が口にしたというジョークである［Städtler 2009 : 6］。さらに「社会主義は諸君に残り物を与えた。資本主義は諸君から残り物まで奪い取った」という某政治家のジョークもある［Ebenda : 7］。

このジョーク集を見てわかるのは、社会主義と資本主義の双方が幻想なしに比較され、皮肉られていることであり、全体としては資本主義に対する批判のほうが強いということである。また、同じ二〇〇九年の連邦議会選挙では、左翼党が躍進し、六二二議席中七八議席を獲得して連邦議会の第四党となった。

連邦議会での左翼党議員団共同代表の一人で、党の広報担当でもあるワーゲンクネヒト（S. Wagenknecht）は、『資本主義ではなく自由を』と題した近著で「資本主義なしの市場経済、計画経済なしの社会主義は存在する」［Wagenknecht 2012 : 383］と主張し、「少数の人間にとっての豊かさ」ではなく「すべての人にとっての豊かさ」を実現する「新しい経済秩序」を「創造的社会主義」と呼んでいる［Ebenda : 387］。この著書の題名は、一九七六年にキリスト教民主同盟（ＣＤＵ : Christlich-Demokratische Union Deutschlands）が使い、一九九〇年のドイツ統一時の選挙でも使われた選挙スローガン「社会主義ではなく自由を」をもじったものだが、現在ではそれなりの説得力をもって受け取られており、この本もかなり高い読者評価を得ている。

左翼党は、二〇一三年九月の連邦議会選挙では、議席数こそ六三一議席中六四議席と減少したものの、統一後はじめて連邦議会の第三党となった。最大の票田は東ベルリンで、東ドイツ都市部の市民や労働者が主な支持基盤である。この選挙の結果、第一党のＣＤＵと第二党のＳＰＤが大連立を形成したため、左翼党は野党第一党となっている。さらに二〇一四年九月の州議会選挙の結果、ブランデンブルク州では左翼党が連立政権に参加し、テューリンゲン州では統一後はじめて左翼党の州首相が誕生した。

第二節で名前を挙げた塩川は、「現存した社会主義」についての考察の最後に、次のように述べている。「社会主義にしても、かつての実験がそのままの形で繰り返されることはほぼないだろうが、類似の思想が人々をとらえることは、あり得ないことではない。……自由競争で敗者となる弱者への視線とか、平等への志向というものは、単純に消え去るものではないからである」〔塩川 1999：636〕。

そうだとすれば、なおさらのこと、「現に存在する社会主義」を経験した東ドイツの人々が、かつての「社会主義」とも現在の資本主義とも異なる新しい社会のあり方を模索するという、独自の「歴史的使命」を果たす可能性を否定することはできないだろう。そこに、「社会主義」という名をもたない社会主義の未来が開けているのかもしれない。

第一〇章　東ドイツの「中間グループ」の役割

上ノ山賢一

1　市場と政府の間

東ドイツという言葉が、現在の経済学の標準的な教科書に出てくることは、ほぼない。なぜなら、近年の経済学は、市場経済に重点を置き、ミクロやマクロの視点から市場が果たす役割を基礎として分析を行ってきたためである。計画経済を推進した東ドイツは経済体制の失敗例として扱われることがあっても、参考例の対象とされることはなかった。当時の社会主義経済が現在の市場主義経済と比べ、資源配分において非効率なシステムであったことは確かである。しかし、当時の東ドイツ経済はわれわれが考察や議論すべき対象にならないとは言えない。それは「東ドイツが非効率的で失敗した社会でしかないのなら、なぜ東ドイツ経済は数十年にわたってシステムを維持することができたのか」、「なぜ統合後のドイツ社会において、東ドイツ時代の社会のほうが良かったと考えている人々がいるのか」という問いに対して、明確な答えがいまだに与えられていないからである。当時の東ドイツでは、政府の施策が失敗し、供給不足に陥り、市場経済のシステムも十分に導入できない状況にあった。そのなかで、体制の維持を支え、人々の生活の拠り所となっていたのが、第Ⅱ部の各章の議論に登場する「中間組織」、「中間団体」、「つながり」、「私的グループ」といったものであると考えられる。本章では、これらの総称として「中間グループ」という言葉を用いる。後の節で見るように、これらのグループは、国が決めた法やルールにしたがって生まれたものではなく、個人間のやりとりから成立している。しかしながら、この関係は、個人同士だけでなく、個人と社会、個人と国家の関わりもスムーズにさせていたのではないだろうか。

本章では、これらの中間グループが果たした経済的役割を、経済学が提示している市場の役割や政府の役割の視点から再検討する。具体的には、まず、「市場の失敗」の議論を通じて、政府の役割とその必要性を確認し、資源配分上の効率性に関する市場の役割も概観する。続いて、これらの議論をもとに、当時の東ドイツ経済が上手くいかなかった要因を整理する。さらに、困難な状況のなかで当時の人々が「中間グループ」を通じてどのように対応してきたのかを見ることでその役割を捉える。そのうえで、このような当時の東ドイツの「中間グループ」を分析することが、現在の私たちにどのような示唆を与えてくれるのかを考察したい。

以下、第2節では、政府の役割と市場の効率性を確認する。第3節では、第Ⅱ部の中間グループのあり方を参照し、それらが市場と政府の間で果たした中間的機能を確認する。第4節では、こうした中間グループの役割を再度見直していくことで、われわれの社会においてどのようなことが参考となるかについて考察する。第5節では本章の要点を整理する。

2　政府の役割と市場の効率性

はじめに、政府の役割とは何か概観していく。市場では、需要と供給が市場価格によって調整される。理論上では、こうした価格調整メカニズムを通じて達成された資源配分は効率的であるとされる。しかし、現実の市場で達成される資源配分は、つねに効率的であるとは言えない。非効率的な資源配分を市場での取引によって改善することができない状況は「市場の失敗」と呼ばれる。こうした市場の失敗が生じるのは、以下のような場合である。市場が独占されている。経済活動に外部性が生じている。取引される財が「排除不可能性」と「消費の集合性」をあわせ持つ。情報の非対称性がある。さらに、市場の失敗とは別に、市場によって解決することができない問題として、格差の問題が挙げられる。

独占の問題

市場取引において独占状態が生じている場合、市場価格は独占力を持つ主体によって歪められる。たとえば、財の供給者が市場独占力を持っていると、独占利潤を確保するような価格が設定される。その結果、自由競争的な市場で決定される場合よりも、価格が高くなることで財の消費量は小さくなる。このとき、より安価で手に入れることができたはずである消費者の利益の一部が供給者に奪われている。同時に、市場への新規参入が阻止されることで、独占価格よりも低価格で販売可能な他の供給者の利潤も失われている。このように、独占によって需要者、供給者の利益が損なわれている場合、政府はそれを禁止し、市場がより競争的になるような規則を制定する。

外部性がある場合

外部性とは、ある経済主体の行動が、市場での取引を通さずに、他の経済主体の行動に影響を及ぼすことである。具体例として、工場排水のケースが挙げられる。自社の利益を優先する企業は、環境保護を配慮せず、生産過程で生じた汚染水を垂れ流す可能性がある。その結果、近隣の住民などが環境汚染による被害を受ける恐れがある。(1) こうした他者に及ぼす厚生・収益上の損失を防止するために政府は、規制や管理区域を設けることや特別な税金などを課し、生産過程の管理や監督を行う。

排除不可能性と消費の集合性

「排除不可能性」とは、財やサービスを購入し消費する際、同じ財・サービスを消費しようとする人を排除できないことである。また、「消費の集合性」とは、同一の消費財・サービスについて複数人が同時に消費できるという状況である。一般的な財の例を考えてみると、食品などは購入者が食べてしまえば、他の人が食べることができないため、この二つの性質を持ち合わせていない。

「排除が不可能」ではなく、かつ「消費の集合性」を満たしており、市場で取引される財・サービスの例として、映画館やテーマパークが挙げられる。これらの財・サービスの取引では、入口で入場料を支払うという仕組みによって、対価を支払わない人を排除している。また、対価を支払った人は、施設のなかで同時に財・サービスを共有しながら消費している。自分が映画を見たからといって、隣の入場者が同じ内容の映画を楽しむことができないということはない。

また、「排除が不可能」であり「消費の集合性」がない財に関して起こる問題として、「共有地の悲劇」がある。共有地を個人が私利私欲のために利用してしまう場合、共有地としての利点が失われる可能性がある。具体例として「ため池」などが挙げられる。ため池に魚がいることを知っている個人は自分の利益に見合う限り、無制限に魚を採ろうとするかもしれない。そうすると、あらゆる個人が魚を採り尽くし、その池には魚がいなくなってしまう。ここで、魚の数が持続可能なように採る量を制限すれば、永続的にため池から魚を得ることが可能である。しかし、こうした制限がないと持続的に魚が得られるという池の利点が失われる。そこで、漁業者同士で漁業権を共同管理し、いわゆる「コモンズ」として利点を引き出す工夫がなされている。

他方、「排除不可能性」と「消費の集合性」の二つの特徴を同時に持ち合わせる財は、純粋公共財と呼ばれ、市場取引を通さずに政府によって提供されている場合が多い。これらの財を政府が提供する必要性について、仮にそれらが市場で取引される場合を参考にして確認する。

例えば、消防・警察サービスや一般的な公園などが公共財に当たる。消防・警察サービスなどは治安の維持や、火災による被害を抑えるものとして私たちの生活に必要なものである。また公園は、憩いの空間を提供し、われわれの生活をより豊かなものにしていると言える。そこで、公共財としての財・サービスを通常の財・サービスと同様に市場で取引しようとしたとする。ある個人が、公園や警察といったサービスを需要したいと考えているということは、その供給への対価を支払ってもよいと考えているということである。仮に警察サービスや公園の供給価格が市場で提示されており、自分が支払ってもよいと考える金額と同じか、それ以下であったとする。このときその個人は、その金額を支払って消費しようとするかもしれない。しかし、一旦供給された途端に、先の「排除不可能性」と「消費の集合性」によって、他人が対価を支払わずに無料でその財・サービスを消費してしまうことを排除することができない。このような場合、各個人は財を需要し、その対価を支払ってもよいと考えているとしても、他人が同じ財を購入し、自分が「フリーライド」できるまで、支払いをしようとはしない。その結果、誰もがその財・サービスの需要を望んでいるにもかかわらず、誰もその財・サービスの消費を行おうとはしない。すべての個人にとって、より少ない金額でこの財・サービスを消費するほうが望ましいため、誰も正直に自分が支払ってもよい額を言うことはない。つまり、この財・サービスは市場機構によって提供されることが難しいと言える。この問題に対処するために、政府や自治体が税という形で資金を徴収し、このような財・サービスを提供することになる。

情報の非対称性

情報の非対称性とは、取引をする個人の間で互いの持つ情報が明らかではない状況である。情報の非対称性がある場合に起こる市場取引上の問題として、「逆選択」や「モラルハザード」がある。これらの問題が生じる取引の代表的な例として、保険サービスが挙げられる。自分の健康状態について悪いと判断している個人は、病気になった場合に保険料を受け取ることを前提として、積極的に保険に入ろうとする。一方で、健康な人は、自分が病気になりにくいことを自覚しており、保険金を受け取ることはないと考え、保険料がその対価に見合わないと判断し、積極的に保険に入ろうとはしない。そのため、保険金が必要となる不健康な人ばかりが保険に入ろうとする。そこで、保険を提供する企業は、保険料を高く設定しようとするが、結局、それでもその保険に入ろうとする人は、より不健康な人ばかりとなり、保険サービスの提供自体が成立しない。保険サービスにとって望ましくない人々ばかりが保険サービスを利用しようとするため、この状況は「逆選択」と呼ばれる。また、情報が明らかではないことを利用し、自分の健康状態を偽ることで保険料を受け取ろうとする「モラルハザード」と呼ばれる問題も起こりえる。

この逆選択やモラルハザードの問題に対して、実際の社会では、契約者側の自賠責任や保険会社側による健康状態に関する質問といった制度設計により、主体間で情報を共有するような工夫がなされており、保険市場が成立している。しかしながら、自分の健康状態を完全に把握することや、将来の自分の老年期の健康状況を正確に予想すること、さらに、不慮の事故にあう予測を立てることなどは困難である。そこで政府が健康保険制度や社会保障制度によって、社会保険として保険料を徴収し、保険サービスを提供することになる。

格差への取り組み

上述した市場の失敗とは別に、格差の問題は市場では本来解決できない問題として扱われている。労働市場において、能力のある人は高い賃金を得ることができる一方、能力の低い人は低い賃金水準にとどまる。個人の能力は先天的要因と後天的要因に影響される。生まれもって身についているような先天的な能力の差を変えることは困難である。さらに、勉強などによって身につくような後天的な能力においても、その能力を得るために必要な資金や環境は、本人の意思と行動の結果によってもたらされたものではなく、それらが整えられているかどうかは、親の所得や生まれ育った環境といった外生的な要因に大きく左右される場合が少なくない。また、不慮の事故や病気によって働くことが困難になった場合にも所得を得ることができなくなってしまう。こうした偶然の結果によって生じる所得格差は市場の取引によって解決することができない。所得格差によって生じる社会的問題についてはここで論じないが、格差が小さい社会が望ましいと認められる場合には、政府が税や補助金を通じてそれらを是正するような再分配政策を行う。

以上の各状況においては、政府がそれを改善させるルールとその実行を定め、市場機構では取引の成立が難しいとされる財やサービスを供給すべきということになる。つまり、政府の役割は、「市場の失敗」や「市場で解決できない問題」が生じている状況において、税金という個々の負担をもとにして、安定的に幅広く社会の厚生を改善することができるような環境を法や規則によって整備することや、またそのような公共財・サービスを提供することである。

こうした役割を超えて、政府が市場ではなく計画によって経済全体を運営すると、その経済取引は非効率になってしまう。その要因は、主に以下の二つの観点から考えられる。

一つは情報収集に関する非効率性である。市場では、需要者と供給者が市場「価格」を観察することで、需要と供給をすべきかを決定する。消費者は、自分が財を消費することで得られる主観的価値が支払いの費用よりも高いと思えば、その財を需要し、生産者は、市場価格で財を販売することで利潤が出るならば、その財を供給する。つまり、市場で取引する際、生産者側は、需要に関する個々の消費者の嗜好などの情報、また消費者側は、供給に関する生産者の生産コストや収益の情報を集約する必要がない。市場は、こうした価格による需給の調整を通じて、全体の資源を効率的に分配する。これは価格調整メカニズムと呼ばれる。政府が財・サービスの需要と供給を計画する場合、その個々の情報を集約する必要があり、膨大な機会費用がかかる。この費用は、計画経済における資源配分上の非効率性と言える。

もう一つは、インセンティブに関する非効率性である。計画経済では、生産水準が利潤と関係なく先に決定されているため、自発的に労働するインセンティブが形成されにくい。労働に対するインセンティブが、給与を得ることで豊かな生活をしたいという欲求ではなく、社会における美徳やモラルに任された場合、働かなくても同じ給料が得られると考える労働者が現れ、サボタージュが起こってしまう(2)。つまり、供給側において、より効率的な生産活動を求めるインセンティブは弱い。また、需要量にかかわらず取引価格が変更されることがないとすると、各主体は将来の不確実性に備えるために、特に耐久性のある財に関してより多くの量の財を要求しようとする。したがって、需要側では、より多くの量の財を需要するインセンティブが強い。これらの結果から、経済はつねに需要のほうが供給よりも大きい「不足の経済」になってしまう。つまり、財を提供する側は必要以下しか提供せず、財を需要する側は必要以上に需要することになる(3)。

次節では、本書第五章の河合論文と第四章の石井論文を参考に、計画経済下で「不足の社会」に陥っていた状況と小規模のコミュニティがその不足の状況を補う役割を果たしていたことを確認する。

3　東ドイツにおける中間グループ

本節では、市場や政府に依存しない「中間グループ」という観点から、本書の第Ⅱ部で論じられた「財・サービスを交換しあう私的グループ」〔本書第五章〕と「作業班のつながり」〔本書第四章〕を再検討し、その特徴と役割を捉える。

河合信晴は、東ドイツにおける余暇活動に焦点を当て、その意義について概要以下のように分析している。

当初、ドイツでは「早くから市民層、労働者層双方ともに余暇活動の組織化が進んでいた」が、「個人の趣味や関心を充足させるための活動」であった余暇が、六〇年代半ば以降の経済成長とともに「本格的に余暇活動を行う余裕」が生まれることで、「個々人が耐久消費財や余暇財に関心をもち始めた」。根本的には不足の経済であったことから、耐久消費財を全体で享受することはできなかったため、「自らが余分にもっている商品については周りの人々と分け合うなどの独特の行動様式をとった」。消費の個人化が進むのと同時に、不足を補うつながりが生まれていた。また、休暇サービスの個人化を余暇政策として政府主導で進めようとしたところ、十分に対応できず、その結果、新たな「私的ネットワーク」が生まれた。〔本書第五章〕

中央政府は、生産性を上昇させるために、労働者が余暇活動を共有することを推奨していた。六〇年代中頃からの経済成長によって東ドイツの余暇の個人化が進んだ。しかし、成長の鈍化とともに必要のない時・場所に物資が偏在してしまうことで、「不足の経済」がもたらされていた。これは、私的な財の消費に対する需要や供給の情報が組織系統の末端から中央政府まで行き届いていなかったことを示している。中央政府が計画に沿って指令を出していたが、各部門が生産における成果について非効率性を正確に述べないことなどにより、上方部には正確な結果が伝えられていなかった。その結果、計画を効率的に進めるための資本や物資の分配が上手くいくことはなく、全体として、非効率的な分配や計画推進になっていた。こうした不足の状況に対して、余暇の個人化が進むなかで、新たな私的ネットワークが形成された。さらに、生活用品や食品といった財の分配においても、非効率的で不安定なものとなっていた。財の提供が不確実になっていた状況に対応するために、余分となっている財の分け合いを通じた助け合いが余暇活動のなかから生まれた。

また、石井聡は「つながり」が生まれる要因として、「作業班」の役割について概要以下のように論じている。

「作業班」は、「生産の集約的な管理を進め」、「企業内の紛争を未然に防」ぐなどの合理的な機能を持った集まりであった。その集まりは「労働者の人間関係の基盤となり、相互の家族も含めたコミュニケーションの場」となっていた。それは、単に生産上の集まりだけでなく「相互の助け合いの場」となっており、余暇との関係から消費生活は作業班を中心としていくことになった。［本書第四章］

作業班も、グループ作業での集団的効率性を高め、生産性を上昇させるために組織された集まりであった。これらのグループ内で形成された関係は、余暇の範囲まで影響を及ぼしていた。こうしたつながりは指令されたものではなく、自発的行動の結果であった。作業班は単純な作業集団としてのコミュニケーションだけでなく、作業をするなかで「労働者の人間関係の基盤となり、相互の家族も含めたコミュニケーションの場」となっていた。作業班内でこのような関係が生まれたのは、労働者が機械的に作業するのではなく、お互いの性格や行動パターンを把握することで職場における生産上の不確実性を減らそうとしたためであると考えられる。また、作業班におけるお互い様という協力関係は、仕事をサボタージュしたい場合や、計画に基づいた作業においても一時的に作業を離れたい場合、仕事の休みを可能にする柔軟性を生み出していた。こうした相互の慣れ合いの関係は作業効率を下げてしまい、経済全体の効率性を低下させていたと考えられるが、その一方で、不足する経済のなかでも余裕やゆとりを生み出すことで、生産性の低下につながる職務上のストレスや生活の不安を抑制していたとも考えられる。

「余暇活動」と「作業班」は本来、政府指導のもとで生産性上昇を目的としたものだったが、不足の経済によってもたらされた生活の不安や不確実性に対応するために、人々はグループ内で構成された関係やつながりを利用して、自発的に財や情報の交換を行った。そこには人が集まることで、コミュニケーションを通じた財・サービス（労働や余暇）の提供や情報の共有があった。また、それは個人の生産や分配における不確実な状況を緩和するためのものであり、不足の経済において「中間グループ」から享受できる価値を各主体が自覚した自発的な公共の関係であった。ここでの公共とは、不特定多数の個人間の集まりではなく、情報の共有とその有益性を受容しやすい規模の集まりである。

以上の東ドイツの「中間グループ」の特徴を踏まえ、その役割を政府の役割と市場の役割から捉えていく。

まず、「政府の役割」による財・サービスの提供は、社会全体として「市場の失敗」を補完するために実施されるのに対して、「中間グループ」内でのやりとりは、人々が自発的にとった行動である。こうしたやりとりを生み出していた集団は、当初、政府や当局からの指令によって形成されたものであっても、その「中間グループ」の役割自体を目的とした組織的なものだったとは言えない。人々が自発的に余暇時間にまで交流を持つことが望ましいと考えたのは、生産性の向上だけでなく、日常生活における仕事の休みや分配の過不足などを平準化させる目的もあったと考えられる。こうした目的を通じて、各個人はグループにおける取引に参加する「インセンティブ」を持っていた。

さらに、「中間グループ」におけるやりとりは、貨幣と財を交換する市場取引とは異なり、余分な財の交換や余暇時間の活用による交換によって成立している。市場では、不特定多数の個人の取引において、価格が需給を調整するための情報伝達の役割を果たしている。「中間グループ」では、誰もが受け取ってくれる貨幣ではなく、グループのなかで互いに何を必要としているのかの「情報」を交換することで、様々な財・サービスの提供と交換が実現された。

また、「中間グループ」は、不足の経済における不確実性を低下させる「公共」的保険機能を備えていたと考えられる。そこに参加していた各個人は、所有する財が限られた状況においてどのような財・サービスが他者から受けられるのかを認識し、自分も同様の代替的な財・サービスをそこに提供することで、お互いの不確実な状況を回避または抑制していた。こうした不確実性を平準化させるメリットのほうが、当時の社会の不確実性によるコストよりも大きかったことで、その集団の関係性は維持されていた。中間グループに参加すれば、人々は誰もが財・サービスの交換と情報を共有することができたことから、中間グループは「消費の集合性」と「排除不可能性」の性質を備えており、実質的に公共財と同様のものであったと言える。

これらのことから「中間グループ」は、個人の意思のもとで、その役割や関係性が構築されたものであり、その交換の場自体が、市場調整メカニズムとは異なる情報交換機能を持ち、政府によって提供される保障制度とは異なる保険機能を持つ公共財であったと考えられる。

次節では、これらの機能を持った「中間グループ」が現在の社会にもたらす意義について検討する。

4　「中間グループ」から見る現在社会と経済

東ドイツの経済は、市場に基づいたものではなく、政府の計画によって実行されたものであったことから、資源配分上の非効率性が生まれ「不足した社会」となった。当時の政府は、こうした状況を計画によって修正しようと努めたが上手くいくことはなかった。また、社会主義体制の維持のため、市場による効率性を率先して用いることもできなかった。

こうした政府の効率性における失敗と市場取引を自由に進められない環境のなかで起こったのが、その折衷的なかたちをとった中間グループ内での財・サービスの取引であった。人々はこの自発的な取引から生み出された公共的保険機能を通じて不足の経済に対応した。これは、政府の失敗による不確実性を抑制する方法であり、また市場メカニズムに頼らない方法でもあった。

このような貨幣を用いない取引は、社会主義体制が本来望んだあり方であった［Zatlin 2007］。しかし、その体制が上手くいかない状況で、こうしたやりとりが個人の助け合いのなかから生まれてきたことは皮肉である。しかし、単なる東ドイツにおける皮肉な事例として終わりにさせず、このような「グループ」が、市場も政府も果たすことができない役割を持っており、それが市場や政府が機能しないなかで生まれてくると想定すると、その「中間グループ」は、われわれの社会にどのような示唆を与えるだろうか。

日本は戦後、高度成長を経て、消費や余暇は個人化し、社会保障制度などの政府の役割も十分に果たしていた。成長期における消費の個人化は、個人が望むものを市場で自由に消費できるようになった社会の結果であった。この過程の裏で、それまでの相互扶助関係は非効率であると捉えられ、その必要性を失っていった。それと同時に、社会保障制度をはじめとして、政府の役割が拡大することで、個人の社会での安定的な生活も保障されるようになっていった。人々は消費の個人化と政府の役割の必要性を実感し、市場と政府はどちらも効率的に機能していた。つまり市場も政府も成功していた。しかし、これらの成功は成長のもとで維持されていた。七〇年代の中ごろ以降は、次第に個人の消費需要を支える成長は鈍化し、成長率の維持のために政府の財政も悪化していった。市場と政府の役割に期待することは徐々に難しくなってきている。

だが、現在においても個人化した消費需要や政府による社会保障が経済の成長に依存している傾向に変わりはない。個人化した消費によって厚生を維持するほどの所得増加は、社会全体として起こっていない。また、国民全体の社会保障をすべて政府の役割としようにも、財政が悪化し、経済成長が低迷している状況のなかで、税収によって厚生を維持し充足させることは、一層困難となっている。賃金上昇によって個人の所得を増加させることや、社会保障を維持するために税金を引き上げ、再分配政策を実施しようとすると、それが経済成長を阻害し、成長のもとで維持される今後の所得増加や社会保障が実現できなくなるという状況に陥っている。市場や政府のみで対処することが困難であるということが明らかとなっていくなかで、再度注目されているのが「中間グループ」である。

われわれがかつてのつながりといった「中間グループ」を必要だと考えるのは、それらが単なるノスタルジーとしてではなく、政府や市場によらない自発的な関係が、厚生を改善する役割を持つことを経験的に理解しているからである。しかしながら、現状の問題を解決するために、ただちにかつての「中間グループ」に戻るべきだとは言えない。なぜなら、そもそも「中間グループ」は、資源配分の面において、市場の調整メカニズムほど効率的ではなく、公共性のある財・サービスを提供する面において、政府ほど優位性を持ち合わせていないからである。日本の七〇年代において経済成長とともに市場の役割や政府の役割が発揮されるなかでかつての「中間グループ」の役割が変化していったことや、当時の東ドイツの社会がそうした「中間グループ」を自発的に構築していた点を考慮すれば、その関係の構築は個人や政府の意図ではなく、社会が求めるものが何かという点を配慮したうえで進められるべきである。市場でできることや、政府が実行すべきものを考察せず、中間グループの役割に依存してしまえば、その関係の中で果たさなければならない義務が負担となり、非効率な関係となってしまう可能性さえある。関係の構築において重要となるのは、前節で見たように、各個人が何を必要とし、必要とされているのかという「情報」や、グループによる「公共性の価値」を参加者が自覚しているか、また、そこに参加する「インセンティブ」が形成されているかということである。現在の社会状況に対して、公共財としての「中間グループ」を応用するのであれば、そこから見出される各自の利点と負担を考慮しながら、個人が社会の問題に対して、どのように取り組むことができるかという視点が必要である。

5 「中間グループ」の分析の意義

本章では、当時の東ドイツの「中間グループ」の機能面を中心として見てきたが、ここから示唆されるポイントは以下の二点である。

当時の東ドイツでは、市場や政府に依らない中間グループがそれらの折衷的役割を備え、その経済や体制を支えていた。

中間グループに関して、「情報」「インセンティブ」「公共性の価値」という観点から、それがどのように生み出されていたのか、また、どのような役割を果たしていたのかを分析することは、現在のわれわれの「中間グループ」のあり方に対する批判や新たな視点を提供する可能性がある。

第Ⅱ部で提示されたように、どのように東ドイツの人々は中間グループを創出し、状況に対応してきたのか、そのプロセスをさらにたどっていくことは、市場や政府の役割の影に隠れている現在の我々の相互援助・共有可能な社会ストックの再発見や創設へとつながっていくと考えられる。このような点から、当時の東ドイツ社会はさらなる研究・議論の対象になると言えるだろう。

註

（1）外部性には他者に費用をもたらす負の外部性と便益をもたらす正の外部性の二種類があり、ここでは負の外部性について例示している。正の外部性として、花壇を作ることで景観が良くなり、花壇を作成した人以外の厚生が改善するケースなどが挙げられる。

（2）賃金が能力や業績に応じた給与体系ではなく、固定給である場合にサボタージュが起こる現象は、労働者がまじめに労働しているか監督できないという理由で発生する情報の非対称性の問題の一つとして、プリンシパル・エージェント問題と呼ばれている。

（3）石井［本書第四章］は、この不足の状況が生産工程における中間財の需給においても起こっていたことを示している。六三年の新経済システム（ＮÖＳＰＬ）の導入後、分権的、市場経済的取引の一部運用によって経済効率性は改善した。

第一一章　社会主義経済再考
——東ドイツ計画経済の現実

清水耕一

1　はじめに

一九八九年のポーランド（六月一八日）、ハンガリー（一〇月二三日）、東ドイツ（一一月九日［ベルリンの壁の崩壊］）、チェコスロバキア（一一月一七日）、ルーマニア（一二月二五日）へと続いた「東欧革命」による東欧社会主義体制の崩壊、そして一九九一年一二月二五日のソヴィエト連邦の崩壊は、共産主義政党の一党支配による独裁的な国家体制の崩壊であると同時に、ソ連型の中央集権的計画経済の優位性神話、すなわち無政府主義的資本主義に対する「科学的社会主義」の優位性という神話の最終的崩壊でもあった。

政治的には、ソルジェニーチン（A. I. Solzhenitsyn）の『収容所群島』（一九七三〜一九七五年刊［ソルジェニーチン 2006］）に描かれたレーニン（V. Lenin）死後のスターリン主義ソ連における反対派の大粛清、アンダースン（A. Anderson）の『ハンガリー 一九五六』（一九六五年刊［アンダースン 2006］）に描かれたハンガリーにおけるソ連軍による改革派労働者・市民の弾圧、ムリナーシ（Z. Mlynář）の『夜寒　プラハの春の悲劇』（［ムリナーシ 1978］）が描いた一九六八年のチェコスロバキアの改革派に対するソ連軍による弾圧を知れば、ソ連や衛星諸国の公式文書・声明を現実と信じるナイーブな人間でない限り、プロレタリア独裁を根拠に自国民および衛星諸国を支配するソ連共産党の非民主主義的な抑圧的全体主義的体質は明らかであった。ソ連とその衛星諸国からなるソ連圏はソ連共産党指導部が支配する「赤い帝国」であって、ハンガリーやチェコスロバキアのようにソ連モデルから逸脱する改革は弾圧され、ソ連共産党の代理人といえる衛星諸国の指導者はソ連共産党に対する忠誠を欠けば粛清された。第二次世界大戦後にソ連圏に組み込まれた東欧諸国の不幸がそこにある。これらの諸国は国民自ら社会主義体制を選択したのではなく、ソ連軍の支配下においてソ連共産党の「指導」のもとに親ソ連派共産主義政党によってソ連圏に組み入れられたのである（例外はスターリン路線と一線を画したチトー［J.B. Tito］の率いた自主管理社会主義国である旧ユーゴスラビア）。

本書の対象である東ドイツも例外ではない。事実上の一党独裁体制を築いたSEDは、第二次世界大戦後のソ連占領下の東ドイツにおいて再建された共産党と社会民主党（SPD）の合併によって生まれた。ナチ政権時代にモスクワに亡命したドイツ共産党員の多くはスターリン派によって粛清されており、再建後の共産党はスターリン（J.Stalin）に忠実なモスクワ亡命派が指導し、他のイギリス、フランス、アメリカ等に亡命した共産党員は共産党指導部から排除された。SEDに参加したSPD党員は共産党員よりも多かったが、ソ連占領軍支配下で共産党がSEDの主導権を握り、旧SPD指導者はSED指導部から追放され粛清された。こうしてSEDはソ連のスターリン主義的共産党をモデルとして組織され、東ドイツ国民を支配することになる。一九五三年の労働ノルマ制に抗議した東ベルリンの労働者の蜂起に対するソ連軍による鎮圧、シュタージ（秘密警察）による監視と反体制派の弾圧、国民の西側への脱出を阻止するための一九六一年八月一三日の国境閉鎖（ベルリンの壁の建設開始）によって、国民は自由と民主主義を制約したSEDの独裁下で生きていかざるをえなかった。

とはいえ、本書の第Ⅱ部の諸章が農村生活、職場生活、余暇活動、高齢者の生活、音楽、教会の活動について説明しているように、この閉ざされた社会のなかには「ニッチ社会」として形容される〝息をつける空間〟、あるいは「自己本位（アイゲンジン）」の行動の余地が存在した［河合 2015：34-36］。Ｓ・コット（S. Kott）が紹介しているＲ・ベッセル（R. Bessel）とＲ・イェッセン（R. Jessen）の「独裁の限界」説によれば、計画経済の機能不全によって出現したコントロール不能な二重経済（闇経済や非公式の互助活動の存在）と、支配システムのあらゆる階層におけるインフォーマルな利益誘導型のアレンジメント（調整）が体制の存続を保証していた［Kott 2001：14-15］。コットが指摘するように、国境閉鎖と政治警察シュタージによる監視・抑圧のみではなく、市民の生活にこのような非公式の調整が可能な「息をつける空間」が存在し、アイゲンジンに基づく行動の余地が存在したがゆえに、そして「国民」の側の諦念であったにせよ同意があったがゆえに、ＤＤＲ体制は存続できたように思われる。そしてそれゆえに、東ドイツは、ＳＥＤの独裁体制が揺るがない限り、そして国民が体制転覆行為をしない限り、ある程度まで《ゆるい社会》であったように思われる。

以下、本章においては、第2～4節において東ドイツを含むソ連型社会主義の政治体制および計画経済の理論的・現実的問題点を概観したうえで、第5節においてコットが明らかにした東ドイツ企業社会の実態と安定化装置を紹介し、現存した社会主義経済から教訓を引き出すことにしたい。ただし、筆者は社会主義経済の研究者ではなく、本章は筆者が過去に読む機会のあった文献（本書の諸章を含む）をもとにした論評でしかないことを断っておきたい。

2　社会主義政治体制の問題

フランスの左派社会学者であるA・トゥレーヌ（A. Touraine）は、一九八〇年に刊行した『ポスト社会主義』において、ソ連型社会主義モデルにおいては、国有化は階級関係にいかなる変化ももたらさなかったし、「階級そのものが一党による階級支配に還元されることによって、プロレタリアート〔労働者階級――引用者〕に対する独裁への道が開かれ」、共産党が国家機関に転化し、社会的コントロール・文化的教化、政治的抑圧の代行者に転化している、と指摘していた〔トゥレーヌ 1982：25〕。このような転化については、ロシア革命の指導者の一人でありながらスターリン派に粛清・暗殺されたトロツキー（L. Trotsky）が一九三六年に刊行した『裏切られた革命』〔トロツキー 1992〕においてすでに指摘していた。同書第五章「ソヴィエト・テルミドール」は、スターリンが権力を握って以降、ボルシェビキ党（ソ連共産党）の民主主義中央集権制（民主集中制）は官僚主義的中央集権制に転化し、「党の民主主義とともにソヴィエト機関、労働組合、協同組合、文化団体、スポーツ団体の民主主義も過去のもの」となり、「あらゆるものの上に党書記の位階体制が無制限に君臨」し、体制は「全体主義の性格をおびるに至った」と指摘していた〔同：133〕。

以上のような観点を敷衍すれば、①社会主義革命は「ブルジョア階級」を打倒して「プロレタリア独裁」を樹立するのであるが、②革命後には「科学的社会主義」を体現すると自認する共産主義政党が労働者階級に代わってその権力を代行することになる。そして③共産主義政党による独裁は共産党員を組織・指揮する党官僚による独裁（官僚主義的中央集権制）へと必然的に転化し、④さらには官僚を指揮する党指導者（集団的指導部あるいは独裁者）による独裁へと転化する。こうしてソ連型社会主義社会は、国有化によって生産手段は国家に属すが、「国家は官僚に属しているようなもの」［同：312］であって、党官僚と指導者が権力と特権的利益を独占する階級社会あるいは「階層化された社会」[1]（スウィージー［P.M.Sweezy］）であった。

このような転化の源泉は、「科学的社会主義」という「押し付けがましい」自己正当化（トゥレーヌ）、プロレタリア独裁と社会主義建設における社会主義政党の指導性という虚構による権力の独占、および「民主集中制」（「一枚岩主義」）にあった。政権交代可能な民主主義社会において一政党が民主集中制を自党の組織原則とすることは自由（党内民主主義の問題は残るが）であるし社会に実害もないが、一政党が権力を独占し、ソ連圏諸国のように民主集中制の名の下に（あるいは別の正当化によって）その指導者が権力を掌握・独占し、指導者とその官僚組織が「上意下達」によって党組織のみならず社会をも支配するのであれば、そのような独裁体制は社会主義と形容されようが全体主義である。[2]

このような社会主義国家が他の全体主義国家と区別されるのは権力を握った社会主義政党が「科学的社会主義」を体現しているという自己正当化にあろうが、しかし「科学的社会主義」とは何か。ここで問題にするのは、思想的としての科学的社会主義（その古典はエンゲルス『空想から科学へ――社会主義の発展』）ではなく、現実の社会発展の方法、あるいは経済社会政策として「科学的社会主義」が意味するもの、結局は社会主義経済のあり方である。この点からすれば、「科学的社会主義」の本質は、資本主義経済における市場の無政府性に対する社会主義計画経済の優位性という信仰に帰着する。社会主義経済における分配原則（労働に応じた分配）もまた計画経済が機能することを前提としているからである。ところで中央集権的な計画経済はうまく機能するものであろうか？

3　社会主義計画経済の問題──シュムペーターから考える

現存した社会主義計画経済がうまく機能しなかった事実は、J・コルナイ（J. Kornai）が一九八〇年に発表した「不足の経済」に関する研究によって周知のこととなったが、以下本節ではシュムペーター（J. A. Schumpeter）の社会主義論を手がかりに理念型としての社会主義計画経済の問題点をみておこう。ただし以下では、『経済発展の理論』（一九一二年）のシュムペーターをシュムペーターA、『資本主義、社会主義、民主主義』（一九四二年）のシュムペーターをシュムペーターBとして論を進める。

よく知られているように、シュムペーターBは、「資本主義過程はそれ自身の制度的骨組みを破壊するのみならず、また他の骨組みのための諸条件をもつくり出す」［シュムペーター 1942：254］と考えていた。すなわち資本主義経済は成功し独占的資本主義が発展するが、大企業においては経営が官僚化して経済発展の原動力である「起業家精神」（イノベーション能力）が失われるとともに、ブルジョア家庭の崩壊や将来のために働くという資本主義的倫理の喪失のような「資本主義構造を下から支えていたあらゆる支柱が消失」することによって、「社会主義的計画の不可能性も消滅する」、と［同：246-254］。しかも「社会主義の純粋理論に関しては何らの誤りも存在しない」と考えられていた［同：271］。この「社会主義の青写真」とはおおむね以下のごとくである。

社会主義計画経済の真の問題は、「生産がいかに合理的になされうるか、換言すれば、利用しうる資源、技術的可能性、およびその他の環境的諸条件によって課された制約のもとにおける消費者の極大満足をもたらすような仕方で、生産がいかにしてなされ得るかということである」［同：276］。この社会主義計画経済における経済合理性は、「消費者は消費財を評価（「需要」）することにおいて、すでにかような財の生産に投入される生産手段をも評価しているという命題」から導かれる。すなわち、各産業が必要とする生産財と労働力を得るためには、生産財と労働力の価格を所与（計画当局が公布）として、あらかじめ消費者の需要を知るとともに、必要な生産財と労働力を購入するための貨幣が必要であるが、これは消費財の先物販売によって消費者が対価（「消費者ドル」）を支払うことで可能になる。産業（企業）はこの受け取った消費者ドルを中央計画当局に引き渡すことで生産財を獲得し、また労働力を雇用するのである。その場合、時間のなかで価格が不変であることが条件であるが、各産業は可能な限り経済的に生産する。すなわち、各産業は所与の価格の下で社会的な需給一致条件である価格＝限界費用となる水準で生産する。そして、生産された消費財は先物取引で事前に財を購入した消費者に引き渡され、需要が満たされる。このような経済合理性に従って生産計画が実現されれば、需要に対応する生産が行われ、したがって資源の最適配分が行われることから、社会主義経済は資本主義経済に固有の浪費も存在せず、失業も発生しないということになる。よって、シュムペーターBは理論的にはこの社会主義の「青写真」は優秀であると主張した［同：306］。

このようなシュムペーターB的経済合理性に従った生産と資源の最適配分は完全競争市場に関する一般均衡論を想起させるが、ワルラス的一般均衡論におけるタトヌモン（tâtonnement）と呼ばれる均衡価格ベクトルへの収束過程は存在せず、生産システムは所与の価格システムのもとで消費者が注文（先物買い）した商品を生産するだけでよい。そのための前提は、初期に生産可能な消費財のカタログ（経済計画における財ベクトルで一般均衡論における資源の初期保有に相当）が存在し周知されていること（完備情報）であり、また企業も需要に応えてフレキシブルに生産することである。よって、シュムペーターBの社会主義モデルは一般均衡論における収束過程の不安定性という問題［例えば Guerrien 1993 が説明］を回避している限りで、完全競争市場モデルよりも安定的であると言えるかもしれない。しかし、そこには現実の社会主義経済の問題に通じる問題が存在する。

第一に、シュムペーターAは、ワルラス的な一般均衡の成立した市場経済は景気循環における停滞局面である、と考えていた。そして、均衡＝停滞状態にある資本主義経済はイノベーション（「新結合」）が出現することによって発展・成長し、イノベーションが社会全体に普及すれば経済は再び均衡＝停滞状態にもどる（事後的な均衡状態は初期均衡状態よりも高い産出水準にあることから、停滞状態とはいえより豊かな経済状態にある）。このようなシュムペーターAの観点からすれば、シュムペーターBの社会主義の「青写真」は一般均衡論の世界と同様、イノベーションの存在しない停滞状態の経済であると考えられる。もちろんシュムペーターBは、社会主義においては「進歩のための計画」あるいは「新事業の組織的整合や順序正しい時間的配分」が資本主義経済よりも「はるかに効果的」に行われ、社会主義的管理者は「生産量の長期的趨勢にそった進路……に従って舵を握ることができる」と考えていた［同：307-310］。しかし、消費者による事前の購入によって資源配分が決定され生産が組織されるということの「青写真」の場合、初期（計画）における財ベクトルと事後における財ベクトルは同一でなければならず、資源配分と財ベクトルを変更するイノベーションは連続時間のなかで前期の期末と当期の期首の間という瞬間に実現される必要があることから、経済計画にイノベーションを組み込むことは困難であるように思われる。

第二に、社会主義を独占的資本主義の継承者であると位置づけて両体制を比較しているシュムペーターBが、独占的資本主義の大企業では経営が官僚化するためにイノベーションへのインセンティブが低下すると考えている以上、社会主義経済を管理する官僚にイノベーションへのインセンティブが働くと言えるのだろうか？　経営が官僚化するとイノベーションへのインセンティブが働かないという考えは、理論的には独占的資本主義においても社会主義においても無差別に適用されなければならないはずである。さらに、独占的資本主義においても完全独占市場ではなく寡占市場であれば寡占企業間の競争が存在し、したがって大企業の経営は官僚化したとしても完全独占の社会主義企業の経営よりもイノベーションへのインセンティブが働くと考えるほうが自然であるように思われる。他方、社会主義計画経済では産業毎に完全独占状態〔売り手市場〕になることから、産業を経営する官僚にはイノベーションへのインセンティブが働かないように思われる。

現存した社会主義計画経済を見れば、イノベーションへのインセンティブが欠如していた事実が指摘されている。一九六〇年代のポーランドにおいてすでに中央集権的計画経済に替わる「市場機構をビルト・インした計画経済モデル」を提唱していたW・ブルス（W. Brus）は、社会主義が技術進歩を全面的に活用しようという傾向があるにしても、「ここ〔ポーランド――引用者〕でいう新技術や新製品の問題とは、よそでは既知の技術をわが国の諸条件に適応させる問題が大部分」であると記していた［ブルス 1978：35］。

またスウィージーは『革命後の社会』（一九八〇年）において、以下のような、『ニューヨーク・タイムズ』紙に掲載されたあるロシア人作家の話を紹介している。「ボルシェビキ政権の五〇年目〔一九六七年――引用者〕に、ソ連は、アメリカが一九二〇年代に迎えた自動車時代への入り口にさしかかっている。……あるロシア人作家は「イタリアやフランスのどんな普通の労働者も車をもっているのをみると、この五〇年間われわれはなにをしてきたのだろうと思いますよ。もちろん進歩はしてきました。しかしそれは十分に速やかではなかったのです」と語っていた。……そのロシア人作家は車をもってはいるが、一〇年たったポベーダ〔ソ連で一九四六〜一九五八年に生産された中型セダン――引用者〕である」［スウィージー 1980：29］。

一九八〇年頃の東ドイツにおいても、市民が人気の小型乗用車トラバントを注文しても購入できるまでに一〇年もかかったようであるが(3)、企業にとってみれば一〇年間は十分な受注量が確保されていることから、あえてイノベーションを行う理由がない。事実、トラバントは一九五八年から一九九〇年までフルモデルチェンジなしに製造が続けられたのである。よってコルナイは、「技術革新インセンティブの欠如」は「行列」現象に現れる「不足」経済の帰結であると説明している［コルナイ 1984：22-23］。

このように、スプートニクや軍備のような経済性を無視して実施される巨大な国家事業を別にすれば、社会主義計画経済は理論的にも現実的にも構造的にイノベーションへのインセンティブを欠き、市民の生活にとって重要な消費財生産におけるイノベーションも、ブルスの言うように主に西側資本主義国において出現したイノベーションのしばしば稚拙な模倣（技術導入とコピー商品の生産）でしかなかった［ソ連についてはシャバンス 1991］。シュムペーターA的に言えば、社会主義計画経済は模倣を別として、イノベーションという経済発展のエンジンを欠いていたのである。(4)

4　社会主義計画経済における「不足の経済」と安定化装置

社会主義計画経済はイノベーション能力という発展力の欠如ばかりでなく、周知のことであるが、その機能様式にも固有の問題が存在した。シュムペーターBの社会主義の「青写真」は完備情報を仮定していたが、現実の社会主義は不完備情報の下での計画経済である。その場合、資本主義企業は企業活動に関わる限定情報をもとに部分最適化（企業利潤の最大化）を目指せばよいが、社会主義計画経済は不完備情報に基づいて経済システム全体の最適化を図らなければならず、不確実性がそれだけ大きくなる。ブルスによれば、ソ連型の「中央集権モデル」は単一レベルの意思決定、計画の厳密に階層的な構造、特異な情報伝達（最上位から下部への直接命令と、下部から上部への報告）、現物タームでの経済計算と資源配分という四つの要素によって特徴づけることができるが、このそれぞれが不完備情報に基づいて実施されるため、現実の中央集権的計画経済モデルでは資源の最適配分は保証されない［ブルス 1978 : 13］。さらには全ての経済主体が計画どおりに行動するとは限らないことから、計画が理念どおりに実現されないことになる。

第一に、中央計画当局の情報処理能力の限界に加えて、処理する情報そのものに経済主体の機会主義的行動によるバイアスがかかっている。中央計画当局の処理能力の限界の問題は、「中央計画当局は報告を全部点検することができずに、下部段階から提出された提案や申請に盲判を押すほかなくなる」ところにある［同 1978：13］。しかも下部から上がってくる情報（報告）には計画経済固有のバイアスがかかっている。

中央計画当局による計画作成は、政治的に決定される少数の優先的計画を別にすれば、各産業・企業から上がってくる生産能力・資源必要量に関する報告をもとに行わざるを得ない。ところが企業にとっては、期末においてノルマ（計画産出量）を達成すれば報奨が与えられ、達成できなければ経営責任者が罰せられることになるが、計画が過去の達成水準に基づいて作成されることから企業が高い業績を達成すれば次期のノルマが引き上げられるという「ラチェット効果」が存在する［ミルグロム＝ロバーツ 1997：15, 257-261］。したがって、企業が管轄省庁に提出する報告は、二つの理由から自企業の生産能力を低めに報告し、他方で必要とする資源を過大に報告するという誘因が働く。一つは、正直に生産能力を報告して高いノルマが課されると、ノルマを達成できずに処罰され地位を失うことになるため、自己防衛としてこうした事態を避ける必要がある。もう一つは、従業員との関係において、従業員への報奨の配分は従業員の協力（特に繁忙期のそれ）を引き出すうえで不可欠であり、ノルマの未達によって従業員との関係が悪化することを避ける必要がある。それゆえに、企業の経営責任者は過大なノルマを課されないために低めの生産能力と、原材料不足を回避するために多めの資源必要量を報告することになる。このような「調整」［Kott 2001］あるいは「駆け引き」［シャバンス 1991］は、政治指導部（計画当局）と産業部門の管轄省庁との間、管轄省庁と企業との間、企業経営者と従業員との間で行われる。当事者間にはいわば共犯関係（コネあるいは持ちつ持たれつの関係）が存在し、企業に対する予算制約もまたソフト化[5]して企業の生存が政府によって保証される［コルナイ 1984：29］。

第二に、経済計画は政治的決定と不可分である。社会主義国の公式見解では政策は「経済的合法則性によって決定される」とされるが［同：113-114］、そこには正統派マルクス主義の思考に固有なバイアスがかかっていた。

不完備情報と処理能力の限界のゆえに、社会に供給可能なすべての財に関する生産計画を作成することは不可能であり、したがって現実の経済計画は優先的産業・財に関して行わざるをえない。どの財を優先的に生産するのかという目的関数、可能な選択肢からの選択、そして消費に向けられる資源の規模と構造の決定はすべて政治的決定に属す［同：113-129］。この場合の問題は、正統派マルクス経済学における生産手段生産部門（Aセクター）の優先的発展というドグマが政治指導部（そして計画当局）を支配していたことである［シャバンス 1992］。それゆえに、設備投資はAセクター、しかも重工業（製鉄、化学、機械、建築資材）を中心に行われ、この部門では資本集約度が高く生産性も高くなるが、消費財生産部門（Bセクター）は不十分な設備のまま労働集約的な生産を行わざるをえなかった。しかも、「消費財のほぼ半分を食品工業の製品が占めており」、したがって消費財生産はその原料を供給する農業生産（の変動）に大きく依存していた。ソ連型計画経済は一九六〇年代以降のハンガリーを例外として、生産手段生産部門の優先的発展「法則」にもとづく経済計画のゆえに不均等に発展し、消費財生産はいわば生産システムの「残余セクター」の地位に追いやられていたのである［同：159-163］。象徴的な例であるが、東ドイツは東欧諸国のなかでもっとも西欧社会に近い消費生活を送っていたとされていたが、一九八〇年代末においてさえベルリンの労働者の六〇パーセントは二〇世紀初頭に建設された古いアパートに住み、しかもこうしたアパートではトイレは共同トイレであり、石炭ストーブで暖房し、水道も温水が出ない（温水の出るシャワーや風呂はない）といった状態であった［Kott 2001：164］。

結局、先に引用したソ連の作家の話に象徴されるように、第二次世界大戦後の先進資本主義国において経済成長を牽引した耐久消費財産業（自動車、家電製品等）、したがって消費財生産部門の発展が遅れ、大量生産と大量消費を結合したフォード主義的成長体制への移行に乗り遅れてしまったと言える［シャバンス 1993：157-165］。

第三に、計画の実施段階における各種のボトルネックの存在のゆえに経済システムの機能不全が常態化し、計画経済は慢性的な供給不足に陥っていた。周知のように、コルナイはこのような社会主義経済を「ソフトな予算制約の下での不足経済」として理論的に説明し、消費者厚生の低下、生産効率の低下、売り手市場の人間関係の支配（買い手が売り手にへつらい好意を引き出そうとする）、技術革新へのインセンティブの欠如（前述）を不足の有害な帰結であると述べていた［コルナイ 1984：20-22］。

コルナイの指摘する不足の類型は水平的不足（消費財に関して超過需要［＝消費財の供給不足］が恒常的に存在し、市民は代替物を購入するか、目的の消費財を探しまわるか、購入を延期する）、垂直的不足（中央機関による資材の割当量が企業の要求を満たせず、資材不足になる）、および内部的不足（企業内の製造工程に資材供給が不足するボトルネック工程が存在し、この工程が企業の生産量を決定する）の三つである［同：6-10］。以上の不足に、垂直的不足の一形態であるが、グルノーブル大学の研究者グループＵＲＥＧＥＮＳＥ［ユルジョンス 1993］が説明する産業連関上の不足を加えることができよう。すなわち、川上企業からの資材や部品の供給が遅延あるいは不足（欠品や欠陥品の供給）することによって川下企業の生産が滞り、川下企業は資材が調達できた計画期間後期に突貫工事的な生産を行うために不良品が大量に発生し、最終的には消費財の供給不足が生み出されるのである。

コルナイが示したように、以上の不足は過剰と不可分である。生産における補完関係のゆえに資材が不足すれば労働力がスラック（未利用資源）化し、一企業が不足に備えて、あるいは能力拡張投資のために労働力や資材の「ため込み」を行えば他企業で労働力と資材の不足が生じる。慢性的消費財不足の状況では市民は行列を見ればとりあえず並んで、当面必要としない財でも将来のために購入しようとするが、このような行動は一方の市民における過剰在庫と、他の市民における不足を生み出す。さらに企業による労働力のため込みは労働市場を逼迫させ、賃金の高騰を引き起こすが、消費財供給が不足しているために貯蓄が増加する（過剰貯蓄の形成）。またトラバントの例のように、資源輸入のための外貨獲得を目的に輸出を優先すれば、国内市場への消費財供給が不足する。したがって、コルナイが説明するように、東欧の社会主義国の資源配分は、様々な「吸引」メカニズム（資源や労働力を吸い上げため込むこと［コルナイ 1984：30–34］）のゆえに超過需要（不足）と超過供給（スラック）が同時存在する不効率な配分であった。

以上の特徴を持つ「不足の経済」はそれ自体として社会主義経済の危機を意味せず、「不足」を経済システムの「正常」な状態とする特殊なレギュラシオン（調整）様式[6]によってシステムは安定化していた［シャバンス 1993：169］。前述の各階層間の「調整」や「駆け引き」、ソフトな予算制約は、システムが内発的に崩壊する危機を回避する安定化装置であったと言える。また、資材調達の問題は資材や労働力のため込み（吸引）によって消化され、慢性的な消費財不足は行列によって吸収されることで、不足が正常化・規則化し、システムが不足の下で安定化していたと言える[7]。以下ではコットが明らかにしたベルリンの企業の実態と体制安定化装置を見ることにしよう［Kott 2001］。

5　東ドイツにおける企業を中心としたレギュラシオン様式

コットは本書第Ⅱ部の諸研究と同様に、東西両ドイツの再統一後に利用可能となった東ドイツの中央文書館に残された豊富な、しかし未整理な資料に収められていた東ベルリンの企業七社[8]の様々な社内資料（報告書、ブリガーデ（後述）新聞等々）を検討して、社会主義建設の中心的な場である人民所有企業におけるシステムの安定化装置を明らかにしている。以下ではコットが示した東ドイツ企業の労使関係と企業内社会政策、および時間管理問題を通じて、東ドイツの企業中心のレギュラシオン様式を見ておこう［Kott 2001］。

（1）　企業経営と労使関係

東ドイツの人民所有企業は、公式見解では社会的法的経済的に自律した経営単位であるが、現実には国家計画委員会の管理下にある工業省の直接的監視下に置かれていた。企業長は政府に任命され、その多くはSED党員であったが、企業長の権限は上から計画当局およびSEDによって、また下から従業員の「社会主義的参加」によって二重に制限されていた。

企業の生産計画は所属する企業グループ（一九七〇年代以降はコンビナートに再編）内の割り当てにもとづいて、中央計画当局からの指令として課され、企業長には生産量・品質に関する権限はなく、ただ計画されたものをいかに生産するのかについて裁量が認められていたにすぎない。ただし、企業長は計画作成の前提となる計画当局に提出する情報について数字を操作することが可能であり、一定の自律性を確保していた。計画の要求と従業員の要求の間で苦しむ企業長は、硬直的で過大な計画を可能な限り避けるために、生産能力を過小に報告することで、計画生産量が低く設定されるように図ったのである。その結果、企業はノルマを超えた生産を実現し、追加的な報奨金を獲得して従業員に配分することができた。東ドイツの場合、一九五三年の東ベルリン労働者の蜂起事件以降、ノルマの強化は放棄され凍結されていたため、ノルマ以上の生産を実現してもラチェット効果は働かず、報奨金の配分が一般化していた(9)。したがって、このような「ソフトな計画」は計画当局が「企業エゴ」として問題にしてはいたが計画経済において企業が生き延びるために不可欠であり、追放することはできなかった。

このように企業長は計画の作成に関与するが、経営方針に関する決定権限を欠いていた。企業長および経営陣の多くはSED党員であり社会的エリートではあったが、党内では二次的な地位に留まり、最終決定に加わることもなく、党に対する政治的経済的忠誠を要求された。公式の経営原則は、「企業経営陣は管理するが、経営陣がたどるべき道は党が示す」のであり、企業内SED指導部が経営陣に対して絶対的な権限を持っていた。しかし、SED指導部は従業員を完全に支配できたわけではなかった。SEDは労働者には不人気であり、労働者を政治的経済的に動員することも党員勧誘も困難であった。一般従業員に占める党員の割合はベルリンの変圧器製造企業TRO社で一九六〇・一九七〇年代を通じて一〇パーセント前後、電球製造企業BGW社では一九七〇年時点で七・七パーセント（女性では六パーセント、若者では三パーセント）にすぎなかった。党員になれば党内キャリアをつみ、テレビ、車等の稀少財を購入する特権を手に入れるが、多くの労働者にとって党への加入は党費が高額（家賃の半額程度）であるとともに政治集会や党員教育等に動員されることから魅力を欠いていたのである。しかも上記二社では従業員のSEDに対する無関心さらには不信感・敵愾心が常態化していた。企業内SEDは管理者・エンジニア層（カードルと呼ばれる基幹職員）、要は「エリートの党」として存在し、「労働者階級の党」というのは虚構でしかなかったのである。またそれゆえに、SEDは企業内の活動としては労働者の敵意を和らげるために後述の社会政策（社会文化活動、企業内福利）を重視した。

SEDと同様に経営陣と従業員の間を仲介する労働組合も、従業員代表ではなく、党方針の「伝動ベルト」として「党の指導の下に」従業員を政治的経済的に動員し労働規律を守らせせようと活動した。労働組合は計画会議において経営側と計画目標について議論する権限を与えられていたが、現実には意見を述べるだけであり、経営側と同様に中央計画当局の指令に従わざるをえなかった。計画会議は社会主義的民主主義の中心に位置づけられていたが絵に描いた餅にすぎず、一般従業員も関心はなく「ムダなこと」と思っていた。もっとも、労働組合は経営側に対しては従業員代表として発言し、SED党員と同様に労使紛争調停委員会においては労働側を擁護した。労働組合の活動も、当初は社会主義的競争の組織やブリガーデ（ソ連の労働突撃班に相当する作業班）運動・模範労働者運動の発展に向けられていたが、のちにはこうした大衆動員や政治・経済的煽動活動は放棄され、模範労働者運動を含むエリート主義を敵視して、文化・スポーツ活動を始めとした企業内福利活動を重視するようになった。したがって、企業内のＳＥＤ指導部も労働組合も一方的に労働者を支配するのではなく、経営側に対して従業員側を擁護し、企業内社会政策を支えるという役割を果たしていた。そしてこの企業内社会政策こそ次項で紹介するように体制安定化装置であった。

ＳＥＤや労働組合に対する態度に明らかなように、一般従業員は支配体制に対して批判的ではあるが、諦めの心境であった。ベルリンの壁ができるまでは、多くの東ベルリン市民が西側に逃亡していた。東ベルリンのテレビ用電子部品メーカーのＷＦＥ社では一九五五～一九五六年に従業員一八〇人が西に逃亡（Exit）し、ＴＲＯ社でも幹部職員・エンジニアを中心に多くの従業員が西に脱出したことが報告されている。壁の建設後も悲劇を伴いながらも西への脱出はある程度可能であり、脱出者は「もはや話すこともできないので去る」のであったが、残る者にとっては発言（Voice）がさらに困難になった。それどころか、市民は「何も変わらないのに話したところで何になる」という心境であった。結局、人々は塀に囲まれて外部に漏れない企業の内部で権力に文句を言い、権力を嘲笑するしかなかったのである。

（2）　体制安定化装置としての企業内社会政策

東ドイツにおいては企業の担う社会政策は社会的再分配装置であるとともに体制安定化装置であった。そして企業は社会的再分配の場であり、公式見解のみならず現実においても「企業共同体」として機能していた。

東ドイツの社会政策の基本方針を定めた一九四七年一〇月のソ連軍政部命令二三四号は、企業内社会政策の役割としてなによりも食料・住居・保健衛生に関する従業員の基礎的欲求を満たすこと、次いで文化的活動の発展を挙げていた。そして一九五七年に企業内の社会政策の原資として文化社会基金（一九七一年以降は成果基金）が設立され、これを経営側と労働組合が共同で管理運用した。この企業内社会政策によって従業員に提供されるサービスは、食堂、住宅、文化施設、図書館、託児所・保育所、医療等であり、一九六一年以降は劣悪な作業環境を改善するための換気装置の設置、シャワー室・着替え室の設置等の衛生関連設備の設置も義務化された。調査されたベルリンの企業はすべて従業員に食料・飲料、医療・保健衛生、自由時間・バカンス、託児所・保育所の分野でサービスを提供していた。特に、従業員への食料の提供をはじめとした基礎的欲求の充足は社会政策の優先事項であった。

住宅（あるいはアパート）は希少財であって、大企業は国家から新規建設住宅を優先的に割り当てられたが、多くの企業は自ら従業員用の住宅の確保に努めた。しかも企業内における住宅の割り当ては経営者の裁量が大きく、経営者と従業員との間の「闇取引」に属していた。食料・飲料に関しては、企業は低料金で朝食とともに昼食および夕食を提供し、一九八七年においても労働者の八〇パーセントが社員食堂で昼食をとり、夜勤労働者の七七パーセントが社員食堂で夕食をとっていた。消費財の購入に関しては大企業従業員向けに国営店が設置されて入手困難な財が提供され、一九六〇年代以降には営業時間の延長、サービスの質向上、品揃えの充実、さらには国営店の地域への開放が進められるようになった。従業員への医療サービスは企業の総合病院で提供され、一九八〇年代末において従業員の七五パーセントが企業内で治療を受けていたが、欠勤率の低下を目的に予防医療（健康診断、ワクチン投与等）が発展し、健康維持のためのスポーツ（週末やバカンス時）が奨励された。一九六〇年代からは自由時間の観念が登場し、余暇文化が発展し、多くの企業で夜のパーティーや遠足等の集団的余暇活動が組織され、またベルリンの企業ではファッションショーやディスコも組織され人気を博していた。このように、企業は従業員の最低限の生活を保証することによって、また余暇を組織することによって、政治的安定化を期待したのである（一九八三年のパン製造コンビナートBakoの経営者の証言）。

体制にとって、社会政策を担う社会主義企業は「社会主義的消費社会のショーウィンドウ」として、市民の需要を満たし、社会主義の成功を証言するはずであった。しかし、「不足の経済」の下では、企業内社会政策は期待されたようには機能しえなかった。食堂運営では、食堂の面積が不十分であったが資材不足のために拡張は困難であり、台所用品・調理道具も多くが輸出されたために国内では希少財化し不足していた。食堂従業員も企業内の売店従業員と同様に地位が低く低賃金であったために従業員確保が困難であり、他に職を見つけられない人々が従事していた。料理人も概して低レベルであり、食堂の食事は品質よりも量と多様性を重視した。従業員のための託児所や保育所も資材不足のために増設できず、不足していた。住宅も希少財であり、住宅建設は「体制の最も明白な経済的失敗であって、社会的約束と欠乏という現実との間の乖離がはっきりと現れていた」。

よって企業は従業員の基礎的欲求を満たすために、独自の「調整」や「駆け引き」によって必要な財を確保しようと努めた。希少財である住宅に関して、企業は対策として地域自治体の住宅建設を支援したり、自ら住宅管理協同組合を設立して従業員用住宅を確保しようと努めた。食料については、農業協同組合（ＬＰＧ）と相互支援契約を結んで、企業側がＬＰＧの資材や家屋の修理を行い、ＬＰＧが企業に食料を供給していた。このような相互支援契約あるいは友好契約は「不足の経済」の下で「解決困難な問題を解決」するための手段であり、企業が中心となって相互支援ネットワークが組織されていた。[10]

以上のような企業内社会政策や相互支援ネットワークにおいては、結局は「非公式の人脈」が重要性を持った。社会政策を実施するための文化社会基金の額は政府が決定したが、有能な企業長は裁量で原資を増す手段を確保した。例えば、「灰色プラン」あるいは「ソフトプラン」と呼ばれる低めの事業計画のもとで、企業長は原材料供給者との交渉によって余剰資材を確保し、これを社会設備の整備に投入していた。このような企業内社会政策の実態は、一九五〇年代からSED指導部によって「企業エゴ」として告発されるようになるが、不足の経済の下で経営者の裁量的行動をなくすことは不可能であった。企業長にとっては、社会政策の充実は集団的アイデンティティーを生み出し、従業員の忠誠心を引き出し、生産に動員する手段として不可欠であったのである。

(3) 労働生活、あるいは「時間の経済」

社会主義経済の基礎である経済計画には石炭・エネルギー計画のような長期の重点的発展計画である長期計画、中期計画、そして短期の五ヵ年計画が存在したが、企業の従業員にとっては全国計画である五ヵ年計画はフィクションであって「企業計画」と呼ばれた年次計画が重要であった。年次計画は五月に策定され、九月になると計画の修正・調整が行われ、一月から成果の評価が始まった。生産計画の達成のために社会主義的競争が組織され、ブリガーデや模範労働者制度を通じて生産動員が行われた。ブリガーデ新聞が工場の毎日、毎週、毎月の計画達成度を掲載し、また達成度は定期的に作業場内にも掲示された。

工場においては生産計画に基づいて生産時間が管理され、一九四七年の駐留ソ連軍司令部の命令によって労働ノルマが定められ、出来高賃金が計算されるはずであった。「労働ノルマ打倒、出来高賃金打倒」を叫んだ一九五三年六月一七日の東ベルリン労働者の蜂起が象徴するように、労働者は労働ノルマの設定に抵抗した。そのため、ノルマ設定者は労働者の信頼を得るために計測用の時計なしに職場に行き、社会主義建設のためにとして思想的に労働者を説得しなければならなかった。さらにはベルリンの壁構築後、一九六三年までの生産動員運動によって労働ノルマの強化が試みられたが、労働者の抵抗ばかりでなく、SED党員や労働組合も「階級的連帯」を口実にノルマ設定者への協力を拒否した。ノルマ設定の試みは紛争の原因であり、経営陣にも意図的なノルマ強化に反対する者が出た。このノルマ強化の失敗以後、労働ノルマの強化は放棄された。結果として労働ノルマ（作業速度）は長めに設定され、計画の要求する生産時間内での生産量を実現できず、企業の指導的幹部およびＳＥＤの企業委員会にとって計画達成が重要な課題になっていった。

さらに生産計画は予定された時間的規則性をもって実現されることはなく、工場労働は「時間上の無政府状態」にあった。「不足の経済」の下で原材料・部品供給不足、欠陥部品の供給によって生産はストップし、また設備故障や在庫管理の悪さから時間が失われた。ＥＡＷ社のメーター製造ラインの模範的ブリガーデの報告によれば、一九五九年に月々の「待機時間」が一四時間から五六時間で変動していた。ＢＧＷ社では兄弟国ブルガリアから供給された部品が欠陥品であったために生産が停止し、また設備の欠陥のために数ヵ月も生産が停止したこともあった。このように時間が頻繁に失われることから、計画経済による統制された時間に代わって「その場しのぎのやり繰り」が常態となった。例えば、ＴＲＯ社の計測器製造ラインが停止したとき、このラインの労働者は自主的に他のラインへの「社会主義的支援」を行った。なぜなら、支援によって生産停止による賃金の減額を避け、繁忙期に支援したラインからの支援を得ることができるからであった。しかし、時間の「無駄遣い」も多く実践されていた。設備故障で三日間ラインが止まったとき、ライン労働者は社内クラブで音楽を聴いたり、ピンポンやビリヤードをしたり、ビールを飲んで過ごし、あるいは職場の道具と材料を使って私用目的の物を作ったりしていた。以上のようなアクシデントばかりでなく、勤務時間内での集会、文化サークル活動、訪問者（ソ連からの客等）の接待、非公式のお祝い・パーティー、ブリガーデ新聞作成、組合役員選挙等によって生産が停止し生産時間は失われた。このような時間喪失の必然的補完物は超過勤務時間であり、ＴＲＯ社のある工場では一九六三年の一人当たりの年間超過勤務時間は二八〇時間に及んだ(11)。

さらに時間の無秩序は規律の乱れを生み、労働時間が私的時間あるいは「自由時間」と混じり、「労働時間が次第に私有化される傾向」が現れた。労働者は作業場において「時間を殺す」のに慣れ、こっそりと休息時間を作っていた。例えば、TRO社のあるブリガーデの若者の一九六一年の報告によれば、彼らは休息時間後に隠れてトランプをしていた。また、同じ年のBGW社のあるブリガーデの女性労働者は作業中に寝込み、また遅刻や欠勤を繰り返したが、非難に対して「待たなければならないのにどうして急がないといけないのか」と言い張ったことが報告されている。TROのあるブリガーデの女性従業員はバカンス明けに病気を口実に一〇日間欠勤したが、彼女はこの間遊び仲間と遊んでいたことが発覚して解雇（ただし他企業への就職を斡旋）されたという例もある。労働組合指導者の一九六四年の報告では、作業監督や部門長との交渉によって多くの女性従業員が就業時間前に退社し、また勤務時間中に買い物や子供の世話のために数時間欠勤していた。一九七〇・一九八〇年代を通じてTRO社のSED指導部でも遅刻や欠勤（しばしば偽造診断書が使われた）、さらには早退（超過勤務が増加しているのに従業員は金曜日に退社時間よりも「かなり早く」退社していた）が重要な問題になっていた。このように集団的時間を私的時間に変換する「怠け者」の存在はブリガーデ新聞でも問題にされていたが、各人の私的時間が集団的コントロールに従っている限り許容されていた。非難されたのは、各人が同僚に知らせずに勝手に時間を私的に使用することであった。

以上のように、東ドイツでは経済的目的と政治的決定の結果として時間を制御しようという意志は存在したが、現実には不足の経済における生産の不規則性によって、産業経済の「正常」な機能とは矛盾する「その場しのぎの行動ややっつけ仕事」が常態化し、さらには生産時間が私的時間に転用されるまでになっていた。見方を変えれば、このような行動の余地があったがゆえに、社会システムは内破（implosion）することなく一定の安定性を維持できたと思われる。しかも、機械の故障、欠陥部品の供給、原材料供給の中断による生産困難は、労働集団内の結びつきを強めたことも事実であった。例えば、NARVA社の或るブリガーデの例では、メンバー全員が機械設備の修理能力を持ち、ブリガーデ内のすべての作業を行うことができ、欠勤者の穴埋めが可能であった。このような労働者の技能レベルの向上は、プロモーションを目的とするものではなく、労働集団内の連帯（相互扶助）の証しであり、また労働力不足への対応として必要不可欠なことであった。いわば、社会主義計画経済の機能不全のゆえに人々は連帯意識を高め、相互支援の絆が結ばれていたと言えよう。

6　おわりに——現存した社会主義の教訓

以上に見てきたように、現存した社会主義経済は公式の謳い文句とは異なって、理論的にも現実的にも資本主義経済のオルタナティブではありえなかった。政治的には、ソ連型社会主義体制は民主集中制による一党独裁体制という非民主的な全体主義であった。ソ連型中央集権的計画経済は理念どおりには機能せず、現実には慢性的な「不足の経済」であり、経済発展の原動力であるイノベーションへのインセンティブを欠いていた。計画経済の失敗の原因を情報処理能力の限界に求め、情報処理技術の発展によって問題を解決できるかのような考えもあるが、計画の前提となる情報そのものにバイアス（過小報告）がかかっており、生産システムにおける吸引メカニズム（資材不足）や時間管理の無政府性（待機時間、私的時間化、無断欠勤・遅刻、診断書の偽造による欠勤）によって生産計画そのものの規則的実現が困難であるために、全能のコンピュータが登場したところで問題は解決できない。当たり前のことであるが生産を行うのは人である。さらに生産手段生産部門の優先的発展という正統派マルクス主義経済学の一九世紀的経済発展観のゆえに、社会主義経済は第二次世界大戦後の先進資本主義諸国において発展した耐久消費財市場を牽引者としたフォード主義的成長に、模倣はしたものの参加することはできなかった。結局のところ、現存した社会主義は皮肉なことであるが、社会主義に対する幻想を打ち砕いたことに存在意義があったと言えるのかもしれない。

ただし東ドイツのような現存した社会主義においては、体制を受け入れている限りで人々には企業内社会政策によってたとえ行列が不可欠で生活が不自由であったとしても最低限の生活が保障され、アイゲンジンに基づく行動の余地があった。よって、東ドイツ市民はＳＥＤ独裁体制の下で政治警察シュタージの監視下にあったが、ナチス体制下のドイツや軍国主義下の日本、あるいはスターリンの大粛清期のソ連ほどには息苦しくはなく、そしてまた計画経済の機能不全の故に資本主義経済ほどに時間を厳格に管理されていない〝ゆるい社会〟（あるいは「ニッチ社会」）で暮らしていたように思われる。そこには不足の経済の下で「互助と連帯の自然な場としての共同体」［Kott 2001：18］が存在したのである。退出（Exit）も発言（Voice）も困難であるとすれば、東ドイツの労働者の行動に見られるように、「時間を殺し」、労働時間を私的時間化し、相互に融通・支援しあうことで私的生活と集団生活に折合いをつけ、あるいは余暇を楽しむことによって「生きる」ほかはなかったのであろう。ただし、記憶に残る出来事であったが、一九八九年五月二日にハンガリーがオーストリアとの国境を開放したことから、一一月九日のシャボウスキーの出国規制緩和に関する定例記者会見（次いでベルリンの壁の崩壊）以前に、多くの東ドイツ市民がハンガリー経由で西側に脱出したこと（これが政治指導部内に混乱を引き起こしシャボウスキーの記者会見につながった）を知った当時、東ドイツ市民には潜在的な逃亡願望があったのだと思わざるをえなかった。

以上のように、現代の資本主義経済に生きる者にとって現存した社会主義は反面教師でしかない。しかし資本主義経済も健全とは言えない。一九八〇年代以降の新自由主義の波のなかで資本主義経済においては雇用の不安定化が進み、貧富の格差が拡大した。二〇一一年のアメリカのウォール街における反格差デモ（「一パーセントの金持ち、九九パーセントは貧乏」「われわれは九九パーセント」）は記憶に新しいが、日本でも似たような状況にある。非正規雇用者は役員を除く雇用者の四〇パーセントに近づきつつあり（平成二六年で三七・四パーセント――厚生労働省）、その多くが年収二〇〇万円前後の低賃金での生活を余儀なくされている。シングルマザーの境遇はさらに厳しく、高齢者の貧困率も高い。今や日本はＯＥＣＤ諸国のなかで相対的貧困率の最も高い国の一つ（二〇一〇年でメキシコ、トルコ、米国に次ぐ第四位）である。いつしか「日本的経営」は姿を消し、競争のグローバル化を口実に労働の規制緩和を押し進めて低賃金労働を活用しようという社会になってしまった。日本経済はあたかも一九世紀的な野蛮な資本主義に回帰しつつあるかのようである。しかし、社会主義経済はこのような資本主義経済のオルタナティブたりえない。望ましい選択は、民主主義とともにフランス市民革命の精神である自由・平等・連帯（友愛）を普遍的価値基準として資本主義の暴走を制御する制度を確立することであろう。この点では、むしろ東ドイツが対抗しようとしていた西ドイツの社会的市場経済が再評価されてよいように思われる。

註

（1）「ソ連は、非常に強力な国家機構と、見通しうる将来にわたりかなり急速な成長が可能な経済とを有する安定した社会である。それはまた階層化された社会であり、そこには、一方における政治的官僚と経済的管理者としての支配層と、他方における労働者大衆との間に深い亀裂があり、その亀裂の両側に所得と地位の等級差の顕著な分散がある。」［スウィージー 1980：23］

（2）日本における民主集中制を巡る議論は雑誌『文藝春秋』一九七五年一二月号から連載を開始した立花隆の「日本共産党の研究」とともに始まった。

（3）トラバントの販売は輸出優先であったようで、ハンガリーではトラバントの発注から購入までの待機時間は二年であったと言われている［コルナイ 1984：23］。

（4）R・ボワイエも、東欧社会主義の失敗の一因は「単一政党と中央計画に立脚したシステムが、不断の適応と革新のプロセス……を喚起できなかった」ことである、と指摘している［ボワイエ 1993：70］。

（5）コルナイによれば、予算制約のソフト化の原因は、管理価格によって価格が費用に調整されること、経営危機に陥った企業には国家援助が行われること、免税や特例等について交渉可能なソフトな租税制度であること、そして事後に交渉可能なソフトな信用制度である［コルナイ 1984：29］。

（6）正常とは「いつもと同じ状態」のこと、すなわち不足がシステムの崩壊を引き起こすような異常な状態になく、事象が一定の範囲内に収まっていることであり、レギュラシオン（régulation）様式とはシステムを安定した状態に維持する、あるいはシステムの再生産と発展を「規則化する（régulariser）」一定のタイプのメカニズムのことである。

(7) フランスのレギュラシオン派は「不足の経済」に関するコルナイの研究に依拠して、ソ連圏の社会主義経済のレギュラシオン様式を「不足による調整」（シャバンス［1992］、ロラン［1993］）、「動員経済の調整様式」（サピール［1993］）として定式化している。

(8) 変圧器製造企業カール・リープクネヒト社ＴＲＯ、電球製造企業ＢＧＷ社（後にコンビナートＮＡＲＶＡの親企業ローザ・ルクセンブルク社になる）、テレビ用電子部品メーカーのＷＦＥ社、パン・メーカーのアクティビスト（Aktivist で一九六七年以後は Bako コンビナートの一員）、女性被服メーカーの Fortschritt 社、機械製造業の Bergmann Borsig 社、電子部品メーカーＥＡＷ社である。

(9) 報奨金が増加することで一般従業員の給与水準も上昇するが、しかし「不足の経済」の下で重要なことは給与水準ではなく、財（特に住居等希少財）の入手可能性であった。この点では、指導的幹部職員、専門家、党員が優遇され、一般従業員がこれらの希少財を購入することは困難であった。

(10) コットによればベルリンのＷＦＥ社が一九五四〜一九六六年の間に、三つの農業協同組合、三つの学校、人民警察分隊、工兵センター、国営店、半民営企業二社、ベルリン首都劇場、科学知識普及協会、フンボルト大学（他の六社と共同）、国境警備隊一連隊と相互支援契約を結んでいた。

(11) 法定週労働時間は一九五七年で四五時間、一九六七年に四三時間に短縮され、流れ作業労働者や一六歳未満の児童を二人以上もつ女性の労働時間は短縮されていたことから、一九八〇年には週平均労働時間は四二時間になっていた。

あとがき

二〇世紀の後半、第二次世界大戦後を特徴づけたのは資本主義と社会主義の二つの体制の対立・競合・駆け引きであった。冷戦とも呼ばれるこの状況がもっとも鋭い形で現れたのが、ヨーロッパでは、国家が東西に分裂したドイツにおいてであり、一九九〇年、この事態は社会主義体制の東ドイツが崩壊することで終わりを告げた。それから二五年がすでに経過し、現在、戦後史研究は本格化している。

このうち、日本においては、戦後ドイツに関する研究は、西ドイツを扱ったものが圧倒的多数を占めてきた。しかし、東西冷戦の最前線にあったドイツのうちの半分（正確には人口・国土面積ともに三分の一）を理解せずに、戦後のドイツを理解することになるのだろうか。東ドイツを知ることは、冷戦下の社会を理解するうえで、欠かせない要素ではないのだろうか。ただ、この東ドイツが本格的な研究対象になるまでには多くの時間を必要とした。その最大の理由は、統一によって国家が消滅してしまったがゆえに、日本社会に対してアクチュアリティーは存在しないとみなされて、この国の歴史を検討する意義が見いだせなかったことにあろう。

社会主義・東ドイツへの関心は、むしろ「アンペルマン」や「トラバント」といったサブカルチャーを紹介することに向けられていた。むろん、近年ではドイツ語や英語の研究さらには一般向けの文献が翻訳され、「ベルリンの壁」の歴史や東ドイツで暮らした人間の体験記についても、日本語で読めるようにはなってきた。

今まさに、個々の社会主義へのシンパシーないしは反感は横に置きつつ、この国の歴史を公開された一次史料を利用しながら、再度見直すことが重要ではないだろうか。

本書が生まれるきっかけは、このような観点からそれまで独自に東ドイツ研究に携わってきた者と、広く社会主義を考えてきた研究者が、二〇一二年、川越修氏の呼びかけに応じてワークショップに集ったことにさかのぼる。それから、年二から三回のペースでワークショップを続けてきた。このワークショップのメンバーは、世代的には一九六〇年代後半に学生運動において社会主義から影響を受けたもの、その後の八〇年代後半の社会主義の崩壊と青年期が重なるもの、当時ちょうど思春期を過ごしたもの、おぼろげながら社会主義体制の姿が記憶に残っているものと様々な社会主義体験を持っており、その多様性が本書の内容にも反映されている。そのなかでも、私たちは本書の共通した課題として、現在の日本において、東ドイツに目を向けることにいかなる意義があるのかを考えようとした。

このワークショップの成果である本書は、東ドイツの国内の政治と経済・社会を分析しつつ、意識的に日本や西ドイツをはじめとした戦後社会との類似点、相違点についても言及している。読者のみなさんは、本書が社会主義体制の暗部や恥部を一方的に暴露したものではなく、現在の私たちの社会が似たような問題に直面しており、社会主義体制の崩壊によっても、旧来からの経済・社会問題が何も解決していないことを発見して違和感を覚えるかもしれない。ないしは、本書で描かれた社会主義体制における「政府の失敗」を認識しつつも、その後ろで現代の資本主義を基調とする体制下での「市場の失敗」にも目がいき、どうしようもない行き詰まり感を持つかもしれない。逆に、政治権力に対峙して交渉する人々が持っていた「つながり」や、社会組織の自律性が存在していたことに着目して、人間の持つ可能性に希望を抱いたり、私たちの社会にも同じポテンシャリティーがあったりするのではと考えるかもしれない。さらには、もっと他の感想を持つことも可能であろう。

もし本書を通じて、社会主義体制下の社会に対して、一面的ないしは断定的ではない多様な評価が可能であることを、私たちと同じく共有していただければ、本書の目的の半分は達成されたことになるだろう。

本書のもう一つの目的は、読者の皆さんに東ドイツ研究の今後の可能性について気づいていただけるかどうかにある。いかに東ドイツは戦後史や冷戦体制下の歴史的社会分析の文脈において位置づけられるのか、戦後の東西ドイツの歴史を一体のものとして、どのように把握できるのかといった大きな枠組みを考えるために、この分野には研究の余地がまだまだある、というよりもむしろ、積極的に検討することが求められている。そのためには、本書では扱われなかった、両独関係をはじめとした東ドイツの政治外交について着目することも重要である。また、シュタージの活動の意味を東ドイツ社会のあり方と関連させて再考し、さらに日常生活の状況を考察することに踏み込む必要性も忘れてはならない。むろん、私たちは今後の研究を進めていくにあたって、この目的を絶えず意識しながら、一つひとつの課題に取り組んでいきたい。

もし、このワークショップに集まった私たちと同じく、世代を超えてこれまでの多様なバックボーンと経験を持つ読者のみなさんが、東ドイツを検討することにまだまだ意義があり、この国についてより多くのことを知りたい、学生のみなさんが卒業研究や課題レポートのテーマにこの国を取り上げたいと考えていただければ、本書のささやかな試みは成功していると言えるだろう。私たちはみなさんが東ドイツを考える際の踏み台の一つとして、本書を利用していただければと思うのだが、それはみなさんの判断に委ねるしかない。

最後になったが、出版事情が厳しいなかでただでさえ研究テーマとしてもマイナーとなってしまった社会主義、なかんずく東ドイツを研究する意義を社会に問う機会を与えていただいたナカニシヤ出版、そして、本ワークショップに何度も足を運んで議論に加わりながら、編集作業にあたっていただいた酒井敏行さんに心から感謝する。

二〇一六年五月

著者を代表して

河合信晴

Müller E. K.
Zatlin, Jonathan R. [2007] *The Currency of Socialism: Money and Political Culture in East Germany*, Cambridge/New York: Cambridge University Press.

Weber, Max [1924] "Der Sozialismus. Rede zur allgemeinen Orientierung von österreichischen Offizieren in Wien 1918," in: Weber, Max, *Gesammelte Aufsätze zur Soziologie und Sozialpolitik*, Tübingen: J. C. B. Mohr.

Wettig, Gerhard [1999] *Bereitschaft zu Einheit in Freiheit? Die sowjetische Deutschlandpolitik 1945-1955*, München: Olzog.

——— [2015] *Die Stalin-Note: Historische Kontroversen im Spiegel der Quellen*, Berlin: be.bra Wissenschaft Verlag.

Wicke, Peter [1987] *Anatomie des Rock*, Leipzig: VEB Deutscher Verlag für Musik Leipzig.

——— [1992] "The Role of Rock Music in the Political Disintegration of East Germany," in: Lull, James ed., *Popular Music and Communication*, Cambridge: Cambridge University Press.

——— [1999a] "Rock und Song-Poesie Ost," in: Buhmann, Hrsg.[1999]

——— [1999b] "Zur Kunst in der DDR: Die Entwicklung der Unterhaltungsmusik in der DDR (Rock, Jazz) und im Transformationprozess," in: Deutscher Bundestag Hrsg. [1999] Bd. IV/2.

Wicke, Peter/Müller, Lothar [1996] *Rockmusik und Politik: Analysen, Interview und Dokumente*, Berlin: Ch. Links Verlag.

Widera, Thomas [2004] "Bausoldaten in der DDR an der Wende von gesellschaftlicher Verweigerung zum politischen Protest," in: Widea [2004]

——— Hrsg. [2004] *Pazifisten in Uniform: Die Bausoldaten im Spannungsfeld der SED-Politik 1964-1989*, Göttingen: V & R unipress.

Wielgohs, Jan ed. [2004] Dissent and Opposition in Communist Eastern Europe: Origins of Civil Society and Democratic Transition, Hants (England): Ashgate Publishing Company.

Wille, Manfred [1986] "Die demokratische Bodenreform und die sozialistischen Umgestaltung der Landwirtschaft in der Magdeburger Börde 1945-1961," in: Rach Hrsg. [1986]

Winkler, Gunnar, Hrsg. [1989] *Geschichte der Sozialpolitik der DDR 1945-1985*, Berlin: Akademie-Verlag.

——— [1990a] *Sozialreport '90: Daten und Fakten zur sozialen Lage in der DDR*, Berlin: Verlag Die Wirtschaft.

——— [1990b] *Frauenreport '90*, Berlin: Verlag Die Wirtschaft.

——— [2009] *Zur Geschichte der Volkssolidarität 1945-2010*, Berlin: Volkssolidarität Bundesverband e. V.

——— Hrsg. [2011] *Volkssolidarität 1945 bis 2010: Ein Sozial- und Wohlfahrtsverband in Wort und Bild*, Berlin: Volkssolidarität Bundesverband e. V.

Wolters, Angelika [2013] *Alltagskommunikation in der DDR: Eine pragmalinguistische Untersuchung der Textsorte Brigadetagebuch*, Düsseldorf: Vdm Verlag Dr.

in den deutschen Nachkriegs-Gesellschaften und Assimilationsstrategien in der SBZ/DDR 1945 bis 1961, München: Oldenbourg Wissenschaftsverlag.

Slomma, Horst [1971] *Sinn und Kunst der Unterhaltung*, Berlin: Henschelverlag.

Staatliche Zentralverwaltung für Statistik Hrsg. [1981] *Statistisches Jahrbuch der DDR 1980*, Berlin: Haufe.

——— [1989] *Statistisches Jahrbuch der DDR 1988*, Berlin: Haufe.

Städtler, Thomas [2009] *Der Sozialismus glaubt an das Gute, der Kapitalismus an den Bonus: Ein Schlagabtausch in 150 Sätzen*, Frankfurt (Main): Eichborn.

Staritz, Dietrich [1985] *Geschichte der DDR 1945-1985*, Frankfurt (Main): Suhrkamp.

Steinbach, Peter [1992] "Das Ende der Arbeiterkultur," in: *Zeitgeschichte*, 19.

Steiner, André [1999] *Die DDR-Wirtschaftsreform der sechziger Jahre. Konflikt zwischen Effizienz und Machtkalkül*, Berlin: Akademie Verlag.

Stephan, Gerd R./Herbst, Andreas *et al.* Hrsg. [2000] *Die Parteien und Organisationen der DDR: ein Handbuch*, Berlin: Dietz Verlag.

Stöck, Katrin [2004] "Die Nationaloperndebatte in der DDR der 1950er-und 1960er-Jahre als Instrument zur Ausbildung einer sozialistischen deutschen Nationalkultur," in: Loos/Keym Hrsg. [2004]

Ther, Philipp [1998] *Deutsche und polnische Vertriebene: Gesellschaft und Vertriebenenpolitik in der SBZ/DDR und in Polen 1949-1956*, Göttingen: Vandenhoeck & Ruprecht.

Timmer, Karsten [2011] "Die Massenmobilisierung im Oktober 1989," in: Gutzeit/Heidemeyer/Tüffers Hrsg. [2011]

Ulbricht, Walter [1965] "Fragen der Entwicklung der sozialistischen Literatur und Kultur," Ulbricht [1965].

——— [1965] *Zur Geschichte der deutschen Arbeiterbewegung: Aus Reden und Aufsätzen. Bd. VIII: 1959-1960*, Berlin: Dietz Verlag.

Voigt, Andreas/Kroske, Gerd [1999] *Leipzig im Herbst: Aufbruch '89—Ein DEFA Dokument*, Berlin: DEFA—Stiftung.

Vollnhals, Clemens [2009] "Nikolai ist Schicksalsstelle, aber nicht die ganze Kirche": Die evangelische Kirche im Revolutionsjahr 1989," in: Henke Hrsg. [2009]

Völtz, Nicole [2009] *Staatsjubiläum und Friedliche Revolution: Planung und Scheitern des 40. Jahrestags der DDR 1989*, Leipzig: Leipziger Universitätsverlag GmbH.

W., Korrespondent [1959] "Leipziger Jugendliche riefen 'Pfui'. Demonstration gegen 'Lipsi' und Ulbricht-Appelle der Polizei," in: *Die Welt*, Nr. 256, 3. November.

Wagenknecht, Sahra [2012] *Freiheit statt Kapitalismus: Über vergessene Ideale, die Eurokrise und unsere Zukunft*, Frankfurt (Main): Campus Verlag.

Weber, Hermann [2012] *Die DDR 1945-1990*, 5. Auflage, München: R. Oldenbourg Verlag.

Roesler, Jörg [1994] "Die Produktionsbrigaden in der Industrie der DDR: Zentrum der Arbeitswelt?," in: Kaelble/Kocka/Zwahr Hrsg. [1994].

Rosenbaum, Heidi/Timm, Elisabeth [2008] *Private Netzwerke im Wohlfahrtsstaat. Familie, Verwandschaft und soziale Sicherheit im Deutschland des 20. Jahrhunderts*, Konstantz: UVK Verlagsgesellschaft.

Ross, Corey [2000] *Constructing Socialism at the Grass-Roots: The Transformation of East Germany, 1945-1965*, Basingstoke/New York: Palgrave Macmillan.

——— [2002] *The East German Dictatorship: Problems and Perspectives in the Interpretation of the GDR*, London: Arnold.

Rüddenklau, Wolfgang [1992] *Störenfried: DDR-Opposition 1986-1989*, Berlin: BasisDruck.

Scherstjanoi, Elke [2007] *SED-Agrarpolitik unter sowjetischer Kontrolle 1949-1953*, München: Oldenbourg Wissenschaftsverlag.

Schier, Barbara [2001] *Alltagsleben im "Sozialistischen Dorf": Merxleben und seine LPG im Spannungsfeld der SED-Agrarpolitik 1945-1990*, Münster: Waxmann-Verlag.

Schmidt, Manfred G. [2004] *Sozialpolitik der DDR*, Wiesbaden: VS Verlag für Sozialwissenschaft.

Schneider, Michael [1984] *Streit um Arbeitszeit: Geschichte des Kampfes um Arbeitszeitverkürzung in Deutschland*, Köln: Bund-Verlag.

Schöler, Uli [1999] *Ein Gespenst verschwand in Europa: Über Marx und die sozialistische Idee nach dem Scheitern des sowjetischen Staatssozialismus*, Bonn: Dietz Nachfolger.

Scholtyseck, Joachim [2003] *Die Aussenpolitik der DDR*, München: R. Oldenbourg Verlag.

Scholz, Michael F. [1997] *Bauernopfer der deutschen Frage: Der Kommunist Kurt Vieweg im Dschungel der Geheimdienste*, Berlin: Aufbau Taschenbuch Verlag.

Schöne, Jens [2007] *Frühling auf dem Lande?: Die Kollektivierung der DDR-Landwirtschaft*, Berlin: Ch. Links Verlag.

——— [2011] "Vorbedingungen der Revolution: Anmerkungen zur Opposition in der DDR bis zum Oktober 1989," in: Gutzeit/Heidemeyer/Tüffers Hrsg. [2011]

Schroeder, Klaus [2013] *Der SED-Staat: Geschichte und Strukturen der DDR 1949-1990*, Köln/Weimar/Wien: Böhlau Verlag.

Schuhmann, Annette [2006] *Kulturarbeit im sozialistischen Betrieb: gewerkschaftliche Erziehungspraxis in der SBZ/DDR 1946 bis 1970*, Köln/Weimar/Wien: Böhlau.

Schwabe, Uwe [1998] "Symbol der Befreiung: Die Friedensgebete in Leipzig," in: *Horch und Guck*, Heft 23 (2/98).

Schwartz, Michael [2004] *Vertriebene und "Umsiedlerpolitik,": Integrationskonflikte*

Illegalität ins Parlament: Werdegang und Konzept der neuen Bürgerbewegungen, Berlin: Links Druck Verlag.

Müller-Enbergs, Helmut *et al.*, Hrsg. [2006] *Wer war wer in der DDR? Ein Lexikon ostdeutscher Biographien*, 2 Bde., Berlin: Christoph Links Verlag.

Neubert, Ehrhart [2008] *Unsere Revolution: Die Geschichite der Jahre 1989/90*, München/Zürich: Piper.

Neues Deutschland [1952] "Für eine deutsche Nationaloper," in: *Neues Deutschland*, 1.11.1952.

Neues Forum [1990] *Wirtschaftsreform der DDR: Internationale Wirtschaftskonferenz des NEUES FORUMS, Berlin-Buch, 25./26. November 1989*, Berlin: Nicolai.

Niemann, Heinz [1993] *Meinungsforschung in der DDR: Die geheimen Berichte des Instituts für Meinungsforschung an das Politbüro der SED*, Köln: Bund Verlag.

Niethammer, Lutz *et al.* [1991] *Die Volkseigene Erfahrung: Eine Archäologie des Lebens in der Industrieprovinz der DDR*, Berlin: Rowohlt.

Nitschke, K. [2008] "Langwitz—ein Bessarabierdorf in Mecklenburg," in: *Jahrbuch der Deutschen aus Bessarabien, Heimatkalender 2008*, Jg. 59.

Ohse, Marc-Dietrich [2004] "German Democratic Republic," in: Pollack, Detlef/ Wielgohs, eds. [2004]

Olivo, Christiane [2001] *Creating a Democratic Civil Society in Eastern Germany: The Case of Citizen Movements and Alliance 90*, New York: Palgrave.

Pankau, Matthias [2010] "Im Zeichen des Spatens," in: *Leipziger Volkszeitung, Magazin*, 3. September 2010.

Parmalee, Patty Lee [1996] "Brigadeerfahrungen und ostdeutsche Identitäten," in: *Beiträge zur Geschichte der Arbeiterbewegung*, 4/1996.

Pence, Katherine/ Betts, Paul eds. [2008] *Socialist Modern: East German Everyday Culture and Politics*, Ann Arbor: The University of Michigan Press.

Pischner, Hans [1959] "Zu einigen Fragen der Tanz und Unterhaltungsmusik," in: *Melodie und Rhythmus*, 2. Novenberheft, Jg. 2.

Poiger, Uta G. [2000] *Jazz, Rock, and Rebels: Cold War Politics and American Culture in a Divided Germany*, Berkeley: University of California Press.

Pollack, Detlef [2009a] "'Wir sind das Volk!' Sozialstrukturelle und ereignisgeschichtliche Bedingungen des friedlichen Massenprotests," in: Henke Hrsg. [2009]

Rach, Hans-Jürgen u. a. Hrsg. [1986] *Die werktätige Dorfbevölkerung in der Magdeburger Börde*, Berlin: Akademie Verlag.

Rauhut, Michael [1993] *Beat in der Grauzone: DDR-Rock 1964 bis 1972—Politik und Alltag*, Berlin: Basis Druck.

——— [2002] *Rock in der DDR*, Paderborn: Bonafatius Drock Buch Verlag.

Reichel, Thomas [2011] *"Sozialistisch arbeiten, lernen und leben": Die Brigadebewegung in der DDR (1959-1989)*, Köln/Weimar/Wien: Böhlau.

Studien zur Gesellschaftsgeschichte der DDR, Köln/Weimar/Wien: Böhlau.

Loos, Helmut/Keym, Stefan Hrsg., *Nationale Musik im 20 Jahrhundert. Kompositorische und soziokulturelle Aspekte der Musikgeschichte zwischen Ost- und Westeuropa. Konferenzbericht Leipzig 2002*, Leipzig, 2004. Im Internet: http://www.uni-leipzig.de/~musik/web/institut/agOst/docs/mittelost/hefte/P529_547.pdf

Loth, Wilfried [1994] *Stalins ungeliebtes Kind: Warum Moskau die DDR nicht wollte*, Berlin: Rowohlt.

Ludz, Peter Christian [1968] *Parteielite im Wandel: Funktionsaufbau, Sozialstruktur und Ideologie der SED-Führung* —— eine empirisch-systematische Untersuchung, Köln: Westdeutscher Verlag.

———— [1972] *Soziologie und Marxismus in der Deutschen Demokratischen Republik*, Neuwied/Berlin: Luchterhand.

Madarász, Jeannette Z. [2003] *Conflict and Compromise in East Germany 1971-1989: A Precarious Stability*, Basingstoke/New York: Palgrave Macmillan.

Mählert, Ulrich [2010] *Kleine Geschichte der DDR, 7. Auflage*, München: C. H. Beck.

Marx, Karl [1962a] "Der Bürgerkrieg in Frankreich," in: Marx, Karl/Engels, Friedrich, *Werke*, Bd. 17, Berlin: Dietz Verlag.

———— [1962b] "Randglossen zum Programm der deutschen Arbeiterpartei," in: Marx/Engels, *Werke*, Bd. 19, Berlin: Dietz Verlag.

Melodie und Rhythmus [1959a] "Ein neuer Tanz Lispsi," in: *Melodie und Rhythmus*, 2. Januarheft, Jg. 2.

———— [1959b] "Alle tanzen Lispsi," in: *Melodie und Rhythmus*, 1. Februarheft, Jg. 3.

———— [1960] "Ein Jahr Lispsi," in: *Melodie und Rhythmus*, 2. Februarheft, Jg. 4.

Merkel, Ina [1999] *Utopie und Bedürfnis: Die Geschichte der Konsumkultur in der DDR*, Böhlau: Köln/Weimar/Wien: Böhlau.

Meckel, Markus/Gutzeit, Martin [1994] *Opposition in der DDR: Zehn Jahre kirchliche Friedensarbeit—kommentierte Quellentexte*, Köln: Bund—Verlag.

Merkel, Wilma/Wahl, Stefanie [1991] *Das geplünderte Deutschland: Die wirtschaftliche Entwicklung im östlichen Teil Deutschlands von 1949 bis 1989*, Bonn-Bad Godesberg: Institut für Wirtschaft und Gesellschaft.

Meuschel, Sigrid [1992] *Legitimation und Parteiherrschaft in der DDR: Zum Paradox von Stabilität und Revolution in der DDR 1945-1989*, Frankfurt (Main): Suhrkamp.

Meyer, Ernst Hermann [1952] *Musik im Zeitgeschehen*, Berlin: Verlag Bruno Henschel.

Mitter, Armin/Wolle, Stefan [1993] *Untergang auf Raten: Unbekannte Kapitel der DDR-Geschichte*, München: Bertelsmann.

Müller-Enbergs, Helmut/Schulz, Marianne/Wielgohs, Jan Hrsg. [1991] *Von der*

Agriculture in Communist Eastern Europe: Comparison and Entanglements, Budapest/New York: CEU Press.

Izeki, Tadahisa [1999] *Das Erbe der Runden Tische in Ostdeutschland: Bürgerorientierte Foren in und nach der Wendezeit*, Frankfurt (Main): Peter Lang.

Jarausch, Konrad H. [1998] "Realer Sozialismus als Fürsorgediktatur: Zur begrifflichen Einordnung der DDR," in: *Aus Politik und Zeitgeschichte*, 20.

Jarosz, Dariusz [2014] "The Collectivization of Agriculture in Poland: Causes of Defeat," in: Iordachi/Bauerkämper eds. [2014].

Kaelble, Hartmut/Kocka, Jürgen/Zwahr, Hartmut Hrsg. [1994] *Sozialgeschichte der DDR*, Stuttgart: Klett-Cotta.

Kawai, Nobuharu [2011] *Die "Freizeitpolitik" der SED und das Freizeitverhalten der "gewöhnlichen Bevölkerung", in der DDR: Die Konkurrenz eines "furchtsamen politischen Regimes" mit einer "geschickten Resonanzgesellschaft"*, Rostock: Universität Rostock elektronische Publikation.

Kleßmann, Christoph [2007] *Arbeiter im "Arbeiterstaat" DDR: Deutsche Traditionen, sowjetisches Modell, westdeutsches Magnetfeld 1945 bis 1971*, Bonn: J. H. W. Dietz.

Kluge, Ulrich [2001] *Zwischen Bodenreform und Kollektivierung: Vor- und Frühgeschichte der "sozialistischen Landwirtschaft" in der SBZ/DDR vom Kriegsende bis in die fünfziger Jahre*, Stuttgart: Franz Steiner-Verlag.

Kluge, Matthias [2004] "'Bausoldat ist man lebenslänglich': Hansjörg Weigel und das Friedensseminar in Königswalde," in: Widera Hrsg [2014].

Knepler, Georg [1951] "Musik, ein Instrument der Krigesvorbereitung," in: *Musik und Gesellschaft*. Nr. 2.

Kocka, Jürgen [1994] "Eine durchherrschte Gesellschaft," in: Kaelble/Kocka/Zwahr Hrsg. [1994].

Kott, Sandrine [2001] *Le communisme au quotidien: Les entreprises d'État dans la sosiété est-allemande*, Paris: Belin.

Kornai, János [1992] *The Socialist System: The Political Economy of Communism*, Princeton: Princeton University Press.

Koshar, Rudy [2000] *German Travel Cultures*, Oxford/New York: Berg.

Kowalczuk, Ilko-Sascha [2011] "Die Gesellschaftskrise in der DDR am Vorabend der Revolution von 1989," in: Gutzeit/Heidemeyer/Tüffers Hrsg. [2011]

Kuhrt, Eberhard [1984] *Wider die Militarisierung der Gesellschaft: Friedensbewegung und Kirche in der DDR*, Melle: Ernst Knoth GmbH.

Kukutz, Irena [2009] *Chronik der Bürgerbewegung Neues Forum 1989–1990*, Berlin: Basis Druck.

Leitner, Olaf [1983] *Rockszene DDR: Aspekte einer Massenkultur im Sozialismus*, Hamburg: Rowohlt Taschenbuch Verlag.

Lindenberger, Thomas Hrsg. [1999] *Herrschaft und Eigen-Sinn in der Diktatur:*

Hachtmann, Rüdiger [1987] "Arbeitsmarkt und Arbeitszeit in der deutschen Industrie 1929 bis 1939," in: *Archiv für Sozialgeschichte 27.*

Hannover, Irmela/Wicke, Peter Hrsg. [1994] *Puhdys: Eine Kultband aus dem Osten*, Berlin: Elefanten Press.

Helwig, Gisela [1980] *Am Rande der Gesellschaft: Alte und Behinderte in beiden deutschen Staaten*, Erfurt: Landeszentrale für politische Bildung Thüringen.

Henke, Klaus-Dietmar Hrsg. [2009] *Revolution und Vereinigung 1989/90: Als in Deutschland die Realität die Phantasie üeberholte*, München: Taschenbuch Verlag GmbH & Co. KG.

Henze, Stefan [2013] *Die Zivilgesellschaft Ostdeutschlands als Avantgarde?! Demokratischer Aufbruch und/oder Demokratischer Abbruch?!*, München: GRIN Verlag.

Herbst, Andreas/Ranke, Winfried/Winkler, Jürgen [1994] *So funktionierte die DDR*, Hamburg: Rowohlt.

Heydemann, Günther [2003] *Die Innenpolitik der DDR*, München: R. Oldenbourg Verlag.

Hockerts, Hans Günter Hrsg. [1998] *Drei Wege deutscher Sozialstaatlichkeit: NS-Diktatur, Bundesrepublik und DDR im Vergleich*, München: R. Oldenbourg Verlag.

Hoffmann, Dierk [2010] *Am Rande der sozialistischen Arbeitsgesellschaft: Rentner in der DDR 1945–1990*, Erfurt: Landeszentrale für politische Bildung Thüringen.

Hoffmann, Dierk/Schwartz, Michael Hrsg. [2005] *Sozialstaatlichkeit in der DDR: Sozialpolitische Entwicklungen im Spannungsfeld von Diktatur und Gesellschaft 1945/49–1989*, München: R. Oldenbourg Verlag.

Hubert, Michel [1998] *Deutschland im Wandel: Geschichte der deutschen Bevölkerung seit 1815*, Stuttgart: Franz Steiner-Verlag.

Hübner, Peter [1987] *Geschichte der revolutionären Berliner Arbeiterbewegung 1958–1961*, Berlin: Dietz Verlag.

——— [1995] *Konsens, Konflikt und Kompromiß: Soziale Arbeiterinteressen und Sozialpolitik in der SBZ/DDR, 1945–1970*, Berlin: Akademie Verlag.

——— [2014] *Arbeit, Arbeiter und Technik in der DDR 1971 bis 1989: Zwischen Fordismus und digitaler Revolution* Bonn: J. H. W. Dietz.

Huck, Gerhard Hrsg. [1982] *Sozialgeschichte der Freizeit: Untersuchungen zum Wandel der Alltagskultur in Deutschland*, 2. Auflage., Wuppertal: Hammer.

Ihme-Tuchel, Beate [2002] *Die DDR*, 2. Auflage, Darmstadt: Wissenschaftliche Buchgesellschaft.

Institut für Marxismus-Leninismus beim Zentralkomitee der SED [1966] *Geschichte der deutschen Arbeiterbewegung 8. Bde.*, Berlin: Dietz Verlag.

Iordachi, Constantin/Bauerkämper, Arnd. eds. [2014] *The Collectivization of*

the East German Cinema 1948–1989, Chapel Hill: The University of North Carolina Press.

Fehér, Ferenc *et al.* [1983] *Dictatorship over Needs*, Oxford: B. Blackwell.

Felber, Holm/Stiehler, Hans-Jörg [1987] *Das Verhältnis Jugendlicher zur populären Musik: (POP 87); erste Ergebnisse der Untersuchung*, Zentralinstitut für Jugendforschung Hrsg. http://www.ssoar.info/ssoar/bitstream/handle/document/40090/ssoar-1987-felber_et_al-Das_Verhaltnis_Jugendlicher_zur_popularen.pdf?sequence=1 （最終アクセス 2015/2/15）

Felsmann, Klaus-Dieter [2013] *Klang der Zeiten: Musik im DEFA-Spielfilm —Eine Annährung*, Berlin: Bertz und Fischer.

Fischer, Ernst [1952] "Doktor Faustus und der Bauerkrieg: Auszüge aus dem Essay zu Eislers Faust-Dichtung," in: Deutsche Akademie der Künste Hrsg., *Sinn und Form. Beiträge zur Literatur*, 4. Jahr, 6. Heft.

Frerich, Johannes/Frei, Martin [1993] *Handbuch der Geschichte der Sozialpolitik in Detuschland, Bd. 2: Sozialpolitik der Deutschen Demokratischen Republik*, Köln: Verlag Wissenschaft und Politik.

Frith, Simon [1989] "Editional introduction," in: *Popular Music, 17(3)*.

Führer, Christian [2009] *Und wir sind dabei gewesen: Die Revolution, die aus Kirchen kam*, Berlin: Ullstein Buchverlag.

Fulbrook, Mary [1995] *Anatomy of a Dictatorship: Inside the GDR 1949–1989*, Oxford/New York: Oxford University Press.

——— [2005] *The People's State: East German Society from Hitler to Honecker*, New Haven/London: Yale University Press.

Gaus, Günter [1983] *Wo Deutschland liegt: Eine Ortsbestimmung*, Hamburg: Hoffmann & Campe.

Grabs, Manfred Hrsg. [1973] *Materialien zu einer Dialektik der Musik*, Leipzig: Verlag Phillip Reclam jun.

Gensicke, Thomas *et al.* [2009] *Entwicklung der Zivilgesellschaft in Ostdeutschland: Quantitative und qualitative Befunde*, Wiesbaden: VS Verlag für Sozialwissenschaften.

Glaeßner, Gert-Joachim [1989] *Die andere deutsche Republik: Gesellschaft und Politik in der DDR*, Opladen: Westdeutscher Verlag.

Groschopp, Horst [1985] *Zwischen Bierabend und Bildungsverein: Zur Kulturarbeit in der deutschen Arbeiterbewegung vor 1914*, Berlin: Dietz.

Guerrien, Bernard [1993] *L'économie néo-classique*, Repères, Paris: Éditions La Découverte.

Gutzeit, Martin/Heidemeyer, Helge/Tüffers, Bettina Hrsg. [2011] *Opposition und SED in der friedlichen Revolution: Organisationsgeschichte der alten und neuen Gruppierung 1989/90*, Düsseldorf: Dorste Verlag.

1989 Deutsche Demokratische Republik, Baden-Banden: Nomos.

Bundesministerium für innerdeutsche Beziehungen Hrsg. [1971, 1974] *Bericht zur Bundesregierung und Materialien zur Lage der Nation 1971, 1972*, Bonn: Westdeutscher Verlag.

——— [1985] *Die DDR-Handbuch 3. Auflage*, Köln: Verlag Wissenschaft und Politik.

Conrad, Christoph [1998] "Alterssicherung," in: Hockerts Hrsg. [1998].

Czerny, Peter [1958] "Wie geht es nun weiter? Die Situation auf dem Gebiet unserer Tanzmusik-Fragen ihrer weiteren Entwicklung," in: *Melodie und Rhythmus*, 1. Februarheft, Jg. 3.

——— [1959] "Geschichte des DDR-Schlagers—Blick auf den Entwicklungsweg unserer Tanzmusik," in: *Melodie und Rhythmus*, 1. Oktoberheft, Jg. 19.

Dale, Gareth [2010] "Who were 'the people'? Classes and movements in East Germany, 1989," in: *Capital & Class*, 34(2).

Deutscher Bundestag Hrsg. [1995] *Materialien der Enquete-Kommission "Aufarbeitung von Geschichte und Folgen der SED-Diktatur in Deutschland" (12. Wahlperiode des Deutschen Bundestages)*, Baden-Baden/Frankfurt (Main): Nomos/Suhrkamp.

——— [1999] *Materialien der Enquete-Kommission "Überwindung der Folgen der SED-Diktatur im Prozeß der deutschen Einheit" (13. Wahlperiode des Deutschen Bundestages)*, Baden-Baden/Frankfurt (Main): Nomos/Suhrkamp.

——— [2002] *Partizipation und Engagement in Ostdeutschland*, Opladen: Leske+Budrich.

Dietrich, Isolde [2003] *Hammer, Zirkel, Gartenzaun: Die Politik der SED gegenüber den Kleingärtnern*, Berlin: Book on Demand.

Eckert, Rainer [2009] "Der 9. Oktober: Tag der Entscheidung in Leipzig," in: Henke Hrsg. [2009]

Eisenfeld, Bernd [1984] "Spaten-Soldaten: 20 Jahre Bausoldaten in der DDR", in: *Kirche im Sozialismus*, 4/1984.

Eisler, Hanns [1973] "Über Jazz," in: Grobs Hrsg. [1973]

Engler, Wolfgang [1992] *Die zivilisatorische Lücke: Versuche über den Staatssozialismus*, Frankfurt (Main): Suhrkamp.

——— [1995] *Die ungewollte Moderne: Ost-West-Passagen*, Frankfurt (Main): Suhrkamp.

——— [1999] *Die Ostdeutschen: Kunde von einem verlorenen Land*, Berlin: Aufbau.

——— [2002] *Die Ostdeutschen als Avantgarde*, Berlin: Aufbau.

Eppelmann, Rainer/Faulenbach, Bernd/Mählert, Ulrich Hrsg. [2003] *Bilanz und Perspektiven der DDR-Forschung*, Paderborn: Schöningh.

Feinstein, Joshua [2002] *The Triumph of the Ordinary: Depictions of Daily Life in*

林春植他［2010］『韓国介護保険制度の創設と展開――介護保障の国際的視点』ミネルヴァ書房。

ロラン、ベルナール［1993］「ソ連に置ける調整と改革」田部井英夫訳、ボワイエ・山田編［1993］。

若尾祐司・井上茂子編［2011］『ドイツ文化史入門――16世紀から現代まで』。

外国語文献

Angerhausen, Susanne *et al.* [1998] *Überholen ohne einzuholen: Freie Wohlfahrtspflege in Ostdeutschland*, Opladen/Wiesbaden: Westdeutscher Verlag.
Alheit, Peter/Haack, Hanna [2004] *Die vergessene "Autonomie" der Arbeiter: Eine Studie zum frühen Scheitern der DDR am Beispiel der Neptunwerft*, Berlin: Dietz Verlag.
Allen, Sean/Sandford, John [1999] *DEFA: East German Cinema, 1946-1992*, New York/Oxford: Berghahn Books.
Bahro, Rudolf [1977] *Die Alternative: Zur Kritik des real existierenden Sozialismus*, Köln: Bund-Verlag.
Bauerkämper, Arnd [1999] "Loyale "Kader"? Neue Eliten und SED-Gesellschaftspolitik auf dem Lande von 1945 bis zu den frühen 1960er Jahren," in: *Archiv für Sozialgeschichte*, Nr. 39.
――――[2002] *Ländliche Gesellschaft in der kommunistischen Diktatur: Zwangsmodernisierung und Tradition in Brandenburg 1945-1963*, Köln: Böhlau-Verlag.
――――[2005] *Die Sozialgeschichte der DDR*, München: R. Oldenbourg Verlag.
Bessel, Richard/Jessen, Ralph Hrsg. [1996] *Die Grenzen der Diktatur: Staat und Gesellschaft in der DDR*, Göttingen: Vandenhoeck & Ruprecht.
Bleek, Wilhelm [2001] *Geschichte der Politikwissenschaft in Deutschland*, München: C. H. Beck.
Brockhaus, Heinz Alfred Hrsg. [1980] *Musikgeschichte der Deutschen Demokratischen Republik 1945-1976*, Berlin: Verlag Neue Musik.
Bühl, Harald Hrsg. [1970] *Kulturpolitisches Wörterbuch*, Berlin: Dietz Verlag.
Buhmann, Heide Hrsg. [1999] *Balladen, Blues Rock-Legenden: Rock und Song Poesie Ost*, Hamburg: Verlag Buhmann & Heseler.
Bundesministerium für Arbeit und Soziales und Bundesarchiv Hrsg. [2005] *Geschichte der Sozialpolitik in Deutschland seit 1945 Bd. 3 1949-1957 Bundesrepublik Deutschland*, Baden-Banden: Nomos.
――――[2007] *Geschichte der Sozialpolitik in Deutschland seit 1945 Bd. 4 1957-1966 Bundesrepublik Deutschland*, Baden-Banden: Nomos.
――――[2006] *Geschichte der Sozialpolitik in Deutschland seit 1945 Bd. 9 1961-1971 Deutsche Demokratische Republik*, Baden-Banden: Nomos.
――――[2008] *Geschichte der Sozialpolitik in Deutschland seit 1945 Bd. 10 1971-*

判』富田武訳、岩波書店。

福澤直樹［2012］『ドイツ社会保険史——社会国家の形成と展開』名古屋大学出版会。

フリス、サイモン［1991］『サウンドの力——若者・余暇・ロックの政治学』）細川周平・武田賢一訳、晶文社。

フィルマー、フリッツ編著［2001］『岐路に立つ統一ドイツ——果てしなき「東」の植民地化』木戸衛一訳、青木書店。

ブルス、ウォジミエシ［1978］『社会主義における政治と経済』佐藤経明訳、岩波書店。

星乃治彦［1994］『社会主義国における民衆の歴史——1953年６月17日東ドイツの情景』法律文化社。

———— ［1998］『社会主義と民衆——初期社会主義の歴史的経験』青木書店。

ボワイエ、ロベール［1993］「東ヨーロッパの大転換——レギュラショニストの読み方」ボワイエ・山田鋭夫編［1993］。

ボワイエ、ロベール／山田鋭夫編［1993］『転換——社会主義』藤原書店。

マディソン、アンガス［2000］『世界経済の成長史　1820〜1992年——199ヵ国を対象とする分析と推計』金森久雄監訳、東洋経済新報社。

マルクス、カール［1966］「フランスにおける内乱」村田陽一訳『マルクス・エンゲルス全集』第17巻、大月書店。

———— ［1968］「ゴータ綱領批判」山辺健太郎訳『マルクス・エンゲルス全集』第19巻、大月書店。

ミルグロム、ポール／ロバーツ、ジョン［1997］『組織の経済学』奥野正寛・伊藤秀史・今井晴雄・西村理・八木甫訳、NTT 出版。

村上紀美子［2014］『納得の老後——日欧在宅ケア探訪』岩波新書、岩波書店。

村上兵衛［1963］「大阪労音、その巨大化の秘密」『中央公論』第78巻第５号。

村田武［2006］『戦後ドイツと EU の農業政策』筑波書房。

ムリナーシ、ズデネク［1980］『夜寒——プラハの春の悲劇』三浦健次訳、新地書房。

森岡孝二［1996］『企業中心社会の時間構造——生活摩擦の経済学』青木書店。

安岡健一［2014］『「他者」たちの農業史——在日朝鮮人・疎開者・開拓農民・海外移民』京都大学学術出版会。

矢野久／ファウスト、アンゼルム編［2001］『ドイツ社会史』有斐閣。

山川博［1972］「大阪労音の体験的報告」『文化評論』第127号。

山下三郎［1965］「労音運動十五年の歴史」『文化評論』第42号。

山田徹［1994］『東ドイツ・体制崩壊の政治過程』日本評論社。

山本真［2013］「1950年代初頭、福建省における農村変革と地域社会——国家権力の浸透過程と宗族の変容」奥村哲編『変革期の基層社会——総力戦と中国・日本』創土社。

ユルジョンス（URGENSE）［1993］「中央計画経済におけるリズムなきテーラー主義」清水耕一訳、ボワイエ・山田編［1993］。

リッター、ゲルハルト・A［2013］『ドイツ社会保障の危機——再統一の代償』竹中亨監訳、ミネルヴァ書房。

田中洋子［2011］「労働者文化と協会の形成」若尾・井上編［2011］。

谷江幸雄［1989］『東ドイツの農産物価格政策――その歴史的構造的特徴』法律文化社。

谷口信和［1999］『二十世紀社会主義農業の教訓――二十一世紀日本農業へのメッセージ』農山漁村文化協会。

田野大輔［2007］『魅惑する帝国――政治の美学化とナチズム』名古屋大学出版会。

田原史起［2004］『中国農村の権力構造――建国初期のエリート再編』御茶の水書房。

鄭浩瀾［2009］『中国農村社会と革命――井岡山の村落の歴史的変遷』慶應義塾大学出版会。

トゥレーヌ、アラン［1982］『ポスト社会主義』平田清明・清水耕一訳、新泉社。

トロツキー［1992］『裏切られた革命』藤井一行訳、岩波文庫、岩波書店。

仲井斌［2003］『ドイツ史の終焉――東西ドイツの歴史と政治』早稲田大学出版部。

長崎励朗［2013］『「つながり」の戦後文化誌――労音・そして宝塚・万博』河出書房新社。

中村眞人［1999］「「経済大国」幻想を支えた労働者たちのエートス――時計会社のQC サークルに見る」『東京女子大学社会学会紀要』第27号。

成瀬治・山田欣吾・木村靖二編［1997］『ドイツ史３　1890～現在』山川出版社。

西川潤［2008］『データブック　人口』岩波書店。

仁田道夫［1988］『日本の労働者参加』東京大学出版会。

日本 ILO 協会編［1998］『改訂版　ILO のあらまし――活動と組織・主な条約と勧告』日本 ILO 協会。

ノイベルト、エールハルト［2010］『われらが革命　1989年から90年――ライプチッヒ、ベルリン、そしてドイツの統一』山本一之訳、彩流社。

野田公夫［1997］「農地改革の歴史的意義――比較史的視点から」『農林業問題研究』第33巻第２号。

ハーシュマン、アルバート・O［2004］『方法としての自己破壊――「現実的可能性」を求めて』田中秀夫訳、法政大学出版局。

ハーバーマス、ユルゲン［1994］『公共性の構造転換――市民社会の一カテゴリーについての探究　第二版』細谷貞雄・山田正行訳、未來社。

バーロ、ルドルフ［1980］『社会主義の新たな展望Ⅰ――現実に存在する社会主義の批判』永井清彦訳、岩波書店。

濱口桂一郎［2013］『若者と労働――「入社」の仕組みから解きほぐす』中公新書ラクレ、中央公論新社。

ヒルデブラント、イェルク／トーマス、ゲアハルト［1992］『非暴力革命への道――東ドイツ・キリスト者の証言』渡部満訳、教文館。

広井良典［2009］『グローバル定常型社会――地球社会の理論のために』岩波書店。

ファウスト、アンゼルム［2001］「民主主義から独裁へ――1918-1945年」矢野・ファウスト編［2001］。

フェヘール、フェレンツ［1984］『欲求に対する独裁――「現存社会主義」の原理的批

熊沢誠［1981］『日本の労働者像』筑摩書房。

――――［1986］『職場史の修羅を生きて――再論日本の労働者像』筑摩書房。

クレム、V 編著［1980］『ドイツ農業史――ブルジョア的農業改革から社会主義農業まで』大藪輝雄・村田武訳、大月書店。

高度成長期を考える会編［2005］『高度成長と日本人　1　新装版』日本エディタースクール出版部。

コルナイ、ヤーノシュ［1984］『「不足」の政治経済学』盛田常夫訳、岩波書店。

コルバン、アラン［2010］『レジャーの誕生　新版　上、下』渡辺響子訳、藤原書店。

近藤潤三［2010］『東ドイツ（DDR）の実像――独裁と抵抗』木鐸社。

斎藤哲［1997］「ドイツ民主共和国」成瀬・山田・木村編［1997］。

――――［2007］『消費生活と女性――ドイツ社会史（1920～70年）の一側面』日本経済評論社。

坂本次郎［1965］「私たちのサークル――ある労音サークルの記録」『文化評論』42号。

サピール、ジャック［1993］「動員経済の調整様式とダイナミックス」我孫子誠男訳、ボワイエ・山田編［1993］。

塩川伸明［1999］『現存した社会主義――リヴァイアサンの素顔』勁草書房。

清水聡［2015］『東ドイツと「冷戦の起源」1949-1955年』法律文化社。

下山房雄［1979］「戦後日本資本主義の展開と労働者階級の階級主体形成」経済理論学会編『経済理論学会年報16　現代資本主義と労働者階級』青木書店。

シャバンス、ベルナール［1992］『社会主義のレギュラシオン理論――ソ連型システムの危機分析』斉藤日出治訳、藤原書店。

――――［1993］「ソ連型経済における危機の今日的形態」斉藤日出治訳、ボワイエ・山田鋭夫編［1993］。

シュムペーター、ヨーゼフ・A［1977］『経済発展の理論　企業者利潤・資本・信用・利子および景気の回転に関する一研究　上　下』塩野谷祐一・中山伊知郎・東畑精一訳、岩波文庫、岩波書店。

――――［1995］『資本主義・社会主義・民主主義　新装版』中山伊知郎・東畑精一訳、東洋経済新報社。

ジョーンズ、E・L［2000］『ヨーロッパの奇蹟――環境・経済・地勢の比較史』安元稔・脇村孝平訳、名古屋大学出版会。

スウィージー、ポール・M［1980］『革命後の社会』伊藤誠訳、TBS ブリタニカ。

ソルジェニーチン、アレクサンドル［2006］『収容所群島　1918-1956　文学的考察』（全6巻）木村浩訳、ブッキング。

高岡裕之［2011］「高度成長と文化運動――労音運動の発展と衰退」大門正克他編『高度成長の時代3　成長と冷戦への問い』大月書店。

高岡智子［2011］「東ドイツ映画「パウルとパウラの伝説」のメロドラマ的作劇法――ロックと映画音楽の社会史的一考察」『表現文化研究』第10巻第2号。

――――［2012］「「国民音楽」としての東ドイツロック――文化政策が生み出したポピュラー音楽」『演劇映像学』第2集。

――――［2014］「「満洲」農業開拓民と北海道農法――「東亜農業のショウウインドウ」建設の結末」『農業史研究』第48号。

ヴェーバー、ヘルマン［1991］『ドイツ民主共和国史――「社会主義」ドイツの興亡』斎藤哲・星乃治彦訳、日本経済評論社。

ウェーバー、マックス［1980］『社会主義』濱島朗訳、講談社学術文庫、講談社。

上杉重二郎［1964］「スターリン主義の諸問題――東ドイツにおけるマルクス主義的実践について」『思想』147号（12）。

植村邦彦［2010］『市民社会とは何か――基本概念の系譜』平凡社新書、平凡社。

エングラー、ヴォルフガング［2010］『東ドイツのひとびと――失われた国の地誌学』岩崎稔・山本裕子訳、未來社。

近江谷左馬之介［1981］『ドイツの社会主義』ありえす書房。

影山日出弥［1967］「ザクセンにおける人民表決――東独憲法成立史の一側面」『愛知大学国際問題研究所紀要』第41号。

カザ、グレゴリー・J［1999］『大衆動員社会』岡田良之助訳、柏書房。

――――［2014］『国際比較でみる日本の福祉国家――収斂か分岐か』堀江孝司訳、ミネルヴァ書房。

上井喜彦［2001］「民間大企業の労働問題――「日本的経営」下の労働問題」戸塚秀夫・徳永重良編著『現代日本の労働問題　増補版――新しいパラダイムを求めて』ミネルヴァ書房。

カミンスキー、アンネリーゼ［2010］『開かれた扉――分断されたベルリンから統一ドイツへ――アンネリーゼ・カミンスキー自伝』加藤常昭訳、教文館。

河合信晴［2011］「ドイツ民主共和国における個人的余暇の前提」『ドイツ研究』第45号、信山社。

――――［2015］『政治がつむぎだす日常――東ドイツの余暇と「ふつうの人びと」』現代書館。

川越修［2008］「社会国家の世紀」川越修・辻英史編著『社会国家を生きる』法政大学出版局。

――――［2016］「旧東ドイツに中間組織は存在したか――人民連帯の活動を手がかりに」辻英史・川越修編著『歴史としての社会国家――二〇世紀ドイツの経験』山川出版社。

河島幸夫［2011］『ドイツ現代史とキリスト教――ナチズムから冷戦体制へ』新教出版社。

菊池智裕［2011a］「戦後東独南部における「工業労働者型」の農業集団化――チューリンゲン地方エアフルト市1952-1960年」『歴史と経済』第212号。

菊池智裕［2011b］「戦後東独エアフルト市における園芸の集団化――国際園芸展覧会を中心に　1945-1960/61年」『農業史研究』第45号。

木戸衛一［1989］「ソ連占領下ドイツにおける戦後変革の諸相」『歴史学研究』第600号。

木下ちがや［2014］「非政治領域の政治学――丸山眞男の結社・集団論の現在」『現代思想』８月号特別号。

参考文献

日本語文献

赤木光子［1965］「ほんとうの人間同士のふれあい――函館労音のサークル活動」『文化評論』第42号。

浅生卯一［1988］「A自動車の労働過程」野原光・藤田栄史編『自動車産業と労働者』法律文化社。

足立芳宏［1997］『近代ドイツの農村社会と農業労働者――「土着」と「他所者」のあいだ』京都大学学術出版会。

――――［2011a］『東ドイツ農村の社会史――「社会主義」経験の歴史化のために』京都大学学術出版会。

――――［2011b］「書評・石井聡『もう一つの経済システム――東ドイツ計画経済下の企業と労働者』」『ドイツ研究』第45号、信山社。

――――［2012］「「民族ドイツ人」移住農民の戦時経験――ナチス併合地ポーランド入植政策から東ドイツ土地改革へ」『生物資源経済研究』（京都大学）第17号。

――――［2014］「ナチス・ドイツ「帝国圏」における農業資源開発――戦時ドイツの食糧自給政策と「東方拡張 Ostexpason」」『農業史研究』第48号。

アンダースン、アンディ［2006］『ハンガリー1956』（新訳）南塚信吾・吉橋弘行訳、現代思潮社。

石井聡［2010］『もう一つの経済システム――東ドイツ計画経済下の企業と労働者』北海道大学出版会。

伊豆田俊輔［2014］『東ドイツの文化同盟（1945―1958）――知識人たちの自発性をめぐって』東京大学大学院総合文化研究科博士学位論文。

井関正久［2009］「東ドイツ体制批判運動再考――「六八年」と「八九年」の関係を中心に」『国際政治』第157号。

市川ひろみ［1995a］「東ドイツにおける教会と市民運動――「社会主義の中の教会」の役割と限界」『歴史評論』第546号。

――――［1995b］「ドイツ民主共和国国家人民軍建設部隊――暴力のない社会をめざした兵士たち」『国際協力論集』第3巻第2号。

――――［1997］「東ドイツにおける兵役拒否――その原理と社会的展開」『平和研究』第22号。

――――［2007］『兵役拒否の思想――市民的不服従の理念と展開』明石書店。

伊藤淳史［2013］『日本農民政策史論――開拓・移民・教育訓練』京都大学学術出版会。

井上茂子［2001］「日常と余暇」矢野・ファウスト編［2001］。

今井良一［2001］「「満州」農業移民の経営と生活――第一次移民団「弥栄村」を事例として」『土地制度史学』第173号。

1989	12/9　SED 臨時党大会、ギジを党首に選出 12/14　シュタージ廃止
1990	3/18　自由選挙に基づく人民議会選挙⇒「ドイツのための連合」勝利 7/1　両独通貨・経済・社会同盟条約発行 9/12　2＋4（両独ならびに戦勝4カ国）条約調印 10/3　西ドイツ基本法第23条にしたがって東西ドイツ統一

※各章の執筆者が必要と考えた事項に留意して、編者作成。

作成にあたって参考にした文献の年表

- H・ヴェーバー　斎藤哲・星乃治彦訳［1991］『ドイツ民主共和国史――「社会主義」ドイツの興亡』日本経済評論社。
- 成瀬治・山田欣吾・木村靖二編［1997］『ドイツ史3――1890-現在』山川出版社。
- Weber, Hermann [2012]: *Die DDR 1945-1990*, 5. Auflage, München: R. Oldenbourg Verlag.
- Lehmann, Hans Georg [2000]: *Deutschland-Chronik 1945-2000*, Bonn: Bouvier.
- Wolle, Stefan [1998]: *Die heile Welt der Diktatur: Alltag und Herrschaft in der DDR 1971-1989*, Berlin: Ch, Links.

1983	6/29　西ドイツから10億マルクの信用供与（翌年さらに9.5億マルク） 9/1　人民警察、世界平和デーを機会に東ベルリンのソ連・アメリカ大使館の人の鎖を排除 10/6　東西ドイツ国境の自動射撃装置を撤去
1984	5/17　SED 中央委員会、閣僚評議会、FDGB 連盟幹事会共同決定（3人以上の子供がいる家庭の労働・生活条件改善についての措置） 12/1　最低年金引き上げ実施（300マルクに）
1985	3/18　西ドイツ EKD と東ドイツ BEK、終戦40周年において「平和のための談話」宣言共同発表
1986	4/17　SED 第11回党大会⇒1986-90年の5カ年計画を策定（エレクトロニクス等への優先投資を決定） 4/23　SED 中央委員会、閣僚評議会、FDGB 連盟幹事会共同決定発表（子持ち家庭の労働・生活条件改善、若年夫婦への支援について） 6/26　自主的な平和・エコロジー運動がエネルギー・経済・情報政策の変更を要求するアピール発表
1987	6/6-9　西ベルリン・旧国会議事堂前で開催されたロックコンサートを聴くために、東側のベルリンの壁に集まった若者の強制排除 6/24-27　東ドイツプロテスタント教会会議、平和・エコロジーグループが教会指導部に反抗し、独自の催事を開催 9/2-17　オローフ・パルメ・平和行進（Olof-Palme-Fiedensmarsch） 9/7-11　ホーネッカー、西ドイツを公式訪問 11/25　東ベルリン・シオン教会「環境図書館」職員逮捕⇒翌日抗議行動が開催され逮捕者釈放
1988	1/17　ローザ・ルクセンブルク、カール・リープクネヒト記念デモ⇒周辺で市民運動活動家・国外退去希望者約160人逮捕、「自由とは絶えず異なる考えをもつ人のための自由」のスローガンを掲げた 11/20　ソ連の雑誌「スプートニク」発禁
1989	5/2　ハンガリー、国境の鉄条網を撤去⇒東ドイツから西ドイツへの出国急増 5/7　地方議会選挙実施⇒市民運動の自主集計により選挙結果改ざん判明 9/9　市民運動グループ「新フォーラム」結成 10/9　ライプチヒで市民によるデモ（7万人参加） 10/18　SED 党書記長ホーネッカー辞任 11/4　ベルリンでのデモに50万人以上が参加 11/7　首相シュトーフ辞任 11/9　ベルリンの壁、開放 11/13　モドロウ首相就任 12/3　SED 書記長クレンツ辞任

1972	4/28　社会政策に関するSED中央委員会、閣僚評議会、FDGB連盟幹事会共同決定（最低年金の引き上げ、新規アパートの家賃引き下げを目標に） 7/7　中小企業・手工業生産組合の国有化実施 12/21　東西ドイツ間で基本条約締結⇒相互に領土尊重と国家としての自立性を承認
1973	5/15　日本と国交樹立 9/18　国際連合に西ドイツと共に加盟
1974	4/30　SED中央委員会、閣僚評議会、FDGB連盟幹事会共同決定（社会政策プログラムの実施拡大、年間最低有休日数の増加を目標に） 5/2　両独間で「常駐代表部」を設置 9/27　憲法改正⇒「ドイツ民族の」との記述を削除
1975	8/1　全欧安保協力会議ヘルシンキ最終議定書調印 10/7　東ドイツ、ソ連と新友好相互援助及び協力条約締結
1976	5/18-5/22　SED第9回党大会⇒新党綱領を可決、ホーネッカー、第一書記から党書記長に。 5/27　社会政策の拡大に関するSED中央委員会、閣僚評議会、FDGB連盟幹事会共同決定（最低賃金引き上げ、休暇日数増加、就業中の母親への支援、40時間労働制を目標に） 10/1　最低賃金（350→400マルク）引き上げ実施 11/16　ビアマン国外追放⇒翌日、芸術家13人による抗議が新聞で発表 12/1　最低年金（230マルクに）引き上げ実施
1978	3/6　ホーネッカー・シェーンヘル会談（BEK代表）⇒教会の活動余地が拡大 9/1　14～16才の生徒への軍事教練義務化
1979	9/28　SED中央委員会、閣僚評議会、FDGB連盟幹事会共同決定（年金引き上げ、社会福祉事業の拡充を目標に）
1980	10/13　ホーネッカー、ゲラ演説⇒西ドイツに対して、東ドイツ市民権の承認、常駐代表部の大使館への変更を、さらなる両独関係正常化の前提として要求
1981	4/11-16　SED第10回党大会 12/11-13　西ドイツ首相（シュミット）、東ドイツを訪問しホーネッカーと会談
1982	2/14　ドレスデン・クロイツ教会における平和フォーラム開催（約5000人参加） 4/11　教会の平和活動の自立性と国家機関の平和のシンボルである「剣を鋤に打ちかえて」を取り締まる措置を批判した牧師の書簡をプロテスタント教会内で読み上げ

1962	1/24　徴兵制導入
1963	1/15-21　第6回SED党大会⇒新党綱領を決定 6/25「計画と指導のための新経済システム」の導入決定
1964	6/12東ドイツ、ソ連と友好相互援助及び協力条約締結 9/7「国防省下に建設部隊を設置することに関するドイツ民主共和国国防評議会指令」施行
1965	2/25「統一的な社会主義教育制度法」制定⇒学制の枠組完成 12/15-18　SED第11回中央委員会総会、文化政策の引き締めを決定
1966	4/1　家族法施行（男女の同権を規定） 4/8　隔週での週休2日制導入 5/9　初の原子力発電所稼働開始
1967	3/15　東ドイツ、ポーランドと友好相互援助及び協力条約締結 4/17-22　SED第7回党大会⇒社会主義は共産主義への短い移行段階ではなく、相対的に独立した社会経済形態と規定、新5カ年計画策定（更なる労働生産性の向上、石油化学・電子産業・住宅建設の優先を目標） 8/28　完全週休2日制導入・最低有給日数15日の実施 最低賃金の引き上げ（月220→300マルク）
1968	4/9　憲法改正⇒東ドイツを「ドイツ民族の社会主義国家」と規定 ⇒「高齢および障害による就業不能者が社会的ケアを受ける権利」（第36条）を盛り込む 8/20-21　プラハの春⇒東ドイツ国家人民軍、ワルシャワ条約機構軍とチェコスロヴァキアに侵攻
1969	6/10ドイツ福音教会（EKD）から東ドイツのプロテスタント教会組織分離⇒東ドイツ福音教会連盟（BEK）
1970	3/19・5/21　エアフルト・カッセル両独首相会談　西ドイツ首相（ブラント）と東ドイツ首相（シュトーフ） 8/12　西ドイツ、ソ連とモスクワ条約締結 12/7　西ドイツ、ポーランドとワルシャワ条約締結 12/9-11　第14回SED中央委員会総会⇒計画経済へ復帰
1971	2/1　最低賃金（300→350マルク）最低年金（→160マルク）引き上げ実施 任意の追加年金保険制度導入⇒翌年には年金給付水準改善 5/3　SED第一書記にホーネッカー就任 6/15-19　第8回SED党大会⇒「経済政策と社会政策の統合」に基づき、生活水準の向上を目標に

1950	2/8　国家保安省（シュタージ）設置 2/3 「労働作業班」キャンペーン開始 7/25　ウルブリヒト、SED 書記長に就任 9/29　経済相互援助会議（COMECON）に参加 10/15　第 1 回人民議会選挙⇒統一リスト方式により SED が支配
1951	11/1　第 1 次 5 カ年計画開始 SED 中央委委員会が芸術分野において「社会主義リアリズム」を要求
1952	3/10　ドイツ統一問題に関するスターリン・ノート提案 7/9-12　第 2 回 SED 全党協議会が社会主義建設への着手を決定 農業集団化決議⇒初期農業集団化 7/23　州制度から県郡（Bezirk・Kreis）制度に再編 11/20　SED、重工業建設優先を決定 翌年にかけ食糧不足が深刻化し、東ドイツ住民の西ドイツへの逃亡増加
1953	5/13. 14　SED 中央委員会が労働者のノルマの10%引き上げ決定 6/9　SED 政治局が社会主義建設のテンポを緩和する「新コース」決定 6/17　ベルリンで労働者の大規模なデモが発生（6 月17日事件）⇒全国に波及 7/24-26　ウルブリヒト、党書記長を第一書記名称変更
1955	9/20　東ドイツ国家主権回復協定に調印
1956	1/18　国家人民軍と国防省設置 1/28　ワルシャワ条約機構軍に参加 2/14-25　ソ連共産党第20回党大会、フルシチョフによるスターリン批判 3/24-30　第 3 回全党協議会において第 2 次 5 カ年計画（1956-60）決定 10/23-11/15　ハンガリー動乱 人民連帯、公認の大衆団体として活動開始 週45時間労働の導入（～1966　完全実施）
1958	5/29　食糧配給制度の廃止 7/10-16　SED 第 5 回党大会 全面的農業集団化の開始
1959	1/3 「社会主義的作業班」運動開始 4/24　第 1 回ビッターフェルト文化会議開催⇒文学と社会主義の接近 10/1　7 カ年計画（1959-65）の策定 11/23　小菜園連盟（VKSK）設立
1960	4/25　農業集団化の完了宣言 9/7　大統領ピーク、死去⇒9/12　大統領制の廃止と国家評議会の設置　議長はウルブリヒト
1961	8/13　ベルリンの壁の建設開始

東ドイツ史略年表

年	（数字は月/日）
1945	5/7・9　休戦協定に調印 7/17-8/2　ポツダム会談（ドイツ占領方針の決定） 8/30　連合国管理委員会設置 【ソ連占領地区】 6/9　ソ連軍政本部設置⇒政党設立許可（ドイツ共産党/社会民主党/キリスト教民主同盟/自由民主党設立） 7/14　四党が「反ファッショ民主主義政党の統一戦線」を結成 9/3-11　土地改革開始
1946	2/11　自由ドイツ労働組合同盟（FDGB）結成 2/17　ソ連軍政部命令56号⇒1日8時間労働規定 4/22　社会主義統一党（SED）結成 6/30　ザクセンでVEB（人民所有企業）創立の住民投票 10/20　ソ連占領地区内での自由選挙に基づく州議会・郡議会選挙
1947	3/20　FDGB「休暇サービス」設立 6/11　ドイツ経済委員会（DWK）発足 12/6-7　第1回人民会議開催
1948	3/9　DWK、ソ連占領地区内での経済政策に責任を負うことに（事実上の行政府） 3/20　連合国管理委員会からソ連代表脱退 6/20　西側通貨改革 6/24　ソ連、西ベルリンを封鎖⇒アメリカによる「空の架け橋」作戦 10/9　ソ連軍政部命令234号⇒能率給の導入、各労働者への物資供給の生産性の違いによる差別化 10/13　ザクセン・ツビッカウの炭鉱労働者ヘンネッケ、生産ノルマ387％達成⇒「模範労働者運動」開始
1949	5/12　ベルリン封鎖解除 5/15　統一リスト方式により第3回人民会議代議員選挙⇒人民評議会選出 5/29　人民評議会、東ドイツ憲法を承認　10/4　政党ブロックを国民戦線に改組 10/7　ドイツ民主共和国（DDR）建国（首相グローテヴォール/大統領ピーク） ブレヒト、「ベルリナー・アンサンブル」を創設

民族ドイツ人　39, 60
民族問題　65
命令二三四号　98
メキシコ　253
モスクワ　231

や行

ユダヤ　142, 143
ゆとり　113
ユンカー　47, 62, 199
ユンカー層　34
養護施設　168
余暇　82, 83, 91, 204, 222, 224, 232, 247, 253
——活動　76, 78, 80, 90
四五時間　98
四八時間労働　93
——制　98

ら・わ行

ライプチヒ　20, 148, 150, 166, 171, 177, 180, 182-184, 187, 191
リーマンショック　211
良心的兵役拒否　205
両独基本条約　17
旅行　202
ルーマニア　39, 230
冷戦　13, 14, 16, 28, 34, 155, 156, 174, 206, 256
——期　65
——体制　62
レギュラシオン（調整）様式　243, 244, 254
連帯　22, 119, 123, 127, 135, 136, 177, 180, 185-187, 206, 249, 252, 253
——感　77, 93
労音　80, 82-86, 89, 91
老人ホーム　122, 125, 126, 168, 179
労働規律　70, 71
労働組合　73, 78, 106, 245-247, 249, 251
労働時間　92-95, 97, 98, 113, 125, 255
労働者蜂起　209, 231
労働ノルマ　202, 203, 249
労働不能者　122
六月一七日事件　20, 25, 26, 33, 45, 52, 53, 59, 73
六月蜂起　202
ロシア　196
——革命　65, 196, 233
路上音楽祭　185
ロック　205
ワルシャワ　184

100, 111, 172, 189, 190, 205, 224, 258
ニッチ社会（壁龕社会） 17
日本 12, 17, 25, 26, 32, 34, 37, 62, 64, 65, 80, 86, 89-91, 114-118, 135, 136, 253, 254, 256, 257
——社会 11
ネットワーク 167, 177, 189, 210
年金 118-122, 124, 128, 134
農業協同組合 248, 255
農業集団化 168, 200, 201
農業生産協同組合 199-204
農業テクノクラート 56, 57
農村テクノクラート 56
農民互助協会 48, 63
ノスタルジー 79, 80, 89
ノルマ 68, 70, 72-74, 90, 204, 240, 244

は行

配給制 99
パウルとパウラの伝説 153, 160
八時間労働 93
ハンガリー 183, 184, 230, 241, 253, 254
——動乱 64
反ファシズム 34
東エルベ 36, 37, 60, 62
——農業 35
東ベルリン 212, 231
——労働者の蜂起事件 244, 249
非宗派福祉連盟 129
非スターリン化 33, 61
被追放民 32
非ナチ化 51, 54, 56, 60
避難民・被追放民 38
秘密警察 90
貧困 5, 122
フォーディズム 90
フォード主義 242, 252
福音協会 207
福祉独裁論 23
不正国家 27
不足の経済 99, 221, 222, 224-226, 243, 248-253, 255
不足の社会 97, 99-102, 112, 221
ブタペスト 184
ふつうの人びと 205
プラハ 149, 184
フランス 94, 231, 238
ブリガーデ 55, 249-251
プレミアム賃金 75
ブロック政党 129
文化会館 96, 97
兵役拒否 173-175, 177, 179, 191, 205
——者 167, 191
北京 184
ベッサラビア・ドイツ 39
ベルリン 127, 139, 182, 189, 205, 207, 243, 245, 247, 255
——の壁 5, 15, 18, 20, 31, 33, 98, 116, 128, 129, 138, 159, 162, 173, 183, 188, 189, 207, 230, 231, 246, 249, 253, 256
保育所 168, 248
ボーナス 99
ポーランド 38, 39, 61, 64, 183, 207, 230, 238
補助金 125, 136
ポズナン暴動 64
ポツダム 22
保養所 103, 204
保養の権利 102, 103, 111
保養政策 102, 104, 106, 107, 112
ホロコースト 38

ま行

マルクス主義史学 47, 59
ミクロ史 35, 42
緑の党 211
民主社会党 211
民主集中制 132, 234, 252

人民議会　18
人民軍　175
人民警察　143
　──分隊　255
人民所有企業　243, 244
人民連帯　206
スターリニズム　10
スターリン・ノート　20
スターリン批判　64
ストライキ　204
石油ショック　61
全体主義　19
相互支援ネットワーク　248
ソフィア　184
ソ連　5, 14, 15, 17, 94, 155, 163, 169, 178, 183, 188, 191, 197, 230-234, 238, 239, 252-255
　──型　233, 241
　──軍　36, 56, 60, 249
　──占領下　19, 31, 200
　──占領軍　231
　──占領時代　98
　──占領地, 地区, 占領地域（SBZ）　5, 15, 129, 192

た行

耐久消費財　99, 100
第三帝国　7, 10
大衆組織　129, 130, 132, 135, 168, 169
退職者ホーム　125, 127, 134
託児所　248
チェコスロヴァキア　163, 186, 191, 230, 231
中央労働共同体協定（シュティンネス・レギーン協定）　93
中間組織　123, 132, 215
中間団体　215
徴兵　206
　──制　173, 174, 189, 205
追加年金保険制度　124
つながり　101, 135, 203, 215, 223, 227, 257
テイラーシステム（主義）　68, 90
デタント　34
天安門事件　186, 187
ドイツ社会民主党（SPD）　211, 213, 231
ドイツ青年団（FDJ）　155
ドイツ（再）統一　9, 18-22, 27, 78, 129, 138, 200, 212
統一ドイツ　18
東方ドイツ人難民　35, 37, 48, 60, 62, 200
独ソ不可侵条約　38
土地改革　168, 200
ドレスデン　179, 180, 182, 191
トラバント　21
トルコ　254

な行

ナチ　7, 231
　──活動家　53
　──期　23
　──第三帝国　65
ナチス　12, 17, 38, 54, 140, 142, 168, 253
　──政権　93
　──・ドイツ　34, 65
　──体制　13
ナチズム　7, 34
難民　39, 40, 42, 43, 45, 46, 48-51, 53, 59-61
　──問題　49, 65
西ドイツ　7, 12, 15, 17, 18, 22, 23, 27, 78, 79, 94, 100, 114, 116, 119, 126, 129, 130, 136, 138, 149, 154-156, 159, 162, 167, 170, 179, 183-185, 188-192, 198-200, 206, 209, 254, 256
西ベルリン　98, 150
日常生活　10, 21, 26, 76, 89, 92, 94-96,

214, 221, 230, 232, 234, 235, 238-241, 250, 252, 253
計画と指導のための経済システム（NÖSPL） 98
経済格差 21, 210
経済計画 241
経済の奇跡 94
ケーニヒスバルデ 177
KPD（ドイツ共産党） 19, 231
検閲 153, 156, 159, 170, 181
建設部隊 205
憲法 102, 122, 129
公共 224, 225
——圏 167, 170-172, 189, 207
——性 228
合計特殊出生率 117
高度成長 83
高度成長期 89
高齢化 114
高齢者 232
五カ年計画 249
告白教会 168
国民音楽 205
国民戦線 129, 130, 134
国民文化 205
国有企業 68
互酬 198
個人化 111, 113, 204, 222, 223, 226, 227
個人主義化 209
国家人民軍 175, 189, 205
国家保安省 185, 188
コミュニティ 204

さ行

最低有給休暇日数 98, 205
再統一 139, 140, 164
作業班 22, 96, 97, 113, 135, 188, 192, 202-204, 207, 210, 222-224, 245
左翼党 27, 211-213
ジェンダー問題 49
失業 17, 69
——率 21
私的ネットワーク 108, 127, 222
支配貫徹社会 23
市民運動 21
市民社会 25, 199, 207, 208, 210, 211
社員食堂 247
社会史 25, 27
——研究 14, 23, 24
——的研究 16
社会主義リアリズム 141, 144
社会ステーション 130
社会的ネットワーク 135
社会的補助支出 121, 124
社会保障 227
——制度 219, 226
週休二日制 94, 97, 98, 103, 107, 205
就業率 124
従属人口 115-118
自由ドイツ青年団（FDJ） 143, 146
週四〇時間制 94
週四八時間制 94
自由労働組合総同盟 102
シュタージ（秘密警察） 13, 16, 63, 159, 163, 165, 171, 175, 185, 231, 232, 253, 258
出国希望者 183, 184
出国申請者 183
出生率 118
シュレーバー農園 101
障害 126
——者 122, 135
小菜園 101
——連盟（VKSK） 101
小集団活動 86-90
食糧不足問題 34
女性 106, 120
新経済システム 229
新フォーラム 207, 208

ま・や・ら・わ行
マイヤー　E. H. Meyer　141-143, 147
マルクス　K. Marx　6, 96, 195-197
ムリナーシ　Z. Mlynář　230
メルケル　A. Merkel　27, 208, 212
ヤーラウシュ　K. Jarausch　23
ルッツ　P. C. Ludz　15
レーガン　R. W. Reagan　178
レースラー　J. Roesler　22
レーニン　V. Lenin　34, 230
ロス　C. Ross　24
ワルラス　M. E. L. Walras　236, 237

事 項 索 引

あ行
ILO（国際労働機関）　94
アメリカ　140-143, 145, 147, 155, 163, 231, 238, 253, 254
アメリカニズム　142
イエナ　170
イギリス　231
移住者　32
イタリア　238
一民族二国家　15
移民　65
ヴァイマル　7
ヴァイマル共和国　140, 197
ヴァイマル時代　93
ウィーン　196
SED（ドイツ社会主義統一党）　6, 14-20, 22-27, 58, 63, 73, 95-101, 104-108, 111-113, 129, 167-174, 178, 180, 182, 183, 185-190, 195, 196, 204, 205, 211, 231, 232, 244-246, 250, 253
SPD（ドイツ社会民主党）　19, 208, 211, 212, 231
円卓会議　25, 189
オーストリア　184, 253
オーデル・ナイセ線　49
オスタルギー　21, 28, 135, 139, 159, 207

か行
カールマルクスシュタット　191
カードル　57, 58
外国人強制労働者　48
介護　123
——施設　122, 125-127, 134
格差　5, 220, 253
家計　126
——支出　121, 122
家族　127, 223
歓喜力行団　93
換骨奪胎　23, 25
完全雇用　94
企業保養所　104, 106
休暇サービス　103, 104-109, 111, 112
教会　6, 234
強制収容所　54
協同組合　197, 198, 233
共和国逃亡　54, 63, 200
——者　58
キリスト教民主同盟（CDU）　208, 212
緊張緩和　16
軍事教科　179
経営協議会　201
経営評議会　202
計画　198
——経済　32, 67, 69, 74, 78, 98, 202,

人名索引

あ行

アイスラー　H. Eisler　143, 144, 146, 164

足立芳宏　26

アデナウアー　K. Adenauer　15

アンダースン　A. Anderson　230

イエッセン　R. Jessen　22

石井聡　26

井関正久　25

市川ひろみ　25

ウェーバー　M. Weber　196, 197

ヴェーバー　H. Weber　16, 19

ウルブリヒト　W. Ulbricht　98, 124, 151

エングラー　W. Engler　208-210

エンゲルス　F. Engels　196, 234

か行

ガウス　G. Gaus　16

ガンジー　M. K. Gandhi　177

キング牧師　M. L. King, Jr　177

クネプラー　G. Knepler　141, 143

グレスナー　G. J. Glaeβner　18

クレスマン　C. Kleβmann　23

ゲーテ　J. W. Goethe　144

ゴムルカ　W. Gomułka　64

コルナイ　J. Kornai　99, 235, 238, 242, 243, 254, 255

ゴルバチョフ　M. S. Gorbachev　183

近藤潤三　25

さ行

斎藤哲　26

ジダーノフ　A. A. Zhdanov　144

シャボウスキー　G. Schabowski　255

シュターリッツ　D. Starits　16

シュムペーター　J. A. Schumpeter　235

ショスタコーヴィチ　D. D. Shostakovich　144

スウィージー　P. M. Sweezy　234, 238

スターリン　J. Stalin　20, 169, 230, 231, 233, 253

ソルジェニーチン　A. I. Solzhenitsyn　230

チトー　J. B. Tito　231

ティールゼ　W. Thierse　208

デッサウ　P. Dessau　143, 144, 164

トゥレーヌ　A. Touraine　233, 234

トロツキー　L. Trotsky　233

な・は行

仲井斌　25

ハーガー　K. Hager　183

バーロ　R. Bahro　208

ビスマルク　O. von Bismarck　93, 119

ヒトラー　A. Hitler　211

ヒュプナー　P. Hübner　23

フィーベック　33

フィッシャー　E. O. Fischer　144

ブラント　W. Brandt　15

ブリューム　N. Blüm　119

ブルス　W. Brus　238, 239

フルブルック　M. Fulbrook　24

ブレジネフ　L. I. Brezhnev　187

プレスリー　E. A. Presley　141, 149

ブレヒト　B. Brecht　143, 144, 164

ベッヒャー　J. R. Becher　143, 164

ホーネッカー　E. Honecker　118, 124, 129, 152, 166, 195

星乃治彦　25

市川ひろみ（いちかわ・ひろみ）
1964年生まれ。神戸大学法学研究科博士課程後期単位取得満期退学。現在、京都女子大学法学部教授。国際関係論・平和研究専攻。『兵役拒否の思想——市民的不服従の理念と展開』（明石書店、2007年）、『人間存在の国際関係論——グローバル化のなかで考える』（共著、法政大学出版局、2015年）、『国際関係のなかの子どもたち』（共著、晃洋書房、2015年）、ほか。

植村邦彦（うえむら・くにひこ）
1952年生まれ。一橋大学大学院社会学研究科博士課程修了（社会学博士）。現在、関西大学経済学部教授。社会思想史専攻。『アジアは〈アジア的〉か』（ナカニシヤ出版、2006年）、『市民社会とは何か』（平凡社新書、2010年）、『ローザの子供たち、あるいは資本主義の不可能性——世界システムの思想史』（平凡社、2016年）、ほか。

上ノ山賢一（かみのやま・けんいち）
1981年生まれ。同志社大学大学院経済学研究科博士課程修了。現在、金沢星稜大学経済学部講師。マクロ経済学、金融政策論専攻。“Cash-in-advance constraint with status in a neoclassical growth model”（共著、*Theoretical Economics Letters*、2013年）、“Cash-in-advance constraint with status and endogenous growth”（共著、*Macroeconomic Dynamics*、2016年（掲載予定））、ほか。

清水耕一（しみず・こういち）
1950年生まれ。パリ・ドフィンヌ大学博士課程修了。経済学博士。現在、岡山大学名誉教授・特命教授（研究）。制度経済学・労働問題・自動車産業の研究。*Le Toyotisme* (Repères/Éditions La Découverte、1999年)、*The Second Automobile Revolution*（共著、Palgreve/Macmillan, 2009年）、『労働時間の政治経済学』（名古屋大学出版会、2010年）、ほか。

執筆者紹介（執筆順、＊は編者）

＊川越　修（かわごえ・おさむ）
1947年生まれ。一橋大学大学院社会学研究科博士課程中退。現在、同志社大学経済学部教授。社会経済史学専攻。『社会国家の生成』（岩波書店、2004年）、『明日に架ける歴史学』（共著、ナカニシヤ出版、2016年）、『歴史のなかの社会国家』（共編著、山川出版社、2016年）ほか。

＊河合信晴（かわい・のぶはる）
1976年生まれ。ロストック大学哲学部歴史学研究所博士課程現代史専攻修了。Dr. Phil.（現代史）。現在、慶應義塾大学通信教育課程、明治大学政治経済学部他兼任講師。ドイツ現代史専攻。『政治がつむぎだす日常――東ドイツの余暇とふつうの人びと』（現代書館、2015年）、「余暇史における「公」と「私」――ドイツ独裁体制研究を例にして」（三田学会雑誌　108巻1号、2015年）ほか。

足立芳宏（あだち・よしひろ）
1958年生まれ。京都大学大学院農学研究科博士課程満期退学。現在、京都大学大学院農学研究科教授。農業史専攻。『近代ドイツの農村社会と農業労働者――〈土着〉と〈他所者〉のあいだ』（京都大学学術出版会、1997年）、『東ドイツ農村の社会史――「社会主義」経験の歴史化のために』（京都大学学術出版会、2011年）、ほか。

石井　聡（いしい・さとし）
1968年生まれ。名古屋大学大学院経済学研究科博士後期課程修了。現在、近畿大学経済学部教授。西洋経済史専攻。『もう一つの経済システム――東ドイツ計画経済下の企業と労働者』（北海道大学出版会、2010年）、『現代ヨーロッパの社会経済政策――その形成と展開』（共著、日本経済評論社、2006年）、ほか。

高岡智子（たかおか・ともこ）
1979年生まれ。神戸大学総合人間科学研究科後期博士課程修了。現在、静岡大学情報学部講師。音楽学、文化政策、音響論専攻。『亡命ユダヤ人の映画音楽――20世紀ドイツ音楽からハリウッド、東ドイツへの軌跡』（ナカニシヤ出版、2014年）、「東西ドイツの「ワーグナー」――演出と映画によるドイツ文化の継承」（『社会文化学会』第16号、2014年）、ほか。

歴史としての社会主義
東ドイツの経験

2016年8月10日　初版第1刷発行　（定価はカヴァーに表示してあります）

編　者　川越　修
　　　　河合信晴
発行者　中西健夫
発行所　株式会社ナカニシヤ出版
〒606-8161　京都市左京区一乗寺木ノ本町15番地
TEL 075-723-0111　FAX 075-723-0095
http://www.nakanishiya.co.jp/

装幀＝白沢　正
印刷・製本＝創栄図書印刷

＊落丁・乱丁本はお取り替え致します。
Printed in Japan.
ISBN978-4-7795-1080-9　C3022

明日に架ける歴史学
メゾ社会史のための会話

川越　修・矢野　久

現代を理解するために歴史学には何ができるのか。近現代のドイツを舞台に、マクロ社会史とミクロ社会史が交錯する中間領域の歴史＝メゾ社会史の構築を目指す。二人の社会史家の格闘と対話の記録。　三二〇〇円

社会的なもののために

市野川容孝・宇城輝人　編

平等と連帯を志向する〈社会的なもの〉の理念とは何か。〈社会的なもの〉とは何であったのか、そして何でありうるのか。その潜勢力を、来たるべき「政治」に向けて、徹底的に討議する。　二八〇〇円

アメリカ先住民ネーションの形成

岩崎佳孝

アメリカ合衆国の中に存在する先住民の主権体「ネーション」。それらは独自の憲法と統治構造をもち、連邦政府との政府間関係も有する。その歴史的形成過程を明らかにする労作。　三五〇〇円

日本の動物政策

打越綾子

愛玩動物から野生動物、動物園動物、実験動物、畜産動物まで、日本の動物政策、動物行政の現状および今後の展望をトータルに解説する決定版。動物好きの人、動物関係の仕事についている人必携の一冊。　三五〇〇円

表示は本体価格です。